应用写作

袁智忠　邓翠菊　编著

西南师范大学出版社
国家一级出版社　全国百佳图书出版单位

图书在版编目(CIP)数据

应用写作 / 袁智忠, 邓翠菊编著. -- 重庆 : 西南师范大学出版社, 2020.8
ISBN 978-7-5697-0293-4

Ⅰ. ①应… Ⅱ. ①袁… ②邓… Ⅲ. ①汉语 - 应用文 - 写作 Ⅳ. ①H152.3

中国版本图书馆CIP数据核字(2020)第093529号

应用写作
YINGYONG XIEZUO
袁智忠　邓翠菊　编著

责任编辑： 李晓瑞　李　君
责任校对： 应　娟
书籍设计： 魏显锋
排　　版： 张　祥
出版发行： 西南师范大学出版社
网址：www.xscbs.com　地址：重庆市北碚区天生路2号
邮编：400715　电话：023-68254353
经　　销： 全国新华书店
印　　刷： 重庆共创印务有限公司
幅面尺寸： 170mm×240mm
印　　张： 21.5
字　　数： 372千字
版　　次： 2020年8月　第1版
印　　次： 2020年8月　第1次印刷
书　　号： ISBN 978-7-5697-0293-4

定　　价： 68.00元

作者简介

袁智忠

袁智忠，笔名三轮车夫、雨人。重庆梁平人，作家，西南大学教授，博士生导师。西南大学影视传播与道德教育研究所所长，重庆市应用写作学会会长，国际汉语应用写作学会副会长、重庆市广播影视高教学会副会长，中国作家协会会员，中国高教影视学会理事。全国艺术科学规划项目评审专家。主要研究影视学、应用写作等。出版学术著作《影视批评纲要》《现代应用写作教程》《当代文秘写作》等30余部，著有诗集《心未眠》等3部。在《应用写作》等刊物发表关于应用写作研究学术论文10余篇。30多年来，先后讲授公文写作、文秘写作、公共关系写作、公文写作与传播专题研究等多门课程，为各级公务人员培训讲座200余场次。2004年，主持的课题“应用写作课堂教学理论与实践”获西南大学（原西南师范大学）首届优秀教学成果一等奖。2016年起，连续4年担任重庆市“纳德杯”大学生公文写作大赛专家评审组组长。

邓翠菊

邓翠菊，重庆北碚人，西南大学副教授，硕士生导师。重庆市美育专家指导站副站长，中国毛泽东诗词研究会理事，重庆毛泽东诗词研究会副会长。公开发表学术论文20多篇，主编、参编教材8部，主持、主研省部级、校级科研项目十数项。执教“课堂教学技术与艺术”“课堂教学技能”“儿童文学”“秘书与公文写作”等课程。主研“构建学术文化和基层实践模式，开拓大学生创新精神和实践能力培养新途径”项目，获国家级教学成果奖二等奖，“教师教学能力培训体系建构与实践研究”获重庆市教学成果一等奖，“高等师范生和高校教师课堂执教技艺评价与培训系统建构及应用研究”获重庆市教学成果二等奖；主讲的“课堂教学技术与艺术”获重庆市精品课程、国家精品课程。

目录

目录

目录

目录

第一章　应用写作基本理论（上）

第一节　应用文写作的含义

在飞速发展的现代社会里，应用文写作与现代人的学习、工作、生活的关系正变得愈来愈密切。叶圣陶先生在20世纪80年代初期曾经谈道："写作的范围很广，写调查报告，写工作计划，写经验总结，写信写通知等等，都包括在内，当然也包括文学创作……大学毕业生不一定要能写小说诗歌，但是一定要能写工作和生活中实用的文章，而且非写得既通顺又扎实不可。"[①]叶老的这番话，对我们今天全面推进大学生素质教育，推进公民社会建设，非常富有针对性和现实意义。从现实来看，改革开放特别是进入20世纪90年代以来，随着计划经济向市场经济过渡和国家公务员制度的逐步实施，新的应用文文种不断增加，应用文写作实践广泛地渗入社会生活的各个方面，应用文写作教学和理论研究也引起了广泛的重视和注意。

21世纪，现代应用文正面临着深刻的变革和挑战。现代社会商品经济的发

①叶圣陶：《作文要道》，《写作》1981年第5期。

展和大数据时代的到来，管理工作的现代化、书写工作的电子化、信息传播的数字化，知识经济时代的到来，都向应用文写作提出了新的要求。一方面，高效率的管理工作、日益重要的信息交流，需要格式规范的高质量应用文，社会各行各业也需要高素质的、有较高应用写作能力的从业人员。另一方面，写好各类应用文，也是作为公民和即将成为新时代人才的高校学子的较高综合素质的重要内容之一。

“应用文”一词，最早出现于宋代。北宋苏轼在《答刘巨济书》中曾说：“向在科场时，不得已作应用文，不幸为人传写，深可羞愧。”苏轼的这篇科场作文，题为《为政之宽严》，是一篇策论。南宋张侃的《拙轩集·跋陈后山再任校官谢启》一文的开篇，就是“骈四俪六，特应用文耳”。在历史上确实有过应用文章多用骈体的现象，但“骈四俪六”并不限于应用文体，其他文章也是可以用骈体来写的，而且应用文也并非都是“骈四俪六”。可见，虽然宋代有过应用文这一名称，但实际上并没有把它作为专用的文体概念，并未对其内涵和外延作出科学的界定。

清代学者刘熙载在其《艺概·文概》中使用了“应用文”这一术语。他说：“辞命体，推之即可为一切应用之文。应用文有上行，有平行，有下行，重其辞乃所以重其实也。”刘熙载虽没有论述应用文的概念，但他指出了应用文重实用讲求实效的特点。后来，徐望之在《尺牍通论》中做了进一步阐述：“有用于周应人事者，若书札、公牍、杂记、序跋、箴铭、颂赞、哀祭等类，我名之曰‘应用之文’。”徐望之对应用文包含的文种，作出了界定。20世纪20年代以后，不少关于应用文的著作出版，其中有代表性的要算陈子展的《应用文作法讲话》(1931年)。该书从社会上经常使用的文体中，抉择出公牍文、电报文、书启文、庆吊文、联语文、契据文、广告文、规章文、题署文九种，“每论一体，于其类别、法式、得失、源流，莫不一一指陈”。这本书，对后来的应用文写作教学和研究有较大的影响，它对应用文概念的界定，也近于我们今天对现代应用文的界定。

新中国成立后，“应用文”这一概念被广泛使用。对应用文的含义，大家也有了比较一致的看法，可以这样来表述：应用文是指党和国家机关、企事业单位、社会团体、人民群众在日常生活、学习、工作中处理公共事务和个人事务所使用的具有某种惯用格式和直接应用价值的文章，包括机关应用文和私人应用文两类，或称为公务文书与私务文书。台湾、香港的学者对应用文下的定义也与此近似。台湾张仁青教授在《应用文》一书中说:“凡个人与个人之间,或机关团体与机关团体之间,或个人与机关团体之间,互相往来所使用之特定形式之文字,而为社会大众所共同遵循、共同使用者,谓之应用文。”香港陈耀南教授在《应用文概说》一书中说:“应用文,就是‘应’付生活、‘用’于实务的‘文’章,凡个人、团体、机关相互之间,公私往来,用约定俗成的体裁和术语写作,以资交际和信守的文字,都叫应用文。”诸多著述都抓住了应用文的“用”于实务、有惯用格式等特性来阐发,并大体分为公务文书和私务文书两类。

弄清了应用文的含义,也就为应用写作的含义找到了逻辑起点。

应用写作,顾名思义,就是应用文体的写作,是和文学写作平行发展的文种丰富、注重实用价值的写作活动 。作为一种广泛存在的社会现象,其内涵具有多维性:一方面,它是以适合实用为目的的写作实践活动,是一种行为过程;另一方面,它是研究应用文体写作基本理论、基本知识与技能技巧的一门学问,是写作学科的重要组成部分。

研究应用文写作,我们应该首先从逻辑上找出它在整个写作学中的位置。“五四”前后,有些学者把文章分为美文(文学文体)和实用文两类,把交流感情信息的文学作品与交流实用信息的实用文区别开来。然而,20世纪80年代以来,一些关于写作的论著和教材,把一切非文学写作都收入应用写作,这是值得商榷的。从总体上看,应用文是指处理公私事务的文书,能够直接作用于人的行为实践。把消息、通讯等新闻文体,评论、学术论文等理论文体,历史、传记等史传文体,都一并归入应用文,是不妥当的。在近年召开的关于应用文写作的学术研究会上,大多数专家认为:把一切非文学作品的文章都视为实用文,而在实用文下又包含应用文体、新闻文体、理论文体、史传文体等,把应用文视为实用文体下属的主要类别,是十分科学的。图示见下页:

- 写作学
  - 基本理论研究
    - 立意
    - 构思
    - 材料
    - 结构
    - 主题
    - 语言
    - ……
  - 文体研究
    - 文学文体研究
      - 诗歌
      - 散文
      - 报告文学
      - 小说
      - 戏剧
      - ……
    - 非文学文体研究（实用文体）
      - 新闻文体
        - 消息
        - 通讯
        - ……
      - 应用文体
        - 法定公文
        - 事务文书
        - 财经文书
        - 法律文书
        - 礼仪文书
      - 理论文体
        - 学术论文
        - 思想评论
        - 文学评论
        - ……
      - 史传文体
        - 传记
        - 回忆录
        - ……
      - ……

第二节　应用文的产生和发展

一、应用文的产生

从历史来考察，殷墟甲骨刻辞，是迄今为止我们所知道的我国最早的文章，也是最早的应用文。从1898年起，在河南安阳小屯殷墟遗址等地陆续出土的刻有文字的甲骨，迄今已超过十万片。“甲”是龟甲，“骨”是牛骨或鹿骨，在甲骨上刻字，即甲骨刻辞。当时，甲骨文主要是用来占卦以问吉凶胜负的，内容涉及世系、气候、食货、征伐、畋猎等，作者是身兼史官和神职的巫现觋(后世又称为贞人、卜人)。这些卜辞，最短只有几个字，最长的也只有100多字，文辞简约，绝大部分是殷朝后期几个王朝的活动记录和奴隶主的文告。例如“王大令众人曰:劦田，其受年”(意思是:殷王命令奴隶们努力耕田，那就能获得好收成)。这些甲骨文书，真实地保存了殷商奴隶社会的痕迹，可以说是殷代王室的档案，都是公务文书，是我国最早的应用文。

钟鼎铭文是刻在铜器上的文字。我国夏代已能铸造青铜器，商周时代盛行在铜器上铸刻文字，或记载帝王文德武功和征战胜利，或记录统治者命令和贵族豪门间的物资交换活动，不但有了公务文书，还有了私人物资交换的契约。周代铭文比较繁复，有的长达500字。这类文章，都是应用文。

我国现存最早、保存最完整的文章总集是《尚书》。它是一部历史文献汇编，一部以应用文为主体的文集。汉代以后被列为儒家经典之一，称为《书经》。《尚书》以记言为主，主要是春秋战国前历代帝王和部族首领的言论，诸如天子的号令、王公的讲话、君臣间的相告。朱自清先生曾指出:所谓记言，其实也是记事。《尚书》的体例，分为典、谟、训、诰、誓、命六体。“典”用于记载上古典章制度，如《尧典》;“谟”用于记载君臣议政时的谈话和他们的治国之策，如《皋陶谟》;“训”用于教诲开导，给后人以警示，如《伊训》;“诰”是训诫勉励的文告，用以告诫鼓舞民众，如《康诰》;“誓”是用兵征战时将士的誓词，如《汤誓》;“命”是君主的命令，帝王赐给臣子的诏书，如《顾命》。这些文种，相当于现代公文中的命令、布告、纪要等，都是机关应用文。《尚书》的篇章结构已相当完整，有条理，有层次，有一定的章法，可以视为我国古代应用文形成的标志，对后世的影响巨大。

《周易·系辞下》中记载："上古结绳而治，后世圣人易之以书契，百官以治，万民以察，盖取诸夬。"从甲骨刻辞到《尚书》，应用文的"尚实尚用"传统自产生时起一直贯穿于应用文整个发展过程中，值得我们发扬光大。

二、应用文的发展

随着社会的发展，为适应社会生活的需要，应用文也在不断地发展、变革。一般认为，从殷商甲骨刻辞的出现到秦统一六国这一时期是应用文的初生期，而从秦、汉到明、清，则是我国应用文不断发展并走向成熟、稳定的时期。

秦统一中国，建立起封建专制主义中央集权的政权，并实现了"书同文"。政治的统一和文字的统一，为公务应用文的统一创造了条件，由李斯等制订的公文程式，对公文写作做了一系列规定，产生了"避讳"制度、"抬头"制度、"用印"制度等。这些制度标志着公务应用文的成熟。同时，1975年12月在湖北云梦睡虎地秦墓出土了1100余枚秦简，其中大部分是秦代的法律和公文，还发现了两件前线士兵写给家中的信，可见书信这一文种在当时已经相当流行了。

汉袭秦制，由此公务文书也有了新的发展，产生了书、议、策论、疏等公文体式，明确皇帝对臣下用诏、制、策、敕，臣下对皇帝则用章、奏、表、议，在表述上也采用了相对固定的格式，为公务文书走向程式化开了先河。汉代重视应用写作人才，把应用文写作列为选拔人才的考试内容。这就使得许多有才学的人致力于应用文写作，产生了众多名篇佳作。如贾谊的《陈政事疏》《论积贮疏》，晁错的《论贵粟疏》，司马相如的《上书谏猎》《喻巴蜀檄》等，至今仍脍炙人口。与此同时，法律文书、经济文书，特别是私人应用文在汉代都有了较大发展。书信这一文种，在汉代文人学士间极为流行，从司马迁的《报任少卿书》中，可以看出私人书信已形成明显的文体特点。其他还有碑志、铭、吊等。"碑志"是用于墓葬的碑文，"碑"指的是墓碑铭，"志"指的是墓志铭。"铭"在公务文书中用来表扬功德，而私人应用文则用来自儆自戒，如崔瑗的《座右铭》。"吊"，是借伤悼古人古事而发感慨，贾谊的《吊屈原赋》就是代表。这些文种的名篇，对后世都有很大影响。

魏晋南北朝历时约四百年，在应用文发展上占有重要地位，是应用文发展的自觉时期。一方面在写作实践上名家名篇迭出,另一方面对应用文写作理论进行了大量的探索和研究,为我们留下了宝贵的理论遗产。曹氏父子对应用文的发展,作出过重大贡献。曹操不仅提倡应用文,而且亲自动手写了很多规范简明的应用文,如《让县自明本志令》《求贤令》《求逸才令》《慎行令》《修学令》《请增封荀彧表》等,真切地表达了自己的政见。曹丕的《与吴质书》、曹植的《与杨德祖书》《求自试表》等,都是应用文的名篇。"建安七子"中的陈琳、阮瑀在应用文写作上也卓有成就。其他如诸葛亮的《出师表》《与群下教》《诫子书》,孔融的《荐弥衡表》,王羲之的《与桓温笺》,孔稚珪的《北山移文》,丘迟的《与陈伯之书》等传世之作,流传至今。

在应用文理论方面,这一时期的理论成果十分突出。曹丕的《典论·论文》高度评价了文章的社会作用:"盖文章,经国之大业,不朽之盛事。"他把文章分成四科八体,指出:"盖奏议宜雅,书论宜理,铭诔尚实,诗赋欲丽。"这在古代文体学研究上,具有开创意义。陆机的《文赋》则把曹丕提出的四科八体扩为十类,涉及更多的应用文体,如碑、箴、颂,并对文体的特点和写作规律做了更深入的探索。挚虞的《文章流别论》是我国第一部文体学专论,而且主要是针对应用文体的,值得珍视,可惜原书已亡佚,我们看到的只是仅存的十余则。应该特别提出的是刘勰的《文心雕龙》这部体大思精的巨著。书中从《明诗》到《书纪》共20篇,评论了34种文体,其中绝大部分是应用文,对每一文体的名称、功用、源流、构成要素、写作要素、写作要求及注意事项,都做了阐述,至今仍能给人以深刻的启示。这一时期还应该提到的理论成果是《昭明文选》。萧统选录了自周代到六朝130多位作家的700余篇作品,共分38类,其中应用文达20余类。如果没有理论的指导,是编不出这样的文选的。

隋、唐、宋时期,是中国古代应用文发展的高峰期。这一时期,名家辈出,名篇如云。隋代时间短,隋文帝曾诏令"公私文翰,并宜实录"。李谔的《上隋高祖革文华书》批评了前代的浮艳文风,要求"屏黜轻浮,遏止华伪",强调了应用文的实用性,在应用文发展上起过积极作用。唐代是诗歌的黄金时代,散文上的"古文运动"对应用文的发展和文风的转变也产生了巨大的影响,曾涌现出一大批应用文的大手笔和名篇。魏征的《谏太宗十思疏》《十渐不克终疏》,李华的《吊古战场文》，韩愈的《祭十二郎文》《柳子厚墓志铭》《平淮西碑》，柳宗元的《段太尉逸事状》，陆贽的《奉天请罢琼林二库状》《论两税之弊须有厘革》，白居易的《与元微之书》，刘禹锡的《陋室铭》等，都是情文并胜的应用文名篇。

"古文运动"在宋代得到发展，散文上出现了欧阳修、苏洵、曾巩、王安石、苏轼、苏辙，他们与唐代的韩愈、柳宗元并称"唐宋八大家"，应用文亦出现了众多的名家名篇。如范仲淹的《答手诏条陈十事》，欧阳修的《谢致仕表》《与高司谏书》，王安石的《上仁宗皇帝言事书》《本朝百年无事札子》《答司马谏议书》，胡铨的《戊午上高宗封事》，汪藻的《元祐太后告天下手书》等。还应该特别提到的是序跋文在宋代有了较大发展，其中的佳作有欧阳修的《五代史伶官传序》、李清照的《金石录后序》、文天祥的《指南录后序》等，对后世的序跋文写作有很大影响。

元、明、清，是我国古代应用文的稳定发展时期。随着封建王朝中央集权的极端化，公牍文书更为严格，应用文各体趋于定型化，尽管处于国危民难之时，却也不乏惊世之作，且这一时期对隋唐以后的新文体做了研究，在应用文理论研究上也有了新的进展。公牍文书中，如海瑞的《治安疏》、杨继盛的《弹严嵩疏》、林则徐的《钱票无甚关碍宜重禁吃烟以杜弊源片》、康有为的《请废八股试帖楷法试士改用策论折》等，都充分体现了公牍文书匡时济世、治国理政的重要作用。这一时期私人书信得到了较大发展。如宗臣的《报刘一丈书》、顾炎武的多篇《与友人书》、夏完淳的《狱中上母书》、郑燮的《范县署中寄舍弟墨弟四书》、龚自珍的《与吴虹生书》、林觉民的《与妻书》等名篇佳作，传诵至今。在应用文理论研究上，明代吴讷的《文章辨体》、徐师曾的《文体明辨》、清代姚鼐的《古文辞类纂》、刘熙载的《艺概·文概》等，都从不同侧面给应用文写作以理论概括，产生了长远的影响。

1911年，辛亥革命推翻了清王朝，结束了君主专制制度；1919年五四运动以后，中国进入了新民主主义革命时期；1949年新中国成立，标志着社会主义革命和建设的开始。社会的巨大变革，也必然引起应用文的变革。因此，我们说这一时期是应用文由古体到新体的巨大变革时期。

从行政公文来看，1912年南京临时政府颁布了第一个公文程式条例，废除了几千年来封建王朝沿用的公文体式，确立了新的体式，在用语上也规定了不许再用"大人""老爷"等带封建色彩的称呼，官吏相互称职务，民间相互称"先生"，并要求公文写作用白话,使用新式标点符号。北伐以后,南京国民政府也多次进行过不同程度的公文改革,取得了一定的成绩。但由于当时公务文书的撰写者以及阅读对象大都仍受旧文化传统教育的影响,加上旧民主主义革命的不彻底性,决定了它不可能与旧公文彻底决裂。这一时期的公文仍是文言或文白夹杂,标点符号也极少使用。

与国统区公文形成鲜明对比的是中国共产党领导下的革命根据地和解放区的公文。1921年,中国共产党建立后,从组建起自己的工作机关开始,就有了自己的公文。第一批公文,就是中国共产党第一次全国代表大会所产生的决议、纲领和宣言。1931年,瞿秋白同志代表中央起草了《文件处理办法》。1942年,延安整风运动中不仅颁布了《陕甘宁边区新公文程式》,推进了公文改革,而且毛泽东同志所做的《反对党八股》的报告,对公文写作也产生了极为深远的影响。

1949年新中国成立以来,党和政府更加注意发挥公文的作用,大力加强和改善了文书工作。1951年,中央人民政府政务院颁布了《公文处理暂行办法》,将公文分为七类十二种,即:(1)报告、签报;(2)命令;(3)指示;(4)批复;(5)通报、通知;(6)布告、公告、通告;(7)公函、便函。同时,还对公文处理工作的原则、公文体式及撰写要求等,做了全面、具体的规定。同年,党中央发出了《中共中央关于纠正电报、报告、指示、决定等文字缺点的指示》,随后,又采取很多措施,改进公文制度,培训文书干部,使公文处理工作得到进一步加强。比如,1955年至1956年,党中央和中央办公厅还先后发布了《中国共产党中央和省(市)级机关文书处理工作和档案工作暂行条例》与《中国共产党县级机关文书处理工作和档案工作暂行办法》。1956年,中共中央办公厅发出了《关于党内文书改为横写横排的通知》。1957年,国务院秘书厅印发了《关于公文名称和体式问题的几点意见(稿)》。1958年,中共中央办公厅发出了《关于改变党内文书格式的通知》。在以上这些文件的指导下,我国党政军机关的公文得到迅速的改进和发展,不仅明确了公文工作的基本原则和指导方针,而且统一了公文的体式、种类,确定了公文立卷、归档和文书管理部门的任务;还开展了公文理论的研究,培养了一些公文写作与管理的人才。

十一届三中全会以后,党中央拨乱反正,使党和国家公文的优良传统得到恢复和发扬。1981年，国务院办公厅发布了《国家行政机关公文处理暂行办法》，规定了九类十五种公文（即：命令、令、指令；决定、决议；指示；布告、公告、通告；通知；通报；报告、请示；批复；函），作为国家行政机关正式使用的上行、下行、平行的公文，还规定了公文的具体格式、处理程序及立卷的原则等等。

1987年2月，国务院办公厅印发的《国家行政机关公文处理办法》规定了十类十五种公文，把"令"和"命令"合成一种，新增"会议纪要"一类。1989年4月25日，中共中央办公厅又印发了《中国共产党各级领导机关文件处理条例（试行）》，规定党的各级领导机关正式文件的常用种类为：公报、决议、决定、指示、条例、规定、通知、通报、请示、报告、批复、会议纪要、函十三种。

1993年11月21日，国务院办公厅又发布了《国家行政机关公文处理办法》修订稿，去掉了指令、布告和决议三个文种，新增"议案"一种。1996年5月3日，中共中央办公厅印发了《中国共产党机关公文处理条例》，正式规定党的公文为十四种，即：决议、决定、指示、意见、通知、通报、公报、报告、请示、批复、条例、规定、函、会议纪要，新增了"意见"一种。

2000年8月24日，国务院发布了《国家行政机关公文处理办法》，将行政公文规定为十三种，即：命令（令）、决定、公告、通告、通知、通报、议案、报告、请示、批复、意见、函、会议纪要。这些文件较好地总结了新中国成立以来公文写作和处理工作的经验，进一步统一了公文的种类和格式，从而建立了一个较为完善的公文系统。它对提高工作效率和公文写作质量都起到了积极的推动作用。

2012年4月16日，为了适应中国共产党机关和国家行政机关（以下简称党政机关）工作需要，推进党政机关公文处理工作科学化、制度化、规范化，中共中央办公厅、国务院办公厅印发了《党政机关公文处理工作条例》，适用于各级党政机关公文处理工作；该条例进一步将公文细化为十五种，即：决议、决定、命令（令）、公报、公告、通告、意见、通知、通报、报告、请示、批复、议案、函、纪要。

不仅是党政公文，其他各类应用文也在迅猛发展。特别是为适应社会主义现代化建设的需要，专业应用文如科技、经济、法律、军事、外交诸类应用文得到了长足的发展，新的文种（比如公文中的意见、公示、述职报告，礼仪文书中的遗体告别词等等）不断涌现。而随着互联网和新媒体的发展，微信、微博等电子公文也应运而生。

微博，是微型博客的简称，是一种基于用户关系信息分享、传播以及获取的社交媒体、网络平台。公文的传播历经了纸质公文、广播公文、电视公文、电子公文等。2011年4月2日，浙江省海宁司法局发布《关于启用微博公文的通知》(海司办〔2011〕6号)，随后，海宁司法局通过官方微博平台发出第一篇公文，这是全国首个微博公文，受到了各地政府、职能部门、网站、媒体的极大关注，微博公文这一新的公文制发形式也开始逐渐被各地政务部门所使用。但是直到今天，微博公文还没有一个统一明确的定义。作者认为，微博公文是指在微博平台登录，以微博形式发出的公务文书。微博公文隶属于电子公文，与其他的电子公文如通过微信、QQ、邮箱、手机短信、官方公布的公文有所区别，同时与纸质、广播和电视公文也存在区别。

从纸质到电子，是公文传播路径和形式的演变过程。微博公文随着时代的发展而出现，是互联网的产物。随着时代推进，传统的纸质公文已经不能满足传播公文所需。在这样的环境下，基于微博公文具备传播速度快、传播范围大等特点，其迅速成了一种新的公文形式。

从应用文写作学科教育和研究的角度看，改革开放40多年来，从高职高专到各类本科院校都纷纷开设各类应用文写作课程，对不同专业、不同层次的本、专科学生传授应用文写作的基本知识、基本理论和技能技巧，武汉大学、南京大学、扬州大学已经开始招收培养应用写作学科方向的硕士、博士研究生，为学科建设和人才培养作出了重要贡献，可以说，应用写作学科建设和发展的新时代已经开启了新的篇章。

中国写作学会下属的公文写作、经济写作、科技写作、司法文书写作、军事写作等专业委员会，团结各方面专家开展专业应用文研究，传播应用写作学科的知识，已取得了令人瞩目的成绩。2005年正式注册成立于新加坡南洋理工大学，2010年移至香港理工大学的国际汉语应用写作学会，目前已召开了15届年会，会员遍及中国、新加坡、日本、加拿大等国家和地区，在汉语应用文的写作、教学和理论研究等方面取得了显著成绩。与此同时，各个省市的写作学会，应用写作学会也纷纷成立，在基础写作、应用写作等方面为学科建设、教学实践和理论研究等方面作出了重要贡献。

重庆市应用写作学会成立于2009年7月18日，该学会结合应用文的功能、价值等学科实际，坚守“研究学术、服务社会、推进进步”的办会理念，取得了令人瞩目的成绩。学会推进的“纳德杯”重庆市大学生公文写作技能大赛，自2016年以来，已连续举办了四届，每届参赛学生数万人，2019年参赛单位由重庆延伸扩展到四川、陕西、江苏等十余个省市的70余所高校，产生了广泛积极的影响。在学术方面，会长袁智忠教授等高职称、高学历专家结合传播学等学科开展了“应用写作+”的跨界、跨学科、学科交叉研究模式和研究方法，力图以此创构“公文传播学”等新兴学科，提升应用写作研究的学术品位和学科地位，在学界产生了重大影响。

总体来看，21世纪以来，应用文写作和研究在社会主义市场经济条件下的新时代，发展更为迅速，国际化、现代化、专业化趋势日益显著，一批具有博士学位和高级职称的研究人才加入学科研究队伍，大大改变和提升了应用写作学科的人才队伍结构，学术能力、学术水平、创新能力都有了明显提高。另一方面，建立应用文写作理论体系和基本功训练体系，向全社会普及应用写作知识，在小学、中学、大学分阶段引入和开设应用写作教学内容和课程，既是时代的需要，也是社会现实的呼唤。

第三节　应用文写作的特点

一、实用性

文章的产生，本来是基于实用的目的。最早的文章甲骨卜辞，虽然是上达于天、与神灵对话，但要问的是吉凶、胜负，是为了决定是否采取某一实际行动。后来文章由巫术性转为人事性，成了皇帝对臣子、臣子上书皇帝的文书乃至文人之间情感传达的工具，应用文更是为了“应”付生活、“用”于实务。现代应用文的实用性就越来越突出了，有没有实用性成了判断应用文写作成败的标准。如果一篇应用文不能满足实用的需要，不能直接作用于人的行为实践，即使写得条理清晰、富于文采，也算不得好应用文，甚至是废纸一张。

“实用”,是应用文区别于文学类文章的本质属性,其他特征是由它派生出来的。我们知道,文学作品给人以审美愉悦,陶冶人们的性情,带给人精神食粮。而应用文却不同,它是要处理公私事务的,其功效是要在人类各种活动中,通过取得直接的实用价值而体现出来。失去了实用性,也就失去了应用文自身存在的价值。应用文为办事而写,写公务文书是办公事,写私务文书是办私事,都有明确的目的性和针对性。如告诉对方要处理什么事情,说明处理事务的方针、政策、办法、措施,或与对方磋商问题、提出请求,或双方协商、达成协议、签订合同……总之是要办实事。而理论文章则是给人知识,用来拓展知识领域,提高人们的认识水平和思想境界;新闻作品给人以新的信息,使人“足不出户就能知晓天下事”。因此,写应用文如果忘了实用性,大讲空话、套话,不务实,不办事,不“靠谱”,就是缺少对应用文写作的最起码的认知。

与实用性相联系的是内容的单一性和强烈的时效性。为达到实用目的,一篇应用文应着重解决一个问题,不要把多个不同的问题混杂在一篇文章中,弄得什么事也办不成。同样,也是为达到实用的目的,要特别讲究时效。这一方面是为了提高办事效率,以免耽误时间,给工作造成损失;另一方面是有些应用文只在一定时间内有效(如事务性通知等),时过境迁,也就没有什么实用价值了。

二、模式性

和其他文体比较,应用文的建构具有相对固定的模式。所谓模式,指同一类文章有大致相同或相似的布局和写法,有大体统一的文面要求等。文学作品讲究独创性,力图摆脱模式的束缚,标新立异,以适应和满足不同读者的审美需要,而应用文为实现其处理公私事务的目的,便要求按照一定的模式写作。这样,作者写起来简便、快捷,接受者看起来一目了然,便于迅速作出判断和反应。可见,应用文的模式性,是其实用性在形式上的体现。

这种模式性是应用文在长期使用的过程中形成的。有的文种是“约定俗成”的,即在民间代代相传,互相仿效,习惯成自然,得到社会公认,如书信、条据等应用文。写一封平常的书信,比起写一篇行政公文来,固然要自由得多,但仍需按照书信的格式写作。要有称谓、问候语、正文、祝颂语、尾签、日期六个部分,要考虑收信人的身份、年龄、性别、与自己的亲疏程度，还要掌握书信的惯用词语。不这样做，就会显得“不得体”，甚至会闹出笑话。有的文种，特别是党政公文、司法文书、合同中的文种，则是“法定使成”，是由权力机关以法规形式对文种格式加以认定，并在其管辖范围内普遍遵照执行的。现行《党政机关公文处理条例》中对15种公文的格式做了明确规定；中国标准化研究院、中共中央办公厅秘书局、国务院办公厅秘书局、中国标准出版社起草出版的《中华人民共和国国家标准GB/T9704-2012》对公文制作格式做了详细规定。任何个人无权任意更改或不按此规定办事，否则，便是违反“规定”。有些公文，如事务文书中的一些文种，虽然并不像法定公文那么严格，但依然有约定俗成的、较为稳定的格式和写法，不能自行其是、随意变化。

讲究应用文建构的模式性，并不是说应用文已成为不变的僵死文体，相反，应用文的模式正随社会的不断发展而发生着或多或少，或快或慢的变化。应用写作学研究的任务之一，就是认真研究应用文的建构模式，不断促进应用文的规范化，与时俱进，适应时代的要求。特别是在计算机、智能手机“飞入寻常百姓家”，数字、信息技术大众化的今天，强调应用文的标准化、规范化，更具有极为重要的现实意义。

第四节 应用文的作者

一、应用文作者的构成

应用文作者首先在主体构成上与文学作者有区别。文学写作是创造性和个体性的活动，一般是个体式的写作，即便是“合作”，也无法改变这一创造活动的个性化特征。那种某人出“思想”，由他人执笔的写作方式是违反文学创作规律的。文学写作是作者将那些活生生的感官印象，通过艺术的想象加工后，以一种生动的形象表现出来的创造行为。每篇文学作品都是作者个人化情感、思想、经历的凝聚，鲜明地打上了作者的个人印记。而应用文作者承担着一定的社会角色的功能,不仅在写作过程中,用政治意识、社会意识、职业意识、法律意识来规范自己的写作活动,而且构成极为复杂:有群体作者、个人作者、法定作者、代言作者等多种类型。

(一)群体作者

群体作者是两个以上的作者基于某一实际的“需要”,共同研究写作意图、进行调查研究、经过商讨共同完成某项写作任务的一种作者类型。在完成较为复杂的写作任务时,常由几个作者分工合作,或是每人完成一个部分,或是每人分别写成相同内容的文章,然后进行综合讨论,取长补短,合为一篇文章。例如,某单位工作总结,往往先由各个部门总结,然后,在部门总结的基础上,经过某一人或几人的综合再写成单位总结。调查报告也常常由几个作者一起调查研究,由一人执笔,最后写成一篇。群体作者是以合作的方式参与写作的,每个参与者都明确本次写作的目的,并围绕写作目的定向收集材料,在分工的基础上综合,也能服从总体写作目的的需要,尽量保持文体风格的统一,切忌杂乱无章。

(二)个人作者

个人作者指从写作意图的确定到文章的写成都是代表个人、由个人独立完成的作者。日常应用文和私务应用文写作大抵是个人作者。比如撰写私人信函、日记、个人邀请函、个人学习计划等,这些文章常常是个人作者独立完成。应用文写作中的个人作者写作时,可以自主选材,能用个人化的语言去表达,但个人作者完成应用文写作任务时也不能像文学写作那样自由地发挥想象,完全审美化地表达,而要考虑到文体规范和读者对象的心理、接受水平等,即便是写日记这类应用文也要真实地记录和表达,不能虚构。个人作者完成的文章,也要本着对社会负责的态度,认真修改,完美地实现它的写作功能。

(三)法定作者

法定作者指写作主体是那些依法成立并具有法人资格的组织,主要指行政公文、党务文书和专用文书等文体的作者。法定作者,必须是依法成立,能以自己的名义发出公文并能行使相应的权利和承担相应的义务的机关和法人代表。法定作者是指法定公文的署名者,而不一定是撰写文稿的文字工作者。法定作者撰写的文章,其内容代表某一级法人的意志,代表机关和集体的意志,具有权威性和合法性,写作成员产生法定的行政效力。虽然,这类文章也常常由代言作者代笔,但是,在文章内容上要不折不扣地体现"法定作者"的意图,在形式上要严格按照法定的行文格式写作,代言者不能自行其是。

(四)代言作者

代言作者实际上是以撰稿人的身份参与写作活动的人。代言人与被代言人之间往往有两种关系:一是被代言人指定代言人以助手的身份参与写作,如秘书代领导拟写公文、代领导拟写讲话稿等。这就要求代言人必须熟知领导意图,熟悉与工作相关的各个方面的情况,并在调查研究过程中,帮助被代言作者验证写作意图的正确性,还要熟练地掌握公文写作格式,准确无误地传达法定作者的写作意图,把法定作者的决策和意图形成文字。写作成品的署名只能写被代言人或被代言组织,代言人不能署名。二是代言人以执笔服务者的身份帮助他人完成写作任务。他根据服务对象的要求,记录"作者"口述的内容。如代他人写合同、起诉状、书信等,这种代言,同样也要熟知被代言人的写作意图,而且,这类代言作者不仅在写作内容上出谋划策,在遣词造句上也要发挥自己的参谋作用。代言人的角色成功与否,取决于他对自己所扮演的角色的理解程度,取决于他对被代言人写作意图和提供的材料的准确把握程度。

写作应用文时,必须首先明确自己是什么角色,并了解各个角色的工作任务,了解自己在写作活动中所能发挥的主观能动性的程度。只有进入角色,把握好角色,才能写好应用文。

二、应用文作者的思维

应用文作者不仅在作者构成上与文学作者形成差别,而且在思维方式上也与文学作者有所区别。逻辑思维是应用文体写作的思维起点。在具体的实践中,面对不同的文本,应用文作者还需要把握以下几种思维方式。

(一)对象化思维

对象化思维是一种思维被对象全部占有,并围绕弄清对象的特点、形状、性质、规律等基本情况而进行思维的活动方式。对象化思维的目的是把握对象的本质。客观需要是应用写作的起因,这一需要制约着作者的思维过程,对象化思维的本质是作者有意识地将自我转化为对对象的关注。比如,作者因某种需要,去调查某一事实的真相,根据某种需要或"事由"写作"通知";或根据对象制定出规章制度,作者都必须运用对象化思维,全力关注对象的特点,有意识地消除自我表现和自我存在。因此,应用文写作者重视客观调查,注意掌握第一手材料,并以此作为思维的起点,时刻把握写作对象的特征和全貌。应用文作者不仅要根据客观事物的特征去思考,而且要根据特定的对象来写作,把握对象心理,达到办事和交流的目的。

(二)模式化思维

文学写作是一种创造性的形象思维活动,写作的成品在最大限度上要满足读者的新奇感,它要求作者展开艺术想象的翅膀,突破已有规范和模式,创造崭新的虚拟的艺术境界,给读者以"陌生化"的审美享受。应用写作虽然也是一种精神生产,但思维的启动接受明确的指令和目标,有意无意地受某种文体规范的制约,往往按照某种文体的模式去"构想"和运思,先按照某种模式去把问题想清楚,然后再按照某种模式去结构篇章、遣词造句。作者也可以发挥个人的独创性,灵活地去处理材料,寻求最佳的办事方法,但是,毕竟是在框框里带着镣铐跳舞,最终受某种规范的制约,把写作的应用价值放在第一位,把真实地传达信息放在至关重要的位置,所以说这种思维的运行方式,是一种模式化的思维。模式作为"内在尺度"制约着作者的思维。比如,某一作者需写作一则通知,一般都沿着这样的思维展开:为什么要发通知,通知的事由是什么,有什么要求和注意事项。作者沿着应有的"模式"思考下去,往往就能迅速成文,满足应用写作应"时"而作的需要。因此,写作者必须掌握各类文种的写作模式,在思维上有模式化意识,自觉地按照某种模式去想、去写。当然,模式不是僵化固定的东西,应用写作随着时代的发展,某些文体的模式也会变化、发展,但与文学写作相比,应用写作的模式相对稳定,对作者的思维有很大的制约性。

(三)越位思维

越位思维是一种站在他人的立场上,设身处地,替某个人、某个部门、某个单位思考的一种换位思维方式。应用写作中,作者构成较为复杂,代言人作者在写作中往往需运用越位思维方式,即站在被代言人的立场上去思考问题,设想被代言人对这个问题是如何想的,他有什么看法,他会如何表达,等等。秘书代某领导起草讲话稿,就需要运用越位思维,设想领导在这样的场合会怎样说,对这个问题会怎样认识,甚至连讲话的语气也要体现出领导者的语言风格。当然,越位思维必须建立在对被代言对象的写作意图充分了解、熟悉的基础上,而不是想当然、随意模仿。

(四)规制思维

规制,在这里是指各项法律、法规,包括各级党委、政府机关的文件,上至党章、宪法,下至各个发文机关发布的各种公文。我国是一个处于社会主义初级阶段的民主、法治国家。党的事务和机构设置运行按照《中国共产党章程》执行,国家事务和机构设置运行在党的领导下按照《中华人民共和国宪法》执行,目前,中国特色社会主义制度正越来越彰显出强大的生命力和优越性。因此,我国的各级、各类机构部门都是按照党章、宪法以及相应法律、法规依法设立,进而依法行政,依法治国,依法治党。所以,各级各类机关、单位的公务文书,每一位公民(包括外来在华工作人员)的私务文书,都必须在相应法律和规章制度的前提下行文,具备规制思维。比如合同的写作与签订,就必须遵守和按照《中华人民共和国合同法》进行,劳务合同和大学生就业合同等,还必须符合《中华人民共和国劳动法》的相关条款。国庆节等节假日的放假通知和具体安排,则必须根据国务院和相关部门的指示精神行文,严格做到写作内容合“法”,写作程序合“法”,写作格式合“规”。

(五)闭环思维

“闭环”的理论根据是由美国质量管理专家休哈特博士提出的“PDCA 循环”。“PDCA 循环”将质量管理分为四个阶段:第一,P(Plan)计划。目标的确定和计划的制订。第二,D(Do)执行。具体运作,实现计划中的内容。第三,C(Check)检查。总结对错,明确效果,找出问题。第四,A(Action)处理。对检查结果进行处理,对成功经验加以肯定并推广,对失败教训要引起重视并避免。未解决的问题,提交下一个 PDCA 循环。闭环思维就是个人或团体发起的某一项活动或工作,在一定时间内,不管我们完成的效果如何,都要认真地反馈给发起人,做到凡事有交代,件件有着落,事事有回音。这就叫闭环思维。在实际工作中,必须强调有始有终,善始善终。往往是事前有计划,事后有落实,事中有检查或者巡查,出现情况要做各种通报,被检查单位、部门要根据情况写出报告,由此形成一个工作链,一个工作"环"。在这个链条和循环中,每一环,每一个节点都需要根据实际情况写作各种应用文或者公文,而实际运笔行文过程中,都要考虑此一环工作与前后左右各个环节的工作的相关性和承续关系。

总之,任何一种思维方式的运用都服从于目的之需要,在应用写作中不仅需要灵活地运用上述思维方式,还需用逻辑思维去加工和组织材料,用创造思维去寻求办事的最佳方法。因此,在一次写作活动中,有时需要用多种思维方式和方法去把握对象。

三、应用文作者的素养和能力

在应用写作中,作者的素养和能力是完成写作任务的主观条件。一个没有思想见解、没有良好表达能力的人是断然写不好应用文的。那么,应用文作者应具备哪些方面的素养和能力呢?

(一)应用文作者的素养

素养是一个人后天习得的学养,这对应用写作有着直接的影响。写好应用文,作者需要以下几方面的素养:

1.政策理论素养

政策理论素养是作者对客观世界的认知水平和哲学、政策理论水平的综合体现。写作者政策理论素养的高低,直接影响到应用文写作成品的质量。作者能灵活运用马克思主义的观点、方法,思想深刻,哲学思维活跃,就能透过现象看本质,就不会停留在对现实材料的简单认识和处理上。尤其是在写作政策性、法规性强的应用文时,作者政策理论素养高,就能高屋建瓴,揭示客观事物的规律。因此,应用文写作者要坚持不懈地学习哲学理论，学习党和政府各个历史时期的方针政策，学习时事政治，学习掌握党和国家不忘初心、一心为民的新理念、新政策，经常阅读报刊和理论读本，努力提高政策理论素养。

2.业务知识素养

应用文是处理事务的工具。使用这一工具时，必须以熟悉各行各业的业务知识为前提。熟悉业务知识，不仅能积累写作材料，而且能开阔视野，准确把握材料。应用文作者主要应当储备两类知识：一类是基础知识，包括自然学科、人文学科、新兴交叉学科等方面的知识；一类是专业业务知识，包括精通本专业的业务知识，熟悉行业术语，了解行业规范。应用写作中的专用文书行业性较强，没有专业知识的素养，是写不出高质量的应用文的。比如：写作法律文书时，如果作者不熟悉刑法、民法以及诉讼程序等方面的法律知识，就很难写得准确规范，也很难发挥出文章应有的社会功能。

3.词章文体素养

写作应用文还需要一定的词章文体素养。欧阳修提出“事信言文”“简而有法”，这个“文”和“法”实际上就要求作者要具备词和章的素养。应用文写作，不仅要用语规范严谨，而且要直接明了，这就要求作者要具有较好的文字素养。应用文作者除了掌握词的表达规范外，还必须掌握章的写作规范，培养文体感，熟悉各类应用文的法定的或约定俗成的体式，这样才能适应应用文“应时”“应事”而作的要求，快速成章。词章文体修养是靠长期学养而成，模仿则是提高应用写作词章素养的有效环节。唐代史学家刘知几在《史通·模拟》篇中指出：“夫述者相效，自古而然。”可见，模仿作为学习应用写作的一种手段是积极有效的。初学写作者要选择规范的应用文进行阅读，模仿结构模式和用语技巧，有意识地进行练习，不断提高自己的词章素养。

4.媒介素养

所谓媒介素养就是指能够正确地、合理地、建设性地运用大众传播资源的能力，能够充分利用媒介资源自主学习、完善自我，参与社会发展与进步。主要包括公众利用媒介资源动机、使用媒介资源的态度、方式与方法，利用媒介资源的效度以及对整个传媒的认识和批判能力等。媒介素养这一概念属于舶来品。美国学者鲁宾认为,媒介素养包括三层含义,即能力模式、知识模式和理解模式。能力模式是指公民所具有的获取、分析、评价和传输各种形式信息的能力,侧重的是对信息的认知过程。知识模式是关于媒介如何对社会产生功能的知识体系,其侧重点是信息如何传输。而理解模式则是理解媒介信息在制造、生产和传递过程中受到来自文化、经济、政治和技术等诸力量的强制作用,侧重的是对于信息的判断和理解能力。在今天,一个优秀的应用文作者,必须是一个具有较高媒介素养,能够熟练运用各种媒介的现代人。

(二)应用文作者的写作能力

一个人的能力是由多种要素构成的。要写好应用文,作者应具备一定的写作能力。写作能力体现为文章与作者素养之间的中介性转换。应用文作者主要应具备以下几种能力:

1.调查研究的能力

调查研究能力是应用文作者根据需要和写作对象适当选用调查方法,有效、快速地获取材料、了解事实真相的一种重要能力。写作者应具有调查研究能力,能够选用适当的调查方法去获得这些写作材料,并能透过纷繁的现象,去研究、捕捉、揭示事物本质的真实的材料。

2.信息处理的能力

调查是一个过程,这个过程不是靠瞬间领悟去完成的。要写成一篇高质量的应用文,还需要对大量的信息进行处理,包括对材料进行分析和综合,对数据的加工整理。随着信息处理的电脑化,作者除了要不断培养良好的思维习惯外,还要掌握电脑操作技巧。可以选用一种适合自己使用的文字处理软件,先学习常规的文字处理,然后学习图形、图像、表格、公式等的混合编排,学会用电脑迅捷地处理信息和写作。

3.辞章建构的能力

在应用写作中,作者的语言运用能力和结构篇章的能力,直接影响到作者能否快速完美合体地表达写作内容,也影响到文章的可读性和文章的交流,这是写作的基本功,因此,作者要多阅读典范的应用文,培养应用文的语体感,学会清晰地有条理地表达思想，力求“词达意”。要掌握常用的文体模式，熟记文体要素排列组合方式，熟练地写作应用文。

4.新媒体运用的能力

在应用文写作现代化、智能化、融媒化的今天，从问题的发现、调查、取证，意见的搜集、整理、归类，文案的起草、修改、印制，资料的搜集、运用、保存，会议的记录，到各类公文、信息的发布、传播、反馈，几乎每一个环节都离不开互联网、计算机、手机等新兴媒体和传播工具的运用。可以说，不能高水平地运用新媒体，就无法成为一个合格的应用文作者。

5.把握读者心理的能力

读者是应用文的接受对象。在应用写作中，读者的地位非常突出。应用文要办事，要人们采取某一行动，因此写给谁看，读者以什么样的心态去看，就显得非常重要。读者的需求与写作方法的关系更为密切。因此，作者在写作中要设想读者如何阅读，文章会产生什么样的阅读效果，并以此来调整自己的写作思路。写应用文不看对象，不了解读者的特定的阅读心理，写出来的文章就难以获得预期的效果。

思考与练习

一、解释。

应用文　应用写作　群体作者　个人作者　法定作者　代言作者

对象化思维　越位思维

二、简述应用文的历史发展概况。

三、运用本章所学知识，谈谈你在生活中以及在各种新媒体上阅读各种应用文的感受。

四、以《学习应用文写作对当代大学生的价值和意义》为题，写一篇文章。字数要求在800字左右。

第二章　应用写作基本理论(下)

第一节　应用文的主旨

一、应用文主旨的含义

文章的主旨是通过其全部材料和表现形式所传达出来的基本思想或中心思想,也称为文章的“意”。清人王夫之说:“无论诗歌与长行文字,俱以意为主。意犹帅也,无帅之兵,谓之乌合。”因此,“意”是确定文章质量高低优劣的关键。

应用文的主旨因文种不同表现出一定的差异和个性特色。但总的来看,它仍然是通过相应的材料所表达出来的中心思想,是客观的社会生活与作者主观思想及意图相结合的产物。应用文的主旨在撰稿前就已形成,即“意在笔先”。应用文的作者总是要通过具体的材料和分析,表明自己对它的意见和态度。或肯定,或否定;或赞成,或反对;或歌颂,或批判。就法定公文而言,它的主旨也因文种不同而表现出这样几种情况:如果是以传达政策、指令或事项为主的指令周知性和法规性文件,则表现为公文的写作目的;或者是某项方针、政策、办法的具体说明;或者是对于某个问题、某个事件做的结论;或者是对某个问题的处理意见等。如果是以汇报工作,总结经验或反映情况为主的汇报性、总结性的文件,则表现为对某项工作成绩、缺点的看法；或者是对某项工作或问题的评价。财经应用文的主旨则是作者对财经工作的观察、调查、分析、研究，以及对材料的处理而得出的思想和观点。一篇财经应用文的质量高低、价值大小、影响好坏，其决定作用就在于观点是否正确、深刻。

二、应用文主旨的特点

（一）客观性

写作作为精神活动，不可能不打上作者的主观烙印，作者可能对生活表现出某种选择，但应用文作者的写作意图是因客观的现实需要而形成的，是生活的某种需要促使作者表明某种态度。法定公文则体现出机关、集体的意志。应用文主旨的提炼是依材取义，从纯客观的材料中提取，力求尊重事实，不将主观感情强加于客观事实。主旨与材料必须达到本质意义上的契合，体现出客观性的特征，客观需要什么，作者就表达什么。比如，写一则通知，事由往往就是主旨；写作调查报告，就应该如实反映情况，给事物客观定性。

（二）单一性

文学文本可以一文多义，不同的读者可以从中领略到不同的主题意义，但应用写作则要求主旨单一纯粹，即一文一意，每篇应用文只能表达一个意思。清代刘熙载在《艺概·经义概》中说：“凡作一篇文，其用意俱要可以一言蔽之。括之则为千万言，约之则为一言，所谓主脑是也。”他不仅提出“意”要纯，还要求“意摄之”，即每篇应用文的主旨要贯穿到底。倘若在一篇应用文中，一文多意，主旨分散，就会使人难以把握。要使主旨单一，必须在动笔前明确写作目的和意图，在行文中就题论事，删除多余的信息和材料。

（三）明晰性

应用文的主旨不仅在撰稿前就应确定，而且在文本中要用简明的语言把文章的主旨概括出来，并在文章的显要位置直接而明白地表述出来，如在标题中概括主旨，用“主旨句”在段的首句揭示等。主旨要清晰明白，吸引读者的注意力，节省读者的阅读时间，使读者一看就明，不产生歧义。

三、确定应用文主旨的方法

(一)要从工作实践和生活实践中获取应用文的主旨

应用文体的实用性,决定了它写作的实用性和实践性。应用文的各类文种,总是和生活实践、工作实践密切联系,甚至互为因果的。人们在生活实践和工作实践中,总会遇到像经济、法律、礼仪一类的实际问题,特别是机关单位工作人员,每天都要和行政事务打交道,面对这样一些实际问题, 每每需要回答、处理、解决,同时作出迅速的反应,或者制定相应的方针、政策、法规、办法;或者订立、书写相应的合同、约据、书证;或者草拟相应的诉状、证词、答辩;或者写作文辞畅美简约的海报、演讲稿;等等。在草拟这些解决实际问题的文种时,首先需要写作者对实际生活和工作的某一问题予以全面了解、把握,然后进行分析研究,反复地提炼相应的主旨。只有这样获得的主旨,才不至于空泛、抽象、不切实际,也只有通过这样的途径获得的主旨,才会具有实际的指导意义和该文种所特有的文种意义。

(二)要根据上级机关的文件精神、领导的指示,确立应用文的主旨

在工作中,要拟定一个新的公务文书,其主旨的主要来源往往是上级和有关主管部门的文件精神以及各种具体规定等。有时,甚至要在文稿中直接具体地写上依据中央、国务院或上级的哪个文件,本着什么精神,按照什么规定,要解决什么问题。同时,任何上级的文件精神,都必须结合具体单位的实际情况而施行,以指导具体工作。因此,应用文的主旨又必须由相应单位的领导的指示来确定。所以,法定公文拟稿的过程中,最后一关须由单位主要领导或主管领导签发甚至会签,公文才能印制生成。这也表明应用文书特别是除私务文书以外的内容,代表的是团体、企事业单位的意图。总体来说,上级文件、本单位领导的意图和工作、生活实践,是构成应用文主旨的来源和依据。

四、确定应用文主旨应遵循的原则

除了掌握确定应用文主旨的方法,确定应用文的主旨还必须遵循正确、鲜明、集中等原则。

（一）正确

应用文行文的目的、提出的主张，必须符合习近平新时代中国特色社会主义思想，符合党和国家的方针、政策，符合党和国家的有关法律、法令规定，符合经济发展规律，符合客观实际情况，反映客观事物的本质。法定公文是传达贯彻党和国家的路线、方针、法规、法令，联系和处理公务的重要工具，与党和国家的政治事务，与人民的社会生活密切相关。因此，每篇公文的指导思想都必须与党和国家的指导思想、路线、方针、政策相一致，既不能违背，也不能偏离。例如某单位制订的《整顿劳动纪律，加强安全生产的实施办法》一文中，有一条规定是这样的："对于群众中的闹事、斗殴、赌博、诈骗，扰乱社会治安的人，要从重、从快、从严处理。"就文种而言，它本应是一个非正式公文，属事务文书类，但就内容而言，它却涉及了有关法律政策，使用了一些法律文书专门术语，这样表达的结果，是抛开了以法量刑的政策，误入了"人治"代替"法治"的歧途，因而是违背国家法律的。

（二）鲜明

应用文的基本思想、作者的基本态度要明确。应用文体与文学文体有着截然不同的要求。譬如记叙文寓观点于记人、叙事、状物、写景之中，并不直接提出作者的观点，大多讲究含蓄，给读者留下思索回味的余地。而应用文体大多运用逻辑思维，注重务实性，直截了当地表明观点。这就要求写作应用文时，或者采取"开宗明义"的手法，一开始就用判断句式把问题正面提出来；或者卒章显志道出全文的主旨；或者篇中点眼显示"一篇之警策"以贯穿全文的基本精神。但不管哪种方式，肯定什么，否定什么，赞成什么，反对什么；哪些成绩需要表扬，哪些问题需要解决，等等，都必须一清二楚，不得模棱两可，不得含糊其词。

（三）集中

一般来说，一篇应用文只能有一个中心，而且这个中心不能零乱和分散，做到单纯明确，不蔓不枝，围绕中心议题说深说透。尤其是公文中的命令、请示、函、议案、公告等文种，必须坚持"一文一事"的原则。总之，应用文的写作要尽量回避多个问题的纠葛，坚持重点论，反对多中心，从而使重点突出，给受文对象和读者留下集中、明晰的印象，以便解决问题，达到行文的目的。

第二节　应用文的材料

一、应用文材料的含义

材料是构成文章的要素之一,它是作者为了写作的目的而搜集、摄取并写入文章的一系列事实或理论依据。应用文的材料是支撑和表现主旨的基础,它表现为写作者在表达主题时所选用的具体事实,基本情况以及数字、引语等,是表达主旨和谋篇布局的物质条件。其中有的材料仅仅是形成应用文主旨的一种凭借,它们并不直接进入文本之中,有的材料不仅是形成主旨的依据,而且写入文本之中成为表现主旨的支柱。

二、应用文材料的范围

材料在应用文中是非常重要的。如果说,主旨是应用文的灵魂,那么,材料就是应用文的血肉。没有材料,主旨就不能确立,应用文也就失去了存在的基础。应用文的材料一般可以分为下面几类。

(一)直接材料和间接材料

直接材料是指通过耳闻目睹、口问手记,从而获得的第一手材料。这种材料是作者通过观察得到的切身感受,因而最新鲜、最实在、最有活力。间接材料是指通过听取有关单位或个人介绍,查阅简报、记录、总结、报表、群众来信以及其他书面材料而获得的材料。这类材料真实、具体、广泛、客观,同样是很有价值的材料,它可以帮助写作者了解更大范围内的情况,了解全局概貌。这两类材料在应用文写作中对主旨的确立有着极为重要的价值。

(二)正面材料和负面材料

从应用文的作用和功能看,它不仅需要正面材料,同时也需要负面材料。矛盾对立统一的双方,同一事物的两面,总是相比较而存在、相斗争而发展的。有比较才会有鉴别,有鉴别才能定取舍。因此,正面材料和负面材料对于应用文写作同样重要。正面材料可以是解决实际问题的正确意见的事实根据,负面材料则是反映事情的教训、错误、阴暗面等的事实。辩证地使用这两方面的材料,对提出切实解决问题的方法、措施有极为重要的作用。

(三)现实材料和历史材料

从总体上看,应用文写作的任务是解决现实中的各种问题。而任何现实都只能是历史中的现实,看待一个问题,不光要看它的现在,还要看到它的发生、发展以及它的过去、现在和将来,也就是不能割断事物的历史,不能忽视其历史材料。所以,应用文写作,既要首先着眼于现实材料,又要尽可能多地了解有关的历史材料,站在历史唯物主义和辩证唯物主义的高度,从纵向和横向两个角度去洞察、了解、分析事物,这也是应用文写作的重要思维方法。

(四)点上材料和面上材料

点上材料是指那些个别、重点、具体的材料,面上材料是指那些一般、全面、概括的材料。点上材料可以帮助我们了解个案,了解事物的具体情况,利于表现事物的深度;面上材料可以帮助我们了解事物的整体和全貌,利于反映事物的广度。做到点面结合,才能把问题反映得更清楚、更透彻、更深刻。

三、应用文写作选材的基本要求

(一)根据主旨的需要选择材料

凡是与主旨、观点有关,并能有力地表现、说明、突出主旨的材料,就取而用之;反之,与主旨无关或关系不大的材料,无论多么生动,都应该弃而舍之。在这个问题上容易出现的毛病是材料分散,使主旨游离,造成群龙无首的情形;各自为政,不听使唤,形成多中心局面;材料堆砌,导致主旨不明的状态。因此,应用文写作的选材,首先应该牢记主旨的统帅作用。

(二)根据准确真实的原则选择材料

所谓准确、真实,一是说材料不能虚假,是实有的事物;二是说材料本身要能反映事物的本质。如果所用的材料不准确、不真实,就会给实际工作带来不可估量的损失。因此,我们要特别注意避免几种偏向:第一,添枝加叶,无中生有。有的作者在写作中为了追求生动、完整,就抓取一点,任意编选,结果背离事实。第二,张冠李戴,移花接木。有的作者为了求得典型性效果,本来是甲同志做的事,硬要安在乙同志头上,或者把不同单位、不同时间发生的事件,硬捏在一起,结果成了假典型。第三,推测想象,任意拔高。有的作者只了解到事情的大概情况,就凭自己的主观想象推测,或者有意把事实加以夸大、拔高,结果造成内容失真。第四,马马虎虎,粗心大意。有的作者在引用数字或文件时,掉字漏词,不进行严格的核实,结果造成失误。

(三)根据典型性的要求选择材料

所谓典型材料,是指那些最能说明事物的本质和特点,最能反映客观事物的发展规律,因而最有代表性和说服力的材料。一些从现实生活中选取和挖掘出来的先进人物和事迹的材料,由于能起到"以一当十"的作用,能够对文章的价值和意义产生重要和积极的影响,所以在应用文的材料中十分引人注目。

(四)根据新颖性的原则选择材料

新颖就是新鲜、别致,具有时代性,具有新的价值和意义。新颖的材料,才能给读者以新鲜感,具有吸引力,让人喜欢看,从而产生一篇应用文应有的价值和效果。因此,写作应用文,应该尽量用新人、新事、新成果、新经验、新情况、新发现、新思想去反映新问题,去讲述新道理,去阐述新观点,使之具有强烈的时代气息和精神。

第三节　应用文的结构

一、应用文结构的含义

结构是指文章的内部组织构造,是有序地安排表现主旨的材料,是思路的物化。具体来说,是文章的谋篇布局和框架网络。即文章部分与部分之间,部分与整体之间的内在联系和外部形式的统一。如果说，主旨是文章的灵魂，材料是文章的血肉，那么，结构则是文章的骨骼，是文章的基本构成要素。

应用文结构的内容，也和一般文章一样，包括开头和结尾，层次和段落，过渡和照应。在言之有理、言之有据的基础上，既做到结构完整，又做到言之有序，哪些材料先写，哪些材料后写，哪些材料详写，哪些材料略写，都应统筹安排，合理布局。

应用文结构的特点是定型性、严密性、条理性。

二、应用文结构的安排

（一）开头应直接入题，开门见山，结尾要注意收束，干净有力

1.应用文的开头不像文学文体那样千变万化。它要求不论是法定公文，还是财经文书、法律文书，都应当一开始就直接切入文章的主旨和内容，开门见山，直截了当，不得绕圈子，不得戴帽子。应用文的开头一般有以下方式：

（1）概述式：直接写出对象的基本情况、基本问题或者工作的基本过程。如财经文书中的经济预测报告、经济调查报告，礼仪文书中的讣告、悼词等常用这种开头。

（2）引用式：直接引叙下级来文、上级指示或者有关的法令，作为撰写的根据。如公文中的报告、请示、通知、批复等多用这种开头。

（3）结论式：把主要问题或者对问题的看法、结论等写在前面，然后分别予以叙述。公文中的总结、财经文书中的经济预测报告、经济活动分析报告、市场调查报告、审计报告等常用这种开头。

（4）目的式：这种开头的方式常用“为了”“为”“由于”等介词开端，直接写出行文的目的。例如法定公文中的通知、规定、条例便常用这种开头。

（5）说明式：直接论述对象或者工作的意义、背景情况等，然后再进一步叙述主旨和其他相关材料。如法定公文中的请示、报告、法律文书中的辩护词等常用这种开头。

2.应用文的结尾也不像文学文体那样强调变化，讲究含蓄，讲究韵味，而是要简洁明了、干净有力，态度鲜明，不似是而非，不拖泥带水，不模棱两可。它的方式一般有下面两种：

(1)对全文的主旨进行总结概括,让读者对全文获得一个总印象。如各种报告、总结,法律文书中的答辩状、辩护词等经常使用。

(2)对全文的意义进行强调,引起读者重视。如公文中的规定,财经文书中的经济工作研究,法律文书中的辩护词等经常使用。

(二)层次、段落要脉络清晰,标志明显

1.所谓层次,是指文章思想内容展开的次序。每一个层次都应有一个相对完整的意思。因此,层次又称作意义段或结构段。

应用文的层次相对简明一些,不如一般文学作品那么复杂、多样。像启事、海报、讣告、命令、决定、通知等简短的应用文,主体内容一般只有一个层次。稍复杂些的应用文,如带指令性的公文,至多有三个层次,以主旨的目的、说明、意见三者构成的数量为转移。

两个层次的应用文,一般包含主旨中的目的和意见,或者只有说明和意见,如部分通知、决定、请示。

三个层次的应用文,则包含了主旨中的目的、说明和意见三个部分,它按照提出问题、分析问题、解决问题的思维顺序展开。如部分通知、决议、请示等。

篇幅较长的应用文如简报、总结、调查报告、经济预测报告、经济工作研究、辩护词、起诉状、悼词等,它们的层次就接近于议论文的层次,可以有递进,并列,总分、分总等几种形式。

(1)递进式:这种结构形式的层次之间往往是从外层开始逐渐向中心论点靠拢,它可以是由点到面的层层剖析,也可以是由感性到理性的步步升华。如某些调查报告、辩护词等。

(2)并列式:并列式的特点是各层次之间是平行并列的关系。它们可以是同一问题的几个方面,可以是一个事物的几种存在形式,也可以是一个部门的几种典型,如有的计划、总结等。

(3)总分、分总式:这种结构的层次之间是“总一分”或“分一总”的关系。这种种属关系,有的采用“总一分一总”的形式;有的采用“总一分” 的形式;有的采用“分一总”的形式。如有的经济调查报告、总结、计划等。

2.所谓段落，是指文章中具有相对完整内容的独立的基本单位，是体现层次的外部形式。段落也叫自然段。它以段首空两格为标志。

段落和层次都反映着写作者的思路。段落侧重于文字表达的需要，主要表现在行款格局的形式上；层次着眼于思想内容的划分，体现出文章内容之间的内在逻辑关系，它反映的内容相对于段落要复杂些。

应用文写作划分段落有以下原则：

（1）分段要注意内容的单一性和完整性。一个意思必须在一个段落里说完，不允许把一个意思跨放在两个段落里，支离破碎。同时，一个段落里也只能有一个意思，要防止“意多损段”。

（2）分段要注意段落之间，段落与层次之间，段落与主旨之间的内在联系。段落体现层次，层次表现主旨，分段时要注意前后上下的衔接，以使文章文气贯通。

（3）段落的长短要根据应用文的内容、应用文的文种和不同文种的阅读者而定。一般地说，应用文的段落不宜过长，要简短精练，清楚悦目，尤其是法定公文、礼仪文书，更应如此。

（三）过渡、照应要自然、巧妙

过渡，指相邻层次、段落间的衔接、转换；照应，指文章中不相邻的层次、段落的关照、呼应。过渡和照应是连接文章层次内容的方法和重要手段。

1.常用的过渡方式

（1）给大段加小标题和数字，使其具有过渡、衔接作用。

（2）在自然段之间可用过渡词衔接，如用“所以”“因此”“可见”“此外”“但是”等词语表承上，用“以下是……”“下面是……”表启下。

在公文及其他一些文书的开头部分与主体部分之间，常于开头之末设置惯用过渡语句过渡，如“特作如下通告”“现将有关事项告知如下”“为此，特制定本条例”等。

此外，表内容或表述形式大转换的常见过渡语还有“综上所述，可知……”“总之”“双方订立协议如下”等等。

（3）用一个过渡段连接上下文，如《上半年主要农产品销售走势》一文在对

300多种农产品进行供求现状概括分析后,用“几种主要农产品的供求情况是”引起下文,从“概述”过渡到对几种农产品的具体分析。

2.常用的照应方式

(1)文题照应,即题目和内容呼应,以达到反复点题,突出主旨的目的。如:

关于举办××教育管理专业硕士研究生课程班的论证报告

……经过论证,我们认为,我校举办非脱产“教育管理专业硕士研究生课程班”是必要的。

……经过论证认为:在我校举办非脱产“教育管理专业硕士研究生课程班”是可行的。

……通过上述论证,大家一致认为……在我校举办非脱产“教育管理专业硕士研究生课程班”既是必要的,又是可行的。

上例中,每完成一个分论点就强调一遍主旨,与题目呼应一次,可收到突出主旨、加深读者印象的效果。

(2)前后照应。论述性强的规范应用文本结构中开头提出论点,结尾重申论点,就是典型的前后照应。因其在全文首尾,又可称为首尾照应。它使全文浑然一体,使结构更显严密。

应用文写作实践中,要看到过渡和照应毕竟是连接内容层次的手段和技巧,只要内容之间的逻辑联系自然、紧密,就可少用甚至不用过渡词语,以减少“斧凿”痕迹。但是,公文中用“特……如下”起提示与强调作用,则是十分必要的。

三、应用文安排结构的原则

结构,指文章各个组成部分的搭配和排列。应用文文本结构由外在的格式和内在的要素模式组成。外在的格式和内在的要素模式又因不同类文体而有所差别。比如,法定公文的外在格式是由文头、行文、文尾组成,而内在的模式则是“凭”—“事”—“断”,即发文的依据、发文的事由、发文的要求。诉状文书的外在格式由首部、正文、落款和附项组成。内在模式则是“断”—“事”—“析”,“断”是结论,“事”是事实和依据,“析”是分析和论证, 即诉讼请求、诉讼事实、诉讼依据等。

应用文的结构与文学文本的结构是有着不同规范的。应用文的结构原则是:

(一)根据文种选择结构

应用文结构选择的重要依据是符合文种需求,也就是说作者在结构文章时,不能随心所欲,自行一套,而要根据某种文体和某个文种的规范要求选择结构、安排材料。比如合同的写作,签订合同的主体、合同的标的、标的之数量和质量、履行的期限、地点等内容要素可能会不同,但是写作时并不是根据内容选择结构的。应用文在长期的写作实践中,基本形成了各文种的外在格式和内在要素序列的规范,文种标志明确。因此,作者只要熟知所写文体的结构模式,就能按式撰文。这既是正确规范表达的需要,也是快速成文的要求。

(二)结构要素排列顺序化

应用文文本结构在排列上要依照人们顺畅的思维逻辑展开,一般不宜用倒叙的结构,也无须用插叙结构,而是按照事物、思维的发生、展开过程进行叙述,或者按照事项来安排结构。外在结构上要一目了然,内在模式上各要素应排列有序。顺序化的结构让读者在一种轻松省力的阅读状态下接受,不存在任何阅读障碍和阻隔,使读者能迅速领会作者的意图。

(三)注重结构的外在衔接

文章分成若干个段落,段落之间靠内在内容的逻辑勾连和外在形式的衔接形成有机整体。应用文更多地用过渡词、序码、小标题等方法形成外在结构的衔接。应用文在外在形态上,经常用序码标示内容的序列,用上位序码衔接层次,下位序码衔接段落,还可以用小标题和过渡词来衔接,使得应用文在结构上形成一种外在连接的有机性,在层次上则一目了然,便于读者阅读和领会。如经常用“首先、其次、再次,第一、第二、第三,一、二、三”等来标示层次和段落。

第四节　应用文的语言

一、应用文语言的重要性

写作应用文,在确立了观点,选定了材料,安排了结构之后,就需要借助语言文字将内容表达出来,如果说主旨是灵魂,材料是血肉,结构是骨骼,那么语言就是应用文的细胞。离开了语言这个细胞,应用文的文本便无法存在,思想内容也就无所依附了。因此,语言是构成应用文的不可缺少的基本要素。

(一)语言是传情达意的重要工具

语言表达能力的强弱,决定一篇应用文质量的优劣。那种认为应用文的写作只是一个格式问题,语言运用的好坏关系不大的观点,是十分错误的。事实上,作为在工作实践和生活实践中经常使用的无论是法定公文、财经文书、法律文书甚至礼仪文书,都有它特有的严肃性、政策性和实用性。所以在语言运用方面比其他类别的文章有更特殊、更严格的要求。如果不重视语言的运用,把一篇应用文写得歧义百出,就会贻误工作,造成重大的政治、法律、经济失误。

(二)语言在应用文的构思中有着重要作用

应用文的写作离不开思想,而语言是思想的直接实现,是思想的外衣和物质外壳。斯大林指出:不论人的头脑中会产生什么样的思想,以及这些思想什么时候产生,它们只有在语言材料的基础上、在语言的词和句的基础上才能产生和存在。没有语言的材料、没有语言的“自然物质”的赤裸裸的思想,是不存在的。因此,一切应用文的构思活动,都必须在语言材料的基础上进行。提高语言的表达能力,对增强应用文的构思起着十分重要的作用。

二、应用文的语体规律

应用文的书面表达语言是由包含语词、语句和标点符号组成的自然语言和图表等人工语言组成的语言体系。应用文以应用为目的,它有独特的语体规律。

（一）社会化

文学作者的用语强调个性化，务去陈言，力求创新，有时甚至违反用语常规，刻意追求个性化的语体风格，读其文，如见其人。应用写作以工具性、实用性为其目的，为了快捷地实现文章目的，必须用社会的认知语体，有效地传达信息，避免造成阅读障碍。因此，应用文的用语，尤其是在公务文书中，一般不用个人化的语言，不用某个地区的方言、俚语，不用超常规的用语句式和冷僻词汇。

（二）稳定化

应用文语体虽然也随着时代内容的变化而发展和变革，但与文学语体相比较，它的变化速度相对缓慢，呈稳定化发展态势。

应用文中仍然保留了一些在文学作品中几乎已不用的文言语汇。在中国现代文化史上，五四运动之后，白话逐步取代了文言，虽然20世纪30年代的文学家还经常用些不文不白的语汇，形成特定时期的语体风格，但在20世纪40年代后，文言就逐渐失去生命力，不再为读者所接受。而在应用文中，为了使表达更简洁、庄重，依然部分使用文言词汇，如：兹因、顷接、承蒙、奉、悉、经查、届期、兹就、如期、谢忱、此复、函达等等，这些词汇不仅不会被淘汰，而且在语词的使用、位置的安排上基本固定，依然显示出较强的生命力。

应用文语体的稳定性还表现在：应用文中较少吸收外来词汇。文学作品中，经常运用一些外来语汇，有的甚至将外来语直接嵌入民族语，形成一种特殊的语言韵味。而应用文在吸收外来词汇方面则相对保守、滞后。应用文写作用语的目的主要是表意，追求接受的社会性和简便性，不追求用语的新奇。

（三）模式化

应用文语体的模式化与应用文文本结构的模式化，有着相辅相成的意义。由于应用文的语体具有社会化和稳定化的特征，在长期的实践中，形成了模式化的语体规律。这些语言模式，不仅使作者能很快地掌握应用文的语言，为应用写作提供方便，而且能使作者适应书写技术的现代化需要。这一语体规律是在下列几种常用的模式语的格局中体现出来的：

1.起首语。应用写作中起首语的运用,使开头变得容易。常见的应用文的起首语如:“根据……现……如下”“遵照……如下”“为了……”“首先……”“据查……”“来文悉”“经调查……”“根据……原则,特制订本办法如下”“欣悉……”“欣闻……”“惊闻……”“惊悉……”等。这些起首语有时阐明写作目的,有时引出行文依据,有时直接引入话题。

2.衔接语。文学写作很讲究内结构的衔接,所谓文如长龙,首尾连贯,一气呵成。而应用写作特别注重外结构的衔接,除了用序码词衔接外,还大量运用衔接语连贯。通常用于段的起句和结句。如:“综上所述”“以上各点”“如前所述”“由此可见”“总而言之”“为此”等。这些模式语,能把特定的内容连贯地衔接起来。

3.结束语。应用文的结束语一般带有期请、总括的意味,如:“为盼”“当否,请批示”“此呈”“特立此据”“特此函达”“请依法处理”“恭请光临”等。结束语应根据不同的文种和语境选用,如撰写的“报告”内容比较重要,结语可用“特此报告”,以示慎重;如是例行情况的报告,一般可用“以上报告,请审阅”等。

三、应用文的语言特点

(一)有意强化语言的表意功能

语言作为文章的物质材料,它的鲜明特征就是具有表意性。文学文体和应用文体虽然都是通过语言的意义来表情达意,传递信息,但由于它们所承担的文章功能、阅读视界各不相同,因而文学家有意弱化语言的表意功能,依照一定的审美情趣加工语言。而应用文以客观真实地、明确地传递信息,满足实务的需要为目的,尽量利用语言本身的表意特征,使用规范的书面语,缩短语言和所要表达的内容的距离,有意强化语言的表意功能,使语言符号与指称对象相吻合。

应用文强化语言的表意功能,主要从两方面着手。

1.准确用词。汉语中有许多意义相同或相近的同义词和近义词,还有一词多义的情况,但在特定的语境中,表达某一概念时往往只有一个词是最贴切的,比如,“爱人”和“妻子”,在日常语言环境中,是可以相互替代的,而在法律专用文书中,在表述“某一男性的合法配偶”时,一般只能用“妻子”而不能用“爱人”,彼此的关系只能表述为“夫妻关系”,而不是“爱人关系”。因此,在应用文写作中,为了强化语言的表意功能，就要花力气辨析词义，多使用工具书，明确词义所表达的概念的内涵，精选妥帖的词语，尽量使语言表达准确。同时，大量使用一些专业术语。

2.规范句式。句式是根据句子的不同特点归并出来的句子类型。比如：按字数的多少分，有长句和短句；按语序分，有常式句和变式句；按判断形式分，有肯定句和否定句。一般来说，为了强化语言的表意功能，在应用文写作中应选用短句、肯定句、常式句来表达。这样，在严格的语法规范下，避免语言产生歧义。在句子成分上，多使用介宾结构。如表目的、手段的介词——为了、为、按照；表对象、范围的介词——对、对于、关于；表依据、方式的介词——在、根据、依照、遵照。这些介词从目的、对象、范围、依据等各个方面对被表述的对象和内容进行限定，从而使其严密和明确。

（二）运用书面辅助语言

应用文写作语言体系中，经常运用书面人工语言，替代或补充自然语言。语言学界一般把人类在历史发展进程中自然形成的语言称为“自然语言”，把为了特定的需要人为创造的语言称为“人工语言”。在“人工语言”中又分有声的人工语言和无声的人工语言。“世界语”就属于有声的人工语言，而由图形、表格以及各种符号组成的语言系统是无声的人工语言。它们是自然书面语言的辅助工具，因而可以称之为“书面辅助语言”。在应用文文本中，两种语言的混用，使应用文的语言表述更为直观、简明。

复杂的过程、抽象的事理常可以用图形、表格、符号，简洁、明快地表现出来。这样做既缩短了语义和旨意的距离，又使应用写作电脑化成为可能。

在应用写作中，运用最多的书面辅助语言是表格和图形。表格和图形的制作要依循一定的规则。

表格，是按设定的项目，用行列的形式建立的信息资料，以揭示和反映客观事物的某些规律性的书面材料。

用文字来反映对象特征的表叫文字表。问卷式的调查表、分析表、对比表就是文字表。如下表：

应用文常用特定用语简表

用语名称	作用	常用特定用语
开端用语	用于文章开头，表示引据、发语	为了、为、顷接、依照、按照、遵照、根据、关于、兹定于、兹因、承蒙、谨悉、惊悉……
递送用语	用于表示文件的递送方向	报、呈、颁发、印发、发布、送……
拟办用语	用于拟办、审批	拟办:业经、责成、交办、试办…… 审批:照办、批准、可行、原则同意……
过渡衔接用语	用于承上启下，结构连贯	为此、鉴于、有鉴于此、综上所述、特……下、现……下……
期请用语	用于表示希望和请求	上行:恳请、特请、届期…… 平行:拟请、如蒙 下行:希望、尚望、希予
结尾用语	用于表示收束	上行:当否，请批示;可否，请批示;如无不当，请批转执行;如无不妥，请批准;特此报告;以上报告，请审核 平行:此致，敬礼;为荷;谢忱、特此函达;特此证明;尚望函复 下行:为要;为宜;为妥;希遵照执行;特此通知;此复;现予公布

图是用空间造型符号直观地反映事物的属性、抽象的事理、事物的结构和关系的人工语言。在应用文写作中，人们往往借助图这一形象化的方式，一目了然地揭示出事物的本质和规律。应用文中经常使用的图主要是各种类型的抽象图，如:方框图、曲线图、圆形图等。各种图的制作方法不尽相同，但基本原则是一致的，即处理好图形和意义的关系，用最简洁的、读者易于理解的图，最大效果地实现作者的目的。下面是一幅传播“五W”的模式图:(因图中传播五个要素的who，what，which channel，whom，what effect中的第一个字母都是W而得名)

四、应用文语言运用的要求

应用文的语言，除要遵循语法、修辞、逻辑等方面的规律外，还要符合简洁、准确、平实、得体等基本要求。

（一）简洁

应用文的语句要精练明快，干净利落，用最简约的文字表达最丰富的内容。如果语言啰唆，篇幅冗长，就会影响表达和交流的效果。要使应用文的语言简洁，除使用具有高度概括力的词语外，还必须有敢于删繁就简的决心和忍痛割爱的勇气，尽量把可有可无的字、词、句、段删去，做到“句中无余字，篇内无长语”。

（二）准确

应用文写作要选用恰当的词语，组织通顺的句子，准确明白地表达思想内容。准确是应用文写作对语言运用的起码要求。人们常说“一字入公文，九牛拖不出”，一字的歧义，一语的偏差，就会造成表达的错误，就可能造成很大的损失。

（三）平实

应用文用语要朴素切实，通俗易懂，不矫揉造作，不故弄玄虚。像财经文书、法律文书的语言都应着力在解释概念、说明问题和讲清道理上，注重以理服人，不像文学作品那样做细致的描绘和刻画，而是要写得质朴无华，通俗平易，便于阅读理解。同时，讲究语言朴实，还要注意实事求是，不夸大，不拔高；不缩小，不文过饰非，坚决摒弃一切假话、大话、空话、套话，保持语言的真实性。

（四）得体

应用文的语言运用要更好地为特定的目的、特定的对象、特定的需要服务。在行文中，该说什么，不说什么，先说什么，后说什么，怎样措辞，用什么语言等，都要认真推敲，反复琢磨。例如上级对下级做指示、提要求，用词、语气既要体现严格要求，严肃庄重，又要注意平和透彻，深入浅出，让人心悦诚服；下级向上级反映情况、请示工作，用词、语气既要有礼貌、讲尊重，又要注意言简意赅；兄弟单位互通情况、协商事宜，用词、语气既要以诚相待，又要不卑不亢，互相尊重。同时，不同类别的应用文，如法律文书和法定公文在用语上也各有个性和特色，需要写作者根据不同的文种采用相应的得体的语言。

第五节　应用文的表达与撰改

一、应用文的表达

在写作学中,表达的特定含义是指运用语言形式来介绍情况、陈述事实、总结规律、阐明观点、抒发感情的具体方法与手段。可称为表达方式,又叫表达方法、表现方法。

各类文章常用的表达方式有叙述、描写、说明、议论、抒情五种。应用文常用的表达方式主要是说明、叙述和议论,不同文种各有侧重。多数情况下是以一种表达方式为主,三种表达方式综合运用。根据不同文体、文种,恰当选用表达方式,是写好应用文的重要条件。

(一)应用文的说明

说明就是用简明的文字,对事物或事理的状态、性质、特点、功能、成因、规律、作用等,加以客观地解释和介绍解说。

1.说明的作用

说明是应用文的主要表达方式之一。如条例、规定、制度、公约等规章文体,介绍信、证明信等专用书信以及启事、说明书等,都常用说明的表达方式。

说明可以与叙述结合使用,为叙述介绍背景材料和环境,起好铺垫作用。总结、简报、调查报告、工作报告等对某些基本情况的介绍,表彰性、批评性通报或决定、对有关人员或单位的介绍等等,都常用这种表达方式。

说明与议论结合,可用来说明背景、交代情况,为议论提供必要的论据。有时,用说明的方式提供论据,比叙述事例显得更简洁、明了、透彻。在对比论证中,常常用数字和具体案例的对比来说明论据。

2.应用文常用的说明方法

(1)定义说明

定义说明是简要说明事物的概念或本质属性的方法,即讲明事物、事理“是什么”。例如:

巴山雀舌是采用一芽一叶初展鲜叶精制而成的高档名茶，外形扁平匀直，色泽翠绿全毫；滋味鲜爽回甘，清香持久，叶底嫩匀成朵，汤色杏绿明亮，富含自然硒元素，一经冲泡恰似山雀之舌。

定义说明“是”的前后两项是可以互换的。

(2)释义说明

有时，因下定义要求很严，对有的事物难以用定义去概括其属性、描述其本质，但又需要让读者对这事物明确了解，这就要用释义的方法对事物做具体的说明。释义说明是对定义、概念作出解释，以说明其特征、性质、成因、功用的方法。

释义说明“是”的前后两项不能互换。

(3)分类说明

分类说明是对事物分门别类加以说明介绍的方法。这种说明方法既使读者了解事物的概貌特点，又使事物头绪清楚、层次分明。如：

第三条　国内航空运输承运人(以下简称承运人)应当在下列规定的赔偿责任限额内按照实际损害承担赔偿责任，但是《民用航空法》另有规定的除外：

(一)对每名旅客的赔偿责任限额为人民币40万元；

(二)对每名旅客随身携带物品的赔偿责任限额为人民币3000元；

(三)对旅客托运的行李和对运输的货物的赔偿责任限额，为每公斤人民币100元。

——《国内航空运输承运人赔偿责任限额规定》

分类可从不同角度划分，也可以多层次划分。但都要根据分类原则，做到分类标准一致，每次划分只能根据同一标准，不要混淆标准，重复和交叉；分类要周全，不要遗漏。如“报告”类文种可从内容和用途上分为：工作报告、情况报告、建议报告、回复报告、报送报告；从写作范围与性质上分为：综合报告、专题报告等。若用几个标准从几个角度同时划分，把报告分为工作报告、综合报告、年度报告等，就会失去科学性。

(4)举例说明

举例说明就是举出具体的例子说明事物特征的方法。它能使认识更具体、深刻。

举例说明常和分类说明结合使用。一种是列举性的举例,举出的事例能说明事物所包括、适用的范围。一种是典型举例,使被说明的事物更具体、清楚。例如:

当前,我省一些地方尤其是城市和交通沿线,非法出版活动相当猖獗。一些不法分子伪造或盗用合法出版单位的名义,大量印制有害的书刊和音像出版物。今年以来,仅成都市东、西两城区查获的非法书刊就有近两百种,14万多册。最近,德阳市在罗江火车站一次就挡获非法图书63麻袋,1760公斤。

——《四川省人民政府关于严厉打击非法出版活动有关事项的通知(川府发〔1987〕140号)》

在行文时,举出的例子要真实、具体、生动。

(5)比较说明

比较说明就是通过两种相似或不同事物的类比、对比来说明事物的本质特征的方法。通过比较,可以更准确地区别事物,更清楚地认识事物。在应用文中,比较说明常与数字说明综合使用,以通过量的变化和差异来区分客观事物,这样的区分更为准确。如用产量、产值、利润的变化,对比说明某企业抓技术改造前后的情况。

比较说明一定要注意比较的事物之间要有可比性,比较的标准要统一。否则,对客观事物的说明就会出现片面性乃至错误。

(6)数据和图表说明

用数据和图表来说明事物,能更科学、更精确、更简明具体地说明客观事物,给读者更直观的感觉和印象,因而在应用写作中使用越来越多。它可以单独使用,也常和其他说明方式特别是比较说明结合使用。

(7)引用说明

引用说明就是引用一些有关的论述、文件资料来说明事物的性状、特点、本质和规律的方法。引用资料,既可充实说明的内容,又可做说明的依据。

除上述说明方法外,应用文写作中也偶尔用到比喻说明、描写说明等。

3.应用文中说明的特点

(1)应用文单独运用说明方式的情况极少,说明多与叙述、议论结合使用,即使以说明为主的文种,也会同时用到叙述和议论,以使表达更清楚、更有力。

(2)它通常是多种说明方式的结合运用,以便更鲜明、更准确地说明客观事物和事理。例如定义说明与释义说明、分类说明综合运用,把有关政策、法规的内涵和外延界定得更清楚、准确、周密;数据说明和比较说明结合运用,从定性、定量的角度把生产、工作等公务活动的现状和发展变化解说得更具体、直观、形象。

(3)它极为注重说明的客观性、内容的科学性和语言的准确性。要求对具体事物、事理进行客观介绍、阐释,不能凭主观感性任意夸饰、缩减;介绍具体事物、阐释具体事理时要抓住其本质特点,如实地反映其本质属性和规律;尽力用准确、简明、通俗的语言说明,力求浅显易懂,使人一目了然。

(二)应用文的议论

议论是作者对某件事情或某个问题进行分析、推理、评论、表明自己的立场、观点、意见的一种表达方式,也就是讲道理。

1.议论的作用

应用文常常要对人或事作出评价、判断,要阐明处理某些公务活动或社会事务的立场观点、政策原则、决策主张,这一切都离不开议论。议论在应用文中是随处可见、绝不可少的一种重要表达方式。

议论可以作为一些文种的主要表达方式,运用概念、判断、推理的逻辑形式进行议论,阐明事物的本质和规律,向读者说明"为什么"。如部分讲话稿、工作研究、专题总结、决议等文种均是如此。但在应用文中,它只是多种表达方式之一,往往只用几句结论性的句子,在文章中或直截了当地表明自己的意见、主张,表明需要怎样、应该怎样、不能怎样;或对所叙述、说明的人物、事物作出评价、判断。如果议论太多,就会喧宾夺主,不符合以事实说话的特点和要求。

2.议论的要素

议论由论点、论据、论证(即论证过程)三要素构成。

(1)论点

论点就是作者提出的观点、看法、主张、见解、态度。它通常以判断的形式表现出来,如“革命是解放生产力,改革也是解放生产力”,“各级干部必须勤政廉政,牢固树立为人民服务的思想”。

论点分为中心论点和分论点。中心论点是总的看法、主张、观点,是文章要论述的核心问题,又叫基本论点、大论点。围绕并阐述中心论点的若干论点就是分论点、小论点,也就是中心论点的理论依据。它是从属于中心论点的。中心论点与分论点只是相对而言,但在不是以议论为主的文章中,就无所谓中心论点与分论点了。

(2)论据

论据是证明论点的材料,即建立论点的理由和根据。它是论点的基础,也是整个议论的基础。论点依赖论据,论据支撑论点。

论据包括事实论据、理论论据两类。

事实论据指客观存在的各种情况、事实、数据。不论是现实的还是历史的,国内的还是国外的,详细的还是概括的,只要是能说明问题、证明论点的事实、数据,都可作为事实论据。

理论论据指已被实践证明过的、正确的理论。它包括科学的原理、定律、定量、公式、论点、格言、警句等,这些都可以直接或间接用来证明论点。

(3)论证(论证过程)

论证就是用论据来证明论点的过程。实际上就是剖析论点与论据之间的内在逻辑联系,使之有科学的分析和充分的说服力,它是观点和材料统一的过程。

上述三要素中,论点是统帅、核心、灵魂,论据是基础,论证是联系论点和论据的桥梁。论点回答“要证明什么”,论据回答“用什么证明”,论证解决“怎样证明”等问题。三者关系也就是:主张—主张的依据—确立主张的方法和步骤。只有三要素有机结合,才能解决议论中观点和材料相统一的问题。

3.议论的方法

(1)例证法

例证法是用事实作论据,举例直接证明论点的议论方法。如:

(当前)乱砍滥伐森林的歪风还没有完全制止下来,有的地方甚至还十分严重……有的地方,以林权争议为借口,抢砍林木;有的地方无视国家有关法令、政令,侵占国有林区重点森工企业施业区,大肆砍伐林木;一些地方和单位越权审批采伐或擅自增大采伐计划，造成无计划或超计划采伐；少数不法分子相互勾结，成群结伙盗伐林木，大量偷运和非法交易木材，有的甚至逞凶殴打护林人员和木材检查站工作人员；此外，不按规定采伐自留山、责任山林木的现象也较为普遍；一些经营木材的单位和个人，违反有关规定，擅自进入林区收购木材，也助长了乱砍滥伐林木歪风的蔓延。乱砍滥伐林木的问题长期制止不下来，原因是多方面的，但主要是领导问题。一些地方对《森林法》及其《实施细则》贯彻执行不力，对出现的乱砍滥伐案件未认真处理，听之任之；有的不考虑国家的整体利益和人民的长远利益，急功近利，不惜采取拼资源等错误做法；对群众的宣传、教育工作也做得不深不细。

——《关于坚决制止乱砍滥伐林木的报告》

用作论据的事实，无论是具体事例、概括的事实，还是统计数据，从质上看要典型，从量上看要适度。列举的事实过少显得单薄，过多又会淹没、冲淡论点。而且要注意有事有证，适当分析，不能只有论点加材料而不作论证，以至说服力不强。

（2）引证法

引证法就是引用经典作家的言论、党和政府的文件、科学的定义、公理、名人名言、格言、谚语来直接证明论点的论证方法。引证法在应用文中用得较多。这些引文或为世人所公认，或经过实践检验，所以不用再去证明它的正确性，也能收到令人信服的效果。

引用时要完整、准确地理解原意，不能断章取义，更不能随意增删，妄加修改。若是引用原文，语句、标点都要绝对准确。否则，就没有说服力了。

（3）对比法

对比法就是将性质相反或有差异的两种或几种事物做比较，作出论断，证明论点的论证方法。有比较才有鉴别，这种方法常常使论点更加鲜明突出，文章更有说服力。如：

我们党有很多同志坚持学习马列主义、毛泽东思想，坚持把马列主义的普遍真理同革命实践相结合的原则，这是很好的，我们一定要继续发扬。但是，我们也有一些同志天天讲毛泽东思想，却往往忘记、抛弃甚至反对毛泽东同志的实事求是、一切从实际出发、理论与实践相结合的这样一个马克思主义的根本观点，根本方法。不但如此，有的人还认为谁要是坚持实事求是，从实践出发，理论和实践相结合,谁就是犯了弥天大罪。他们的观点,实质上是主张照抄马克思、列宁、毛泽东同志的原话,照抄照转照搬就行了。要不然,就说这是违反了马列主义、毛泽东思想,违反了中央精神。他们提出的这个问题不是小问题,而是涉及到怎么看待马列主义、毛泽东思想的问题。

——邓小平《在全军政治工作会议上的讲话》

(4)因果法

因果法就是从事物本身的因果关系中进行推论的逻辑论证方法。可由因及果,也可由果及因。在应用文中,常用这种方法阐明道理、说明原因、指明发展趋势。如:

但是,各种违反财经法纪的行为屡禁不止,至今仍较普遍。这种状况不仅影响国家财政收入,而且败坏党风和社会风气,对经济发展和社会稳定危害很大,必须坚决制止。在我国改革开放和发展商品经济的过程中,特别是在目前经济体制尚未完全理顺、法制建设尚不健全、遵纪守法观念比较淡薄的情况下,税收、财务、物价大检查作为遏制经济领域各种违法违纪行为,防止财政收入流失,惩治腐败现象,促进国民经济持续、稳定、协调发展的一项重要措施,在"八五"期间甚至长一些时间内还要继续进行下去。

——国务院关于开展1991年税收财务物价大检查的通知

(5)反证法

反证法就是通过证明与自己论点相对立的论点的错误,从而间接证明自己论点正确的论证方法。即通过反驳的手段达到证明的目的。恰当运用这种方法,常常可以使论证更充分,分析更深刻。如:

没有党的领导,就没有一条正确的政治路线;没有党的领导,就没有安定团结的政治局面;没有党的领导,艰苦创业的精神就提倡不起来;没有党的领导,真正又红又专、特别是有专业知识和专业能力的队伍也建立不起来。这样,社会主义四个现代化建设、祖国的统一、反霸权主义的斗争,也就没有一个力量能够领导进行。这是谁也无法否认的客观事实。

——《邓小平文选》

这是从“没有党的领导”就会出现怎样的严重情况来论证的，从反面证明了一定要坚持中国共产党的领导。

4.应用文议论的特点

(1)应用文的议论常采用夹叙夹议、论说结合的形式。多种表达方式综合运用，既使叙述、说明更简练，又使议论更充分，在有限的篇幅中，扩大了信息容量，增强了表达效果。

(2)在阐述某观点，论证某论点时，常常简化论证过程，不在文章中写明推理环节。或者直接用判断句式表明立场、观点、主张、意见，表明“是什么”“要怎样”“应该怎样”，至于一些广为人知、易为人知的“为什么是”“为什么要这样”等道理，都不再详细阐述。

(3)从加强正面教育、正面灌输的原则出发，它的议论常以正面论证为主，反面论证为辅。即使运用反证等方法，也是常和正面论证方法结合使用的。以便于读者更好地接受。

(三)应用文的叙述

叙述是有次序地叙说、介绍人物的经历或事物发展变化过程的表达方式。

1.叙述的作用

叙述是应用文的基本表达方式。它可以作为以叙说情况为主的某些文种的主要表达方式，例如情况报告、表彰或批评通报、情况调查报告等均是如此。在其他应用文中，交代背景、介绍文章涉及的人、单位或事件的基本概况时要用叙述；介绍人物经历、事实经过、事物发展变化过程以及相互关系时，要用叙述；为议论提供事实依据，也要用叙述。

2.叙述的顺序

(1)顺叙

按事件发展的先后顺序叙述叫顺叙。这种方法脉络清楚，因而在应用文中用得较多。

(2)倒叙

先把事件的结局或最突出、精彩、有吸引力的地方提到前面叙述，然后再按事件的发生、发展顺序叙述，这种方法叫倒叙。

这种方法有利于突出重点和主题,使结构富于变化,造成悬念,易吸引读者,在较长的叙事性文件和简报中偶用此法。

使用此法,应注意由“倒”回到“顺”时的衔接交代,否则会头绪不明,脉络不清。

(3)插叙

在叙述过程中由于内容的需要,暂时中断叙述的线索,而插入另一段有关的内容,然后再转入原来叙述的线索中去,这种方法叫插叙。(追忆过去的插叙又叫追叙,补充说明的插叙又叫补叙。)这种方法,应用文使用较少。

3.叙述的人称

人称就是作者叙述的立足点、角度。

以“我”的身份出现,叙述“我”(或者“我们” “本”“本人”)的经历、见闻,就是第一人称,它偏重于主观性叙述。

以第三者的角度出发,从旁叙述“他”(或者“他们” “该”“该同志”“该地区”等)的所作所为,即第三人称,它偏重于客观性叙述。

从叙述对象“你”的角度出发,叙述“你”(或者“你们”“贵”“贵单位”等)的言行,就是第二人称。

在应用文中,三种人称有单独运用的时候,如总结必须用第一人称,调查报告多用第三人称,函主要用第二人称等。也有结合使用的时候,如“你们”和“我们”、“我们”和“他们”都常在一篇文章中出现。无论哪种情况,都要注意人称的准确,若变换叙述角度,脉络要清晰。

4.应用文叙述的特点

(1)大量采用概括叙述,较少使用具体叙述。

概括叙述是用简明的语言,概括地介绍人物的经历或事件发展变化过程的主要情况。具体叙述是用生动的语言和细节,把人物的经历和事件的发展变化过程详细地叙述出来。

应用文中的叙述不求全面,只求典型、准确,常常不必完整地交代某事件的时间、地点、人物、原因、经过、结果,它力求简明,只叙述与表达主旨、说明问题有直接关系的部分,或者综合地、概括地叙述若干人或事的共同之点。

(2)应用文中的叙述强调平直,多采用顺叙的叙述方法,文中叙述的人称比较单一,且常常省去人称,以便简洁明了地说清问题,便于读者迅速领会、接受。

(3)应用文的叙述常与议论结合运用,就事论理,以起到摆事实、讲道理的作用。

二、应用文的撰改

(一)应用文的撰拟

应用文的撰拟又称拟稿、起草。是写作者根据客观需要、领导的意图、本人产生的写作动机下笔作文的行为过程。撰拟应用文要注意以下几点:

1. 下笔前,深思熟虑,精心准备。凡“遵命”写作,应做到“一问二查三看”。“问”是向主管领导和相关人员了解意图与原则,掌握情况与要求,向熟悉该项工作的人员或知情者征求意见,集思广益。“查”是查有关文件和资料,寻求借鉴。“看”是深入工作、生活实际和现场,观察取证,获取第一手材料。“非遵命”写作则要了解该命题的写作和研究情况,避免“撞车”,以利于选取新材料、新角度,提出新观点。

2. 拟定写作提纲。不光是那些内容复杂丰富的文章,写作前应先有提纲;有的文种内容虽不复杂,但涉及的事项、条款多,也应先有提纲。如规章、通告等便是。

3. 集体起草应协调配合。集体起草文稿,应确定主持人,然后按一定程序分工合作。 具体方式有:第一,一人起草,共同商议,集思广益,最后由主笔人修饰润色写定。第二,集体讨论、分头撰写,最后由主笔人统稿。第三,集体讨论、共同拟定提纲,由一人为主口述,他人笔录与补充。这种情况适于写作班子新手较多,水平参差的情况。

(二)应用文的修改

应用文初稿撰拟出来以后,还要反复斟酌、修改。俗话说,文章是改出来的。总体来看,应用文修改的范围和要求有以下几个方面:

1. 看文种选择是否正确、实用、得当。

2. 看主旨是否正确、鲜明、集中、深刻。

3.看材料是否真实、充分、必要、典型。

4.看结构是否合理、完整、统一、和谐,层次是否清晰。

5.看表达是否清楚、明白,语气是否恰当、得体。

6.看遣词造句、标点符号使用是否正确。

7.看行文格式是否符合文种要求和实际。

思考与练习

一、解释。

应用文的主旨　应用文的材料

二、借助工具书,解释下列在应用文中常见的文言词汇:

兹因　顷接　承蒙　谨悉　呈　拟办　鉴于　以资　届期　尚望　为荷

函复　此复　谢忱

三、在生活中找一至两篇规范的应用文,分析其主旨的特点。

四、简述应用文材料的基本要求。

五、找一份规范的单位工作总结或调查报告,分析其结构和表达特点。

六、结合你所阅读的应用文,分析应用文的语言特点。

七、应用文的议论、说明、叙述各有什么特点?

八、简述应用文的修改范围和要求。

第三章　法定公文(上)

第一节　概述

一、公文的含义

广义的公文是党政机关、社会团体、企事业单位等合法组织办理各种公务时使用的具有特定效力和规范格式的应用文书，是传达贯彻党和国家的方针、政策，发布法规和规章，实施管理，规范行为，融洽工作，记载和传递公务信息等的重要工具。

狭义的公文是由党中央、国务院共同批准颁布的党的机关公文和国家机关使用公文，它是法定公文。有著者称其为通用公文或通用法定公文。其法定依据是中共中央办公厅、国务院办公厅2012年4月16日印发的《党政机关公文处理工作条例》(以下简称《条例》)。

《条例》第三条规定："党政机关公文是党政机关实施领导、履行职能、处理公务的具有特定效力和规范体式的文书，是传达贯彻党和国家的方针政策，公布法规和规章，指导、布置和商洽工作，请示和答复问题，报告、通报和交流情况等的重要工具。"

《条例》第五条规定:“公文处理工作应当坚持实事求是、准确规范、精简高效、安全保密的原则。”

二、公文的特点

(一)政治性

公文要传达、贯彻党和国家的路线、方针、政策、法规与规章,实施领导与管理,体现和反映党和国家机关的政治意向、指挥意志、行动意图,维护党和政府的权威以及它所代表的人民群众的根本利益,因而具有鲜明的政治性。

(二)公务性

公文是社会合法组织展开公务活动的产物,是处理公务的工具,具有鲜明的功利性和实用性,直接服务于特定组织的公务活动。

(三)法定性

公文的法定性是指:第一,有法定的作者。公文的作者指的是发文的名义,即发文的机关单位和合法组织及其负责人,公文必须以这些组织或其合法代表人的名义制发。第二,有法定的权威和效力。公文一经正式发布,就具有一定的控制性和约束力,有关单位和个人必须遵守或执行。第三,公文的形成和发布必须符合法定的职权范围和规定程序。

(四)规范性

公文必须按照党和国家领导机关批准并发布的公文规范制发,使用有明确规定的文种,遵循规定的格式和行文程序,不得擅自改变。

(五)时效性

公文是在现实工作中形成和使用的,因此,它的作用有时间限制。某项工作一旦完成,由这项工作所形成并使用的公文的作用也随之结束。就每份具体的公文来说,它的时效长短也有差别。有的长达几十年,如法律性公文、长远规划、结论性决议。有的时效则很短,如某件具体事情的通知,在事情办过之后,其效力也就结束了。

三、公文的作用

(一)领导指导和宣传教育作用

指上级机关制定及发布的各项方针政策、指示、决定等,给下级机关和广大群众指明方向、阐明措施和做法。下级机关和广大群众按照上级的部署、意见和决策进行工作。同时,公文还有阐明政治主张,说服教育群众,让群众了解领导意图等作用。

(二)规范行为的作用

指各级领导机关以及各级权力机关发布的命令、决定、通知等,在所要求的范围内,必须贯彻执行,不得违反。否则将会受到纪律的制裁。

(三)处理公务和记载凭证作用

处理公务,包括联系公务和办理公务两个方面。在各个机关、组织之间,需要互通信息和情报,需要协调、处理许多工作和事务,如上对下有晓谕与安排,下对上有请求与汇报,单位之间有联系交流与请托配合,这些都要靠公文来完成。

公文是办理公务的凭证和依据。当其现实效用消失后,它所记录记载的内容自然会进入档案,作为历史的凭证和依据。因此,人们认为,凭证依据作用是公文最基本的作用。

四、公文的种类

按照不同的标准,公文可划分不同的种类。

(一)按使用的范围分

1. 法定公文(即通用公文)。是党的机关公文和行政机关公文。

2. 专用公文。是有关职能机关或行业专用的公文,如审判机关的起诉书、判决书,外交工作中的国书等。

(二)按行文关系分

1. 上行文。下级机关向上级机关传递的公文。如报告、请示,部分函、意见等。

2. 下行文。上级机关向下级机关传递的公文。如命令(令)、决定、公告、通告、通报、批复、公报、决议,多数通知、纪要,部分意见、函等。

3. 平行文。向平级机关或不相隶属机关传递的公文。如部分议案、通知、函、纪要等。

(三)按保密要求分

从保密级别看,有普通件、秘密件、机密件、绝密件。从阅读范围看,有公开级、国内级、内部级(含"限知")。

(四)按办理时限分

有特急件、急件、平件。以电报方式传递的紧急公文分为平急、加急、特急、特提。

第二节 公文的格式

法定公文格式的依据主要是中国国家标准化管理委员会2012年6月29日发布的《党政机关公文格式》(GB/T 9704-2012)。《党政机关公文格式》规定了党政机关公文通用的纸张要求、排版和印制装订要求、公文格式各要素的编排规则,并给出了公文的式样。该标准适用于各级党政机关制发的公文。

一、书面格式

(一)版头部分内容

1. 份号。如需标注份号,一般用6位3号阿拉伯数字,顶格编排在版心左上角第一行。

2. 密级和保密期限。如需标注密级和保密期限,一般用3号黑体字,顶格编排在版心左上角第二行;保密期限中的数字用阿拉伯数字标注。

3. 紧急程度。如需标注紧急程度,一般用3号黑体字,顶格编排在版心左上角;如需同时标注份号、密级和保密期限、紧急程度,按照份号、密级和保密期限、紧急程度的顺序自上而下分行排列。

4.发文机关标志。由发文机关全称或者规范化简称加“文件”二字组成,也可以只使用发文机关全称或者规范化简称。

发文机关标识居中排布,上边缘至版心上边缘为35mm,推荐使用小标宋体字,颜色为红色,以醒目、美观、庄重为原则。

联合行文时,如需同时标注联署发文机关名称,一般应当将主办机关名称排列在前;如有“文件”二字,应当置于发文机关名称右侧,以联署发文机关名称为准,上下居中排布。

5.发文字号。编排在发文机关标志下空二行位置,居中排布。年份、发文顺序号用阿拉伯数字标注;年份应标全称,用六角括号“〔〕”括入;发文顺序号不加“第”字,不编虚位(如1不编为01),在阿拉伯数字后加“号”字。

上行文的发文字号居左空一字编排,与最后一个签发人姓名处在同一行。

6.签发人。由“签发人”三字加全角冒号和签发人姓名组成,居右空一字,编排在发文机关标识下空二行位置。“签发人”三字用3号仿宋体字,签发人姓名用3号楷体字。

如有多个签发人,签发人姓名按照发文机关的排列顺序从左到右、自上而下依次均匀编排,一般每行排两个姓名,回行时与上一行第一个签发人姓名对齐。

7.版头中的分隔线。发文字号之下4mm处居中印一条与版心等宽的红色分隔线。

(二)主体部分

公文首页红色分隔线(不含)以下、公文末页首条分隔线(不含)以上的部分称为主体。

1.标题。由发文机关、事由、文种三部分(习称完全式)组成。发文机关和事由可据文种要求去留(习称省略式)。一般用2号小标宋体字,编排于红色分隔线下空二行位置,分一行或多行居中排布;回行时,要做到词意完整,排列对称,长短适宜,间距恰当,标题排列应当使用梯形或菱形。

2.题注。题注是公文生效标志之一,主要用于会议通过或领导机关批准发布的公文。内容主要是注明公文产生的法定程序和产生时间,有时还注明生效时间,加圆括号置于标题下方居中。

3. 主送机关。即发文机关要求对公文予以办理或答复的对方机关，也称受文机关。上行文一般只写一个主送机关，下行文分专发性的下行文和普发性下行文。专发性下行文的主送机关必须标明，而普发性下行文的主送机关则不止一个，在排列机关名称时，必须确定一个合理的排列顺序，有时也可不写主送机关。

主送机关编排于标题下空一行位置，居左顶格，回行时仍顶格，最后一个机关名称后标全角冒号。如主送机关名称过多导致公文首页不能显示正文时，应当将主送机关名称移至版记。

4. 正文。正文是公文的主要内容，一般包括开头、主体和结尾三部分。

开头，称为引据部分，不同的文种，开头的要求各有差异，但主要都是说明行文的依据或缘由。

主体，公文的核心部分，要求清楚、明白地阐明行文的目的和要求。结构安排上可分段分层地写，也可归类依次陈述。

结尾，根据行文关系和具体文种的不同要求，写作不同的结束语。

公文首页必须显示正文。一般用3号仿宋体字，编排于主送机关名称下一行，每个自然段左空二字，回行顶格。文中结构层次序数依次可以用“一、”“(一)”“1.”“(1)”标注；一般第一层用黑体字、第二层用楷体字、第三层和第四层用仿宋体字标注。

5. 附件。是附在文件之后，对文件内容起说明和补充作用的文字材料，它包括转发、报送的文件，随文颁发的规章、制度，以及文件中的报告、数据、人员名单等，它是文件的有机组成部分。

如有附件，在正文下空一行左空二字编排“附件”二字，后标全角冒号和附件名称。如有多个附件，使用阿拉伯数字标注附件顺序号(如“附件：1.×××××”)；附件名称后不加标点符号。附件名称较长需回行时，应当与上一行附件名称的首字对齐。

6. 生效标识。包括发文机关署名、成文日期和印章。

7. 注释。公文中需要特殊地加以说明的内容标注在此项，如说明阅读范围，解释名词术语等。

(三)版记部分

公文末页首条分隔线以下、末条分隔线以上的部分称为版记。页码位于版心外。

1. 抄送机关。抄送机关是指除主送机关以外的其他需要告知公文内容的上级、平级、下级和不相隶属的机关。抄送机关名称标注于印制版记上方。抄送机关排名可依上级、平级与不相隶属、下级的次序排列，各级之间用分号，也可按级分行排列。

如有抄送机关，一般用4号仿宋体字，在印发机关和印发日期之上一行、左右各空一字编排。“抄送”二字后加全角冒号和抄送机关名称，回行时与冒号后的首字对齐，最后一个抄送机关名称后标句号。

如需把主送机关移至版记，除将“抄送”二字改为“主送”外，编排方法同抄送机关。既有主送机关又有抄送机关时，应当将主送机关置于抄送机关之上一行，之间不加分隔线。

2. 印制版记。包括印发机关名称、印制日期、印制份数，位于公文末页下端。

印发机关和印发日期一般用4号仿宋体字，编排在末条分隔线之上，印发机关左空一字，印发日期右空一字，用阿拉伯数字将年、月、日标全，年份应标全称，月、日不编虚位(如1不编为01)，后加“印发”二字。

版记中如有其他要素，应当将其与印发机关和印发日期用一条细分隔线隔开。

二、印装格式

公文的印装格式指公文的排印、装订规格和要求。

(一)排写要求

公文汉字从左至右横写、横排。少数民族文字按其习惯书写排版。在民族自治地方，可并用汉字和该地通用的少数民族文字。

(二)用字、标点符号要求

公文使用的汉字、数字、外文字符、计量单位和标点符号等，按照有关国家标准和规定执行。

（三）装订要求

公文应在左侧装订。目前的装订方法有平面平订、背脊骑马订和胶水（或糨糊）粘等。不要错装、漏装。

第三节　公文的行文制度

一、公文的行文关系

公文的行文关系是根据组织系统、公文法定作者的职权范围与行文单位间的隶属关系确立的发文单位与受文单位之间的关系。公文行文关系是行文规则的基础，必须先弄清楚，根据单位各自的隶属关系和职权范围来看，单位之间的关系有五种。

（一）直接隶属关系

直接上一级机关与直接的下一级机关之间的领导与被领导的关系。如省、自治区与国务院之间，便是这种关系。

（二）间接关系

处于同一垂直系统的，但又不是上下直接相邻的领导与被领导关系。如省（市）人民政府与下属的县人民政府之间的关系。

（三）业务指导关系

指各业务系统内上级业务主管部门和下级业务主管部门之间的关系。如国务院的职能部门中的财政部与省人民政府的省财政厅之间的关系。

（四）平行关系

指处于同一系统内的同级机关、单位之间的关系。如省人民政府内厅、局、委等的关系，即财政厅、新闻局、公安厅、农业厅等单位之间的关系。

(五)不相隶属关系

非同一系统的机关之间的关系统称为不相隶属关系。如国务院农业农村部直属的某高校和教育部直属的某高校之间的关系。

二、公文的行文方式

机关、单位行文时选择的行文路线和结构形式,就是行文方式。它包括逐级行文、多级行文、越级行文、直接行文等。

(一)逐级行文

指按组织系统结构层次逐级下达上报,即只对直属上一级或所属下一级机关单位行文。有领导关系、指导关系的机关、单位之间,一般应采用逐级行文。可以说,逐级行文是上行文、下行文的常用方式。

(二)多级行文

指同时向上几级或下几级机关单位行文。

必要时下行文可采用多级行文,以省去逐级转发的程序,使下级组织迅速了解上级文件精神,提高办事效率。在问题重大,急需使直接上级和更高的上级机关同时了解公文内容的特殊情况下,上行文也可采用多级行文。

(三)越级行文

指越过直接上级或直接下级机关,直接向其他上级或下级机关行文。除非出现特殊情况,一般都不要越级行文,其中尤以对上级行文中的请示要求最为严格。越级行文的目的,往往是尽快解决问题。但这种违反行文规则、损害正常上下级关系的做法,反而会使问题更加难以解决。

有以下特殊情况时,方可越级行文。

1.情况特殊紧急,逐级上报下达会延误时机造成重大损失。

2.经多次请示直接上级机关,问题长期未予解决。

3.上级机关交办并指定越级上报某些事项。

4.检举、控告直接上级机关。

5.直接上下级机关产生争议且无法解决。

6.需直接询问、答复、联系具体事项。

7.反映或处理不涉及直接上级或下级机关职权范围的偶发事件或问题。

越级行文应当抄送被越过的机关。

（四）直接行文

直接行文一是指不相隶属机关之间或平行机关之间的行文；二是指直接向基层单位、人民群众传达党和国家方针、政策、法规、规章或重大事项的行文。为提高公文传递效率，便于公民参政议政了解国家大事，可经批准后直接在报刊上发布公文，各方面应视为正式公文遵行。如不另行文，应在报刊上注明。

三、公文的行文规则

行文规则，指公文运行过程中应遵守的相关规定。行文应当确有必要，讲求实效，注重针对性和可操作性。对此，《条例》有专章说明。归纳概括如下。

（一）上行文规则

1.原则上主送一个上级机关，根据需要同时抄送相关上级机关和同级机关，不抄送下级机关。

2.党委、政府部门向上级主管部门请示、报告重大事项，应当经本级党委、政府同意或者授权；属于部门职权范围内的事项应当直接报送上级主管部门。

3.下级机关的请示事项，如需以本机关的名义向上级机关请示，应当提出倾向性意见后上报，不得原文转报上级机关。

4.请示应当一文一事，不得在报告等非请示性公文中夹带请示事项。

5.除上级机关负责人直接交办事项外，不得以本机关名义向上级机关负责人报送公文，不得以机关负责人名义向上级机关报送公文。

6.受双重领导的机关向一个上级机关行文，必要时抄送另一上级机关。

（二）下行文规则

1.主送受理机关，根据需要抄送相关机关。重要行文应同时抄送发文机关的直接上级机关。

2.党委、政府的办公厅(室)根据本级党委、政府授权,可以向下级党委、政府行文,其他部门和单位不得向下级党委和政府发布指令性公文或者在公文中向下级党委、政府提出指令性要求。需经政府审批的具体事项,经政府同意后可以由政府职能部门行文,文中须注明已经政府同意。

3.党委、政府部门在各自职权范围内可以向下级党委、政府的相关部门行文。

4.涉及多个部门职权范围内的事务,部门之间未协商一致的,不得向下行文;擅自向下行文的,上级机关应当责令其纠正或者撤销。

5.上级机关向受双重领导的下级机关行文,必要时抄送该下级机关的另一个上级机关。

(三)联合行文规则

1.同级党政机关、党政机关与其他同级机关必要时可以联合行文。

2.属于党委、政府各自职权范围内的工作,不得联合行文。

3.党委、政府的部门依据职权可以相互行文。

(四)其他规则

1.部门内设机构除办公厅(室)外,不得对外正式行文。

2.不相隶属的党委、政府、机关、部门、单位等之间,联系事务、商洽工作、交流情况,一般用函行文。

3.单位内部各部门之间,因工作需要,可以相互行文。

四、公文的拟制

(一)公文起草的基本要求

1.符合党的理论路线方针政策和国家法律法规,完整准确体现发文机关意图,并同现行有关公文相衔接。

2.一切从实际出发,分析问题实事求是,所提政策措施和办法切实可行。

3.内容简洁、主题突出、观点鲜明、结构严谨、表述准确、文字精练。

4.文种正确、格式规范。

5.深入调查研究,充分进行论证,广泛听取意见。

6. 公文涉及其他地区或者部门职权范围内的事项，起草单位必须征求相关地区或者部门意见，力求达成一致。

7. 机关负责人应当主持、指导重要公文起草工作。

8. 人名、地名、数字、引文要准确，引文应当先引标题，后引发文字号。日期应当写明具体的年、月、日。

9. 结构层次序数。第一层为“一”，第二层为“（一）”，第三层为“1.”，第四层为“（1）”。必须使用国家法定计量单位。

10. 用词用字准确、规范。文内使用简称，一般应当先用全称，并注明简称。

11. 公文中的数字，除部分结构层次序数和词、词组、惯用语、缩略语，具有修辞色彩的语句中作为词素的数字必须使用汉字外，应当使用阿拉伯数字。

（二）公文审核的基本要求

公文文稿签发前，应当由发文机关办公厅（室）进行审核。审核的重点是：

1. 行文理由是否充分，行文依据是否准确。

2. 内容是否符合国家法律法规和党的理论路线方针政策，是否完整准确体现发文机关意图，是否同现行有关公文相衔接，所提政策措施和办法是否切实可行。

3. 涉及有关地区或者部门职权范围内的事项是否经过充分协商一致并达成一致意见。

4. 文种是否正确，格式是否规范；人名、地名、时间、数字、段落顺序、引文等是否准确；文字、数字、计量单位和标点符号等用法是否规范。

5. 其他内容是否符合公文起草的有关要求。

6. 需要发文机关审议的重要公文文稿，审议前由办公厅（室）进行初核。

7. 经审核不宜发文的公文文稿，应当退回起草单位并说明理由；符合发文条件但内容需作进一步研究和修改的，由起草单位修改后重新报送。

8. 公文应当经本机关负责人审批签发。重要公文和上行文由机关主要负责人签发。党委、政府的办公厅（室）根据党委、政府授权制发的公文，由授权机关主要负责人签发或者按照有关规定签发。

9. 签发人签发公文，应当签署意见、姓名和完整日期；圈阅或者签名的，视为同意。联合发文由所有联署机关的负责人会签。

10. 草拟修改和签批公文,用笔用墨必须符合存档要求,不得在文稿订线外书写。

第四节　公文的处理

一、公文处理概述

(一)公文处理的含义

公文处理是党政机关、人民团体、企事业单位在管理中一项经常性的重要工作,也称文书处理、文件处理。公文处理工作是指公文拟制、办理、管理等一系列相互关联、衔接有序的工作。

(二)公文处理的任务

公文处理的主要任务是:及时、准确、安全、有效地拟制、传递、处理和管理公文,以便为机关公务活动提供信息,充分发挥公文的作用。包括:

1. 拟写与制作公文。包括起草、会商、审核、签发、登记、缮印、校对、用印或签署,形成正式公文。

2. 传递公文。将拟制的公文,根据公文的性质与要求以多种方式传递(分发)给收受公文的机关。

3. 办理公文。对于收到的公文予以登记、核发、拟办、批办、传阅、承办、催办、查办,或撰拟新的公文作出答复、批转、转发。执行、了解与处理公文内容所针对的公务,督促检查公文贯彻落实情况,实现来文的目的要求。

4. 管理公文。指对公文的分类管理、提供利用,包括立卷、归档、销毁等工作。按照《中华人民共和国保守国家秘密法》的规定,做好公文的保密工作。

5. 领导交办的有关公文处理的其他工作。

(三)公文处理的地位和作用

公文处理是实行管理的重要组成部分,是办理公务的基本手段之一,它贯穿于各项职能活动的始终。机关的管理工作,很大程度上要通过公文处理工作来体现。它的作用是:

1.公文处理是为机关领导提供参谋、助手作用的辅助性工作

协助领导加强对机关公文撰制、办理的组织与控制,防止公文的积压与延误,防止文牍主义,有效提高公文质量。为领导提供有参考价值的信息,为领导决策和指挥工作提供重要依据与参考。有效地保证和督促领导决策的实施,通过督促检查以保证领导决策的落实;通过信息反馈,不断调整、完善决策方案,使决策更科学、更可行、更全面。

2.公文处理是承上启下、联系左右的枢纽

公文处理工作通过公文的制发与处理,承上启下,沟通各级、各类机关、团体、单位之间的纵横联系,使政令下达畅通,信息反馈及时,相互配合协调,有效地保证整个管理体系工作的正常运转。

3.公文处理是机关工作作风,政策水平和管理水平的体现

机关、单位的公文处理,能直接反映机关、单位工作效率、工作作风和精神面貌;反映机关、单位的政策水平和管理水平;反映机关、单位工作人员的业务能力与工作责任心。

4.公文处理是档案工作的基础

公文处理工作与档案工作既有联系又有区别。大量档案来源于公文,公文处理工作是档案工作的前提和基础。公文的内容、形成、书写材料及处理程序是否规范,归档公文是否齐备完整,直接影响到档案质量的好坏。只有加强公文处理工作,才能促进档案工作的顺利进行,进而推动国家档案事业的发展。

二、公文处理的原则和要求

(一)公文处理的原则

《条例》规定:“公文处理工作应当坚持实事求是、准确规范、精简高效、安全保密的原则。”

(二)公文处理的要求

根据公文处理的基本原则,结合机关工作实际,公文处理工作有以下要求:

1.必须实行集中统一管理,这是公文处理的一项基本要求

(1)统一领导。由机关秘书长或办公厅(室)主任集中统一领导、指导,统一组织本单位、部门与其下属机关公文处理工作。

(2)建立机构。由机关的办公厅(室)主管本机关并负责指导下级机关的公文处理工作。各级机关的办公厅(室)应当设立文秘部门或者配备专职人员负责公文处理工作。

(3)建立健全统一的公文处理工作制度。如建立健全并执行统一的岗位责任制、行文制度、公文处理制度、传递制度、保密制度、催办查办制度、立卷归档制度等,以实现公文处理制度化、规范化、科学化。

(4)由公文处理部门集中统一管理公文。应由机关公文处理部门或公文处理工作人员统一负责公文的收发、登记、核发、拟办、核稿、翻印、销毁、归档。其他部门和人员不得私自签收、拆取、保存和销毁公文。机关领导或其他部门代收的文件、代拟的文稿,都应交公文处理部门统一登记处理。

(5)建立、健全并实施公文处理的国家标准,防止政出多门,各行其是,促进公文处理标准化,提高办文效率。

2.必须及时、迅速,提高效率

这是对公文处理工作时间的要求。它要求公文处理讲求效率,有紧迫感,防止公文积压延误,误时误事。即制发文件从拟稿、审核、修改、签发、印制、分发、传递等各个环节,都要抓紧办理;收文要及时分送、传达、办复;领导批办的意见,要及时传达和报告;各地在承办、贯彻有关文件中的意见,要及时向领导和有关部门反馈。

3.必须准确、严密,保证质量

这是对公文处理工作质量的要求,应贯穿于公文处理的各个工作环节。即要求:登记和办理环节要准确;拟稿要准确反映领导意图,符合有关政策规定,准确真实地反映情况,提出的措施切实可行,文字准确简明;核稿、校对严格认真,不出差错;分发、传递准确、安全,不发生错漏;立卷归档要准确、合理,便于查找使用。

4.必须保守党和国家的秘密

在公文处理工作中,要确保公文绝对安全,以防公文丢失、被窃、毁损;要确保秘密文件绝对安全,不失密、不泄密。为此,必须认真遵守《中华人民共和国保守国家秘密法》等保密法律法规和有关安全保密的规定,树立保密意识,增强保密观念。

5.必须反对文牍主义、形式主义或官僚主义

在公文处理中,要反对无论大事小事一律依赖公文解决,以公文为万能的形式主义,反对只顾发文不管贯彻执行,不抓督促检查的形式主义;反对脱离实际、照本宣科、照抄照转、不顾民情、高高在上瞎指挥的官僚主义。

6.必须坚持实事求是的思想路线和工作作风

在公文处理中要坚持对领导和对人民群众负责的一致性。既要如实反映领导意图,按领导指示办事,又要从实际出发,如实反映群众意愿。

向领导和上级报告工作、反映情况,向群众介绍工作、通报形势,都要真实、准确。既不夸大,也不缩小;既要报喜,也要报忧。

三、公文处理程序

(一)公文处理程序的含义及特点

公文处理程序,是指在一个机关内部,由依次衔接、相互联系、彼此制约的一系列工作环节所构成的公文处理的体系。它包括收文处理程序、发文处理程序,它揭示了机关内部公文运转处理的全过程。

公文处理程序具有如下特点:

1.确定性。公文处理的各个工作环节,是相对独立存在的,均具有特定的内容与功能,在一般情况下,不宜随意删节。

2.连续性。公文处理的各个工作环节相互联系,紧密衔接并排列有序,在一般情况下,其顺序不宜随意分隔与颠倒。

3.规范性。公文处理的各个工作环节,均须遵循严格的规范,以使公文处理程序化、规范化、标准化。

(二)收文处理程序

收文处理是指对来自机关外部的公文所实施的处理与管理活动。收文处理是收受公文并从中提取有关信息,处理有关公务的过程,是收文机关履行其法定职能,使公文产生实际效用的过程。

1.签收。这是收文处理程序的第一个环节,指负责内外收发的收件人收到装公文的信函或公文袋后,在对方的送文簿、送文回单或送文收据上签名或盖章。

签收公文要逐件清点、认真核对。发现问题应及时向发文机关查询;如系错送,应拒收或退回发文机关,在确认无误后签字盖章。如系急件、密件,签收时应注明何日何时收到。

2.登记。登记是记录公文收进、运转、处理的完整记录。搞好收文登记是保证公文处理正常进行的必要措施。

登记的方法,通常有以下四种:第一,分级登记,即按来文单位的级别登记。第二,分类登记,即按收文业务性质分类登记。第三,分文种登记。第四,依收文时间顺序登记。

3.初审。对收到的公文进行初审。初审的重点是:是否应当由本机关办理,是否符合行文规则,文种、格式是否符合要求,涉及其他地区或者部门职权范围内的事项是否已经协商、会签,是否符合公文起草的其他要求。经初审不合规定的公文,应当及时退回来文单位并说明理由。

4.承办。阅知性公文应当根据公文内容、要求和工作需要确定范围后分送。批办性公文应当提出拟办意见报本机关负责人批示或者转有关部门办理;需要两个以上部门办理的,应当明确主办部门。紧急公文应当明确办理时限。承办部门对交办的公文应当及时办理。有明确办理时限要求的应当在规定时限内办理完毕。

5.传阅。根据领导批示和工作需要将公文及时送传阅对象阅知或者批示。办理公文传阅应当随时掌握公文去向,不得漏传、误传、延传。

6.催办。及时了解公文的办理进展情况,督促承办部门按期办结。紧急公文或者重要公文应当由专人负责催办。

7.答复。公文的办理结果应当及时答复来文单位,并根据需要告知相关单位。

8.注办。注办是指由承办人签注文件承办经过与结果的活动。它有助于公文的日后整理与查考。对回复的公文注明复文的日期与发文号;对用其他方式办理的公文,注明承办人姓名与办理的结果、日期。

(三)发文处理程序

发文处理指在机关内部为制发公文所进行的拟制、处置与管理活动过程。发文处理是发文机关履行法定职责,表达自身意志和愿望,收集加工和记录、传递有用信息,由众多工作人员共同参与的集体创造性活动。

1.拟稿。拟稿即撰稿,指撰写、起草公文。它包括前面介绍过的接受交拟、确立主旨、选择材料、安排结构、编写提纲、起草初稿、修改誊清等环节。

2.会商。会商是指公文内容涉及有关单位或部门的职权范围,需征得其同意和配合时所进行的协商活动。

3.复核。对发文稿的审核,又称核稿。即由机关综合办公部门对送交领导人签发的文稿进行审核与修正后,作签发前的核准。

4.签发。这是对发文进行最后审核的具有决策性的环节,即机关(部门)领导人对发文稿批注核准发出的意见并签署姓名与日期的活动。发文稿经过签发后即成为定稿,具有正式文件的作用。未经领导人签发,文件不能生效。

5.登记。对复核后的公文,应当确定发文字号、分送范围和印制份数并详细记载。

6.缮印、校对。缮印即公文的制作,指以签发的定稿为依据,经过缮写、印刷等方式,制成正式文件的过程。

公文的校对,就是以经过签发的定稿作为基础,对缮印的正本或校样从文字、标点符号、图表、标记、格式到版式设计等各个方面的全面核对检查。

7.用印。机关印章是机关法定职权的凭证和法定权威的象征。印好的文件盖上发文机关印章,即可生效,也就完成了公文的撰制工作。在文件上盖印要清晰、端正,不要误盖、漏盖。

8.核发。这是在公文撰制好后,按规定将公文进行分配、发送的环节。

9.传递。传递又称递送,即通过一定的传递方式和传递渠道,将公文及时、准确、安全地送到收文单位。

四、办结公文处理程序

凡已经办理完毕的公文,应按下列程序处理。

(一)办结暂存

指收发文中已经办理完毕的公文,即收文经注办、发文经分发递送出去的公文,在公文处理部门暂时存放一段时间,以待次年上半年分别立卷归档或清退、销毁。

文件办结暂存,目的在于保证文件无缺,便于日后立卷归档或清退;便于在当年工作中查找利用。

(二)立卷

文件立卷,是整理与保管公文的一种方法。即将已经办理完毕并有保存价值的公文,在收集齐全的基础上,按一定的标准(形成机构、内容性质等)进行分类而后按一定的特征与联系组合成案卷。

公文办完后,应当根据《中华人民共和国档案法》的有关规定,及时将公文定稿、正本和有关材料整理立卷。

(三)归档

归档就是把按规定组合好并编目的案卷交给档案部门,也叫存档。

公文归档,应当根据其相互联系、特征和保存价值分类整理,要保证档案的齐全、完整,能正确反映本机关的主要工作情况,以便于保管和利用。

(四)清退

清退是把规定要退回的文件,按清单如数退回发文机关。清退工作是确保党和国家机密安全的重要措施。

一般以机密、绝密文件为清退重点。通常是半年或一年清退一次。收文机关依照发文机关印的“需清退文件清单”清足,然后登记造册,退回发文机关。清退时,要认真细致点交,办理好清退手续。

（五）销毁

凡已经办理完毕而没有归档和存查价值的公文，应妥善保存，经过鉴别于当年年底编制销毁目录，报请主管的领导人批准后定期销毁。如属涉及国家秘密的公文，则须逐件登记目录，经批准后，由二人监销。保证不丢失、不漏销。

思考与练习

一、解释。

法定公文　版头　发文字号　题注　主送机关　生效标识　抄送机关　印制版记　上行文　下行文　平行文

二、选一两份法定公文（如张贴、发布的通告、通知等），谈谈公文的特点。

三、找一两份法定公文，熟悉其书面格式。

四、举例说明公文的行文关系。

五、简述公文的发文办理程序。

六、请给下面的公文编上发文字号。

1.2020年6月，××部用95号文，发了一份通报，表扬××大学舍己救人的同学。

2.2019年9月，××市教委用82号文，发了一份通知，转发教育部党组《关于集中组织高校干部和教师认真学习邓小平教育理论的通知》。

3.2019年9月，××大学用85号文，发了一份关于国庆放假的通知。

第四章　法定公文(下)

第一节　命令(令)　议案

一、命令(令)

(一)适用范围和特点

命令(令)适用于公布行政法规和规章、宣布施行重大强制性行政措施、批准授予和晋升衔级、嘉奖有关单位和人员。

命令(令)是下行文,在古代有所区别。在今天是一个文种,它是党、政机关指挥工作的重要凭据,根据《中华人民共和国宪法》《中华人民共和国国务院组织法》《中华人民共和国地方各级人民代表大会和地方各级人民政府组织法》的相关规定,只有国家主席、国务院及其所属部委和县以上各级人民政府,以及特殊情况下由县级以上人民政府授予指挥权的机构(如防汛指挥部、抗震救灾指挥部等)才能依照法律规定的权限发布相关的命令,因此它具有三个特点:第一,有法定的发令机关;第二,有法定的权威性;第三,有强制的执行效力。

（二）命令（令）的分类

按命令（令）内容的性质可分为发布令、行政令、任免（授衔）令、嘉奖令、通缉令、赦免令等。省市以下不用命令来任免干部。

（三）命令（令）的格式与写法

1.命令（令）标题有三种：

（1）写明发文机关、事由、文种，如《国务院关于在我国统一实行法定计量单位的命令》。

（2）写明发布事由和文种，如《戒严令》。

（3）写明发布者和文种，如《中华人民共和国主席令》。

命令（令）标题正下方用编号，表明某人任现职以来发布命令的流水号，用圆括号括上。

2.正文写作简明扼要，一般由命令缘由、措施、执行要求组成，文风严肃，语气有力。

3.签署位于正文横宽1/2处，签上负责人的职务和姓名。日期位于横宽1/3处。

（四）命令（令）的写作要求

1.选用文种要慎重，制发命令（令）者必须具备相应的职权。

2.命令（令）的内容必须审慎，不得朝令夕改。

3.命令（令）的文辞要简明凝练，语气坚定不移。

【例文】

中华人民共和国国务院令

第 698 号

现公布《国务院关于修改和废止部分行政法规的决定》，自公布之日起施行。

总　理　李克强

2018年3月19日

二、议案

(一)适用范围

议案适用于各级人民政府按照法律程序向同级人民代表大会或人民代表大会常务委员会提请审议事项。

(二)议案的特点

1.有法定的专门作者。即议案的制作主体是各级人民政府;各级人大代表按照规定的基本人数也可以将重要事项写成议案,提请审议。

2.有法定的受理程序。即从议案的提出到审议、通过等环节都须依照法律程序进行。

3.内容有限定范围。即所提议案的内容必须是属于同级人民代表大会或人民代表大会常务委员会职权范围内的问题,不属此范围的改作建议、批评或意见处理,内容要求单一,即一事一案。

4.有规定的提出时限和受理时限。议案的建议要有可行性,即所提建议必须言之成理,符合实际,切实可行。还必须符合规定的时限要求,否则无权提出或不予受理。

(三)议案的分类

按内容分,议案主要有立法案、重大事项案、建撤案(建立或撤销有关机构)、任免案、建议案、辞职案等。

按写作形式,可分为公文式议案和表格式议案。

(四)议案的结构与写法

议案一般由首部、正文和尾部三部分组成。

1.首部。包括标题、发文字号和主送机关等项目。

标题。通常有两种形式:第一种为完全式标题,即由“发文机关+案由+文种”组成;第二种为省略式标题,即由“案由+文种”组成。

发文字号。在标题右下方按函的字号书写,如“国函〔2018〕53号”等。

主送机关。在标题之下,正文之前左起顶格书写主送机关全称或规范性简称,加冒号。

2. 正文。这部分是议案的主体,包括案据、方案、结语三项内容。

案据指议案的根据,应写明事实,阐明理由,回答为什么要提这一议案的问题。

方案。议案一般都要写明对提请审议问题的解决途径和办法。制定、修订法律、法规、条例等,应提交草案作为附件;建议批准采取有关行政手段时,要提出符合实际、切实可行的解决问题的方法。这样,才便于审议。

结语。是指正文部分结束时所用的祈请性词语,属于议案这一公文格式所要求的程式化用语。

3. 尾部。包括签署和日期两项内容。议案按规定由政府行政首长签署而不署政府机关名称。需要说明的是,首长署名要盖签名章,以示负责。盖一般签名章的,还需加盖政府机关印章;盖首长签名章的,则不需再盖政府机关印章。

首长于正文右下方签署。签署之下,以行政首长签发的日期作为成文时间,用汉字写明具体的年、月、日。

代表提出的议案要写明提议案人员的姓名和联系人姓名,以及提议案人的选举单位详细通信地址。这种议案不是法定公文,可参照法定公文中的议案格式写作。

(五)议案的写作要求

1. 必须是有议案提出权的机关按法律规定向权力机关提出其职权范围内的事项,行政机关的职能部门不能直接向权力机关提出议案。

2. 必须以党和国家的路线、方针、政策与法律、法规为依据,并切合客观实际。

3. 立法议案由于该法尚未得到权力机关的审议通过,所以必须在该法的名称后面用圆括号括上“草案”二字。

4. 由于行政机关与同级权力机关不是隶属关系,所以议案的文号多用“函”字。

5. 议案的语言要简明准确、庄重凝练、表达严密、条理分明。

【例文】

国务院关于提请审议国务院机构改革方案的议案

国函〔2018〕53号

全国人民代表大会:

中国共产党第十九次全国代表大会明确要求深化机构和行政体制改革。党的十九届三中全会审议通过了《深化党和国家机构改革方案》,同意将其中涉及国务院机构改革的内容提交第十三届全国人民代表大会第一次会议审议。现将根据《深化党和国家机构改革方案》形成的《国务院机构改革方案》提请第十三届全国人民代表大会第一次会议审议。

国务院总理 李克强

2018年3月9日

第二节 公告 通告

一、公告

(一)适用范围和特点

公告适用于向国内外宣布重要事项或者法定事项。

公告具有周知对象的广泛性和鲜明的告知性。其发布目的主要在于宣布近期的大事要闻,公布的对象广及国内外。通常情况下,公告内部不行文,外部不张贴,传播渠道多为报刊、电台、电视台,而且周知的范围可涉及国内外。

党的机关一般不用公告。企事业单位除因法定事项授权,也不使用公告。公告也可宣布带有规范约束性质的法定事项。

(二)公告的分类

从宣布的内容性质看,公告可以分为重要事项公告和法定事项公告两大类。前者主要用于公布大事要闻,如国家重大科研实验的成功,国家领导人的任职、出访、病情、逝世等；后者主要用于国家权力机关公布有关法律、法令和行政法规及规定、决定等事项。

司法机关和一些法人单位（如上市公司）可以依照法律有关规定发布重要事项的公告。它又可以分为法定专门事项公告和法院公告。

（三）公告的格式与写法

公告一般包括标题、正文、结尾三个部分。

1. 标题

标题最常用的写法是发文机关加上文种，如《重庆市人民政府公告》；有时，也可以再加上发文事由，构成完全式的公文标题，也可只用文种“公告”作标题。在标题之下，有的公告还标有发文序号，如“第九号”等。

2. 正文

正文一般分依据、事项和结语三个层次。公告的依据极为简短，有的只有一两句话。即使需要讲述背景、宗旨等，也力求简明扼要。公告的事项是构成公告的核心和主体部分。或晓谕重大事项，或宣布具体规定。一般要求写清时间、地点、事项及要求等内容。最后，多以“现予公告”或“特此公告”作结。有的公告也可视其具体情况，省略结语。

3. 落款

落款包括发文机关和成文时间。成文时间之后常常需要注明发布公告的地点，以示庄重。如果格式是题注式，落款则省略。

（五）公告的写作要求

1. 选用文种要慎重。公告是一个十分庄重的文种，而且使用机关的级别也很高。因此，在使用时要有公文法律意识。一般来说，不是国家权力机关或未经授权的新华社不得“借用”公告，不是宣布重要事项或者法定事项不得滥用公告。另外，公告不是广告，那些在报纸、电台或电视台的广告栏中随意使用公告的做法，是不符合公文规范的行为。

2. 运用语言要精要。公告的写作要求内容集中单一，篇幅短小精悍，多为篇段合一。这就要求做到高度概括，只取其纲，不载其细，直陈事项，不详述细节。当然，公告语言的简短精要必须以清楚明白为前提。

【例文】

国家税务总局公告

2018 年 第 47 号

税务总局关于公布一批全文废止的税收规范性文件目录的公告

根据《税收规范性文件制定管理办法》(国家税务总局令第41号公布)有关规定,国家税务总局对税收规范性文件进行了清理。现将《全文废止的税收规范性文件目录》予以公布。

特此公告。

税务总局

2018年9月29日

二、通告

(一)适用范围

通告适用于在一定范围内公布应当遵守或者周知的事项。

(二)通告的特点

通告具有极强的周知性、一定的制约性和一定的专业性等特点。其发布目的是对众宣布,使人周知或遵守。它既可以内部行文,又可以公开张贴,还可以通过报刊、电台、电视台传播。同时,通告往往又是针对某个范围内的社会现象或问题而制发的,它公布的有关规定或办法,又具有一定的规范约束作用。

另外,通告的内容往往涉及专门的业务活动和工作,针对各行各业具体工作事项,因而专业性比较突出。

(三)通告的分类

从公布事项的内容性质来看,通告可以分为周知性通告和规定性通告两种类型。前者主要用于公布应当周知的事项,告知性明显,制约性较弱。后者主要用于公布应当遵守的事项,常常提出一些规定或要求,制约性较为突出,周知性相对要弱一些。

（四）通告的格式与写法

通告的格式与公告大体一致，一般由标题、正文、发文机关、成文时间构成。

1. 通告的标题，灵活多样，大多用规范式，即三要素俱全：发文机关+事由+文种。

2. 通告发文机关和成文时间的标写也较为灵活。若标题中已出现发文机关，文末不必再作标注；若成文时间已置于标题之下，篇末也可省略这个内容。

3. 通告的正文包括依据、事项和结语三个层次。

依据，用以说明发布通告的原因、目的、意义等，要求写得简明畅达，常以“为了……”“根据……”“现做如下通告”或“特通告如下”等语领起下文。

事项部分是正文的核心，要求写明应当遵守或者周知事项的具体内容。如果事项简单，则可以一气呵成，自成一个段落。若事项具体而复杂，则可以采用条款式，逐条逐项地表述。

结语的写法也较为自由。既可以明确有关通告事项，又可以提出要求和希望，还可以用惯用语“特此通告”作结。另外，有的通告甚至没有结语。

（五）通告和公告的区别

通告和公告有着较为密切的联系，但是，二者的区别也是相当明显的：

1. 总体来说，公告的发文机关级别高于通告。公告的制发机关级别一般较高，使用较为严格；而通告却广泛使用于各级机关、社会团体、企事业单位。

2. 从周知传播的对象范围来看，公告广于通告。公告面向国内外，对象范围十分广泛；而通告则局限在一定的范围内，多是针对特定的区域或特定的行业而制发的。

3. 从公布事项的程度来看，公告重于通告。公告往往专发有重要意义或特殊影响的事项，而通告的事项只要是一定范围内应当遵守或周知的即可，有时甚至可以是较细小的事务问题。

（六）通告的写作要求

1. 内容要合法有据。通告虽然是针对一定范围而制发的，但是必须从全局出发,通盘考虑,要以国家的法律、法规及有关政策规定为依据。不得随意公布"土政策",与有关政策法令相违背。

2. 要求要明确具体。通告中的规定与要求表述要十分具体、清晰,以便于人们遵守执行。不可笼统抽象,也不可含糊其词。在分条列项时,也要注意完整、准确与周密。

3. 语言要精当得体。通告具有较强的专业性,在概念、术语的使用上要做到准确、科学、无误。但是,通告又是一种告知性的公文,为了便于周知与执行,行文要求尽可能明白晓畅,通俗易懂。另外,通告还需要做到短小精悍,威严庄重。

【例文】

市场监管总局关于6批次食品不合格情况的通告

〔2019年〕第33号

近期,市场监管总局组织食品安全监督抽检方便食品、饮料、水产制品、饼干、薯类及膨化食品、特殊膳食食品等6大类食品398批次样品,发现除饼干外的5大类食品6批次样品不合格,检出微生物污染、有机污染物、质量和营养指标不达标等问题。

对抽检中发现的不合格食品,市场监管总局已责成江苏、浙江、福建、江西、河南、广东、云南等省市场监管部门立即组织开展处置工作,查清产品流向,采取下架召回不合格产品等措施控制风险;对违法违规行为,依法从严处理;及时将企业采取的风险防控措施和核查处置情况向社会公开,并向总局报告。

现将抽检不合格食品具体情况通告如下:

一、微生物污染问题

(一)天猫益衡食品旗舰店(经营者为河南省杂粮先生食品有限公司)在天猫(网店)销售的、标称河南省杂粮先生食品有限公司生产的混合水果烘焙燕麦片和混合坚果烘焙燕麦片,霉菌不符合食品安全国家标准规定。检验机构为黑龙江省质量监督检测研究院。

(二)天猫宁派食品专营店(经营者为江苏省南京宁派商贸有限公司)在天猫(网店)销售的、标称江苏省苏州麦伦食品有限公司生产的西瓜风味固体饮料,霉菌不符合食品安全国家标准规定。检验机构为中国肉类食品综合研究中心。

二、有机污染物问题

天猫新四海京菓旗舰店(经营者为福建省厦门新四海商贸有限公司)在天猫(网店)销售的、标称福建省厦门新四海商贸有限公司委托福建省厦门良本食品有限公司分装的鳕鱼片,N-二甲基亚硝胺不符合食品安全国家标准规定。检验机构为上海市质量监督检验技术研究院。

三、质量、营养指标不达标问题

(一)天猫晨骏食品专营店(经营者为云南省曲靖市晨骏商贸有限公司)在天猫(网店)销售的、标称云南永永食品有限公司生产的酥里香土豆条,酸价(以脂肪计)不符合产品执行标准规定。检验机构为南京市产品质量监督检验院。

(二)淘宝网宝贝与我生活馆(经营者为广东省东莞市高埗新妈咪宝贝服装店)在淘宝网(网店)销售的、标称江西省南昌儿童营养食品厂生产的妈咪朵益生菌米乳(铁锌钙),烟酸不符合食品安全国家标准规定。检验机构为深圳海关食品检验检疫技术中心。

特此通告。

市场监管总局

2019年9月19日

第三节　通知　通报　决定

一、通知

(一)适用范围和特点

通知适用于发布、传达要求下级机关办理和需要有关单位周知或者执行的事项,批转、转发公文。

通知是现行公文中使用范围最广,使用频率最高的一个文种。它具有时效性、执行性、知照性、指示性等特征。在中下级机关,一部分命令、指示内容的文件也以通知的文种行文。

(二)通知的分类

1.指示性通知。是上级机关向下级机关布置工作、作出指示时使用的文件。

2.知照性通知。是党政群机关、企事业单位处理日常工作常用的文件。如活动的安排、会议的召开、机构的设立、印章的启用等。

3.颁转性通知。包括“发布”“转发”“批转”三个类型。是某级机关转发上级机关、同级机关、不相隶属机关的公文或批转给下级机关的文件时使用的文件。

4.任免通知。包括任命、免职两类。其中任免事项可合并通知。

(三)通知的格式与写法

通知一般由标题、主送机关、正文、落款几部分组成。考虑到通知的特点,现将各类通知的写作分别介绍。

在生活、学习和工作中,人们为了晓谕某些具体事项,也常在墙壁、黑板等处写通知,这些通知不是正式公文,写法尤其是标题灵活,只需写上“通知”二字即可,其余各项视情况可参照法定公文的“通知”的行文部分写作,可详可略。

1.指示性通知

指示性通知用于上级机关向下级机关布置工作任务、安排活动或就某一事项、问题作出指示。前者亦称为“工作通知”或“布置性通知”;后者亦称为“规定性通知”。这一类通知的写作要点是:

(1)标题。常用完全式,在使用正式文头的情况下可省略发文机关;“事由”部分一般使用“做好”“搞好”“加强”“禁止”“不得”等强调词语;时间紧迫的,可在文种前加“紧急”二字。

(2)正文。布置工作任务(或安排活动)的通知正文与“指示”的写法相似,一般由开头、主体、结尾三部分组成:开头部分交代发通知的原因、目的或意义;主体部分布置任务,拟订方法措施,阐明工作原则,交代注意事项,可用小标题或列条目依次写出;结尾部分提出贯彻执行要求。下指示、作规定的通知正文多由两部分构成:开头写明发通知的目的、依据,主体部分分条款写出指示的具体内容;可无专门结尾或用“以上各点,望遵照执行”等惯用结束语作结。

2.颁转性通知

这类通知可分为“发布”“转发”“批转”三个类型。

(1)发布型通知。指用来颁布行政规章或印发有关文件、资料的通知。其写作应把握以下几点:一是标题应用完全式,依发布内容的重要程度分别选用“颁发”“发布”“印发”字样,可使用也可省略“关于”一词。二是正文应开门见山,写明所发规章文件名称,然后提出执行要求,有施行起始时间的,应一并说明。

(2)转发型通知与批转型通知。前者用于转发上级和不相隶属机关的公文,后者用于批转下级机关的来文(多为意见)。其写作格式与发布型通知相似,不同点在于标题中用“转发”或“批转”,一般都省略“关于”一词。

写作颁转性通知还应注意以下几点:

一是标题中的被发文件系法规、规章时,应加上书名号;如遇多层转发,可以省掉“中转”单位,使标题简明一些,如《××镇人民政府转发××省人民政府关于做好春季植树造林工作的通知的通知》,就省略了县里转发这一层。

二是正文表明颁转意图后,如还需对所发文件作强调补充,则可在第一段文字之后提行写出要强调和补充的内容。

三是应将被发文件的标题和全文实录于颁转通知的成文日期之后,“文尾”之前。因其属于通知内容的组成部分,故不必再标出“附件”这一项目名称(习称复合式公文)。

3.知照性通知

知照性通知主要用于告知某些事项,故又称告知性或事项性通知,如《国务院关于成立国务院物价小组的通知》《国务院办公厅关于加强环境监管执法的通知》《关于启用新印章的通知》等。这一类通知的正文写作大体有三种情况:第一种是开头、主体、结尾分别写出发通知的原因、告知事项、要求;第二种是只写发文缘由和告知事项;第三种是直接交代要告知的事项。结尾常用“特此通知”等惯用结束语。

会议通知也是一种常见的知照性通知,其写作要领是:

标题一般应写明会议名称,构成“关于召开××会议的通知”这一模式,一般性会议,也可只用“会议通知”四字作标题。正文部分大都由三部分构成,开头部分交代开会的原因、目的、依据(谁决定召开)和会议名称,然后用“现将有关事项通知如下”等语句过渡;主体部分分项交代有关事项,一般包括开会时间与会议期限、地点、与会人员及其条件、会议内容或主要议题、会前应做的准备工作、会议其他事项(如经费、食宿、交通安排)等方面;结尾告知联系人、联系电话等。有的还于通知后附一张回执表,以便做好会务安排。

4.任免通知

这类通知包括任命、免职两类,其写作要点是:

标题应明确事项性质,常见的如《关于×××等同志任职的通知》《关于免去×××职务的通知》《关于聘用×××等人的通知》《关于解除×××所聘职务的通知》。一份通知中有任有免的,可用“任免通知”四字为标题。

正文应交代任免、聘用或解聘依据,常用“经×××(或××会议)研究决定:”这一简明句式表达。然后写出任免对象及任免职务,一人占用一行,分行排列。最后以“特此通知”作结。

(四)通知的写作要求

1.主题集中。每份通知要求明确说明一件事情,布置一项工作,不要试图在一份通知中表述许多事情和达到多种目的。

2.重点突出,措施具体。通知的写作要点在于将通知的事项交代清楚,使受文者能够正确理解并准确执行。为便于叙述事项,交流信息,应该将事情的来龙去脉,主要情节与通知的目的、要求具体地表达清楚。

3.讲求时效。为了加快执行与办理的节奏,通知的撰写要求及时、快捷。

【例文一】

国务院关于印发《国务院工作规则》的通知

国发〔2018〕21号

各省、自治区、直辖市人民政府,国务院各部委、各直属机构:

现将修订后的《国务院工作规则》印发给你们,自印发之日起施行。

国务院

2018年6月25日

【例文二】

国家发展改革委关于印发投资咨询评估管理办法的通知

发改投资规〔2018〕1604号

国务院各部委、各直属机构，各省、自治区、直辖市及计划单列市、新疆生产建设兵团发展改革委，各中央管理企业：

为进一步完善投资决策程序，提高投资决策的科学性和民主性，规范投资决策过程中的咨询评估工作，保障咨询评估质量，我委对《国家发展改革委委托投资咨询评估管理办法（2015年修订）》进行了修订，制定了《国家发展改革委投资咨询评估管理办法》。现印发你们，请按照执行。

国家发展改革委

2018年11月5日

【例文三】

国务院办公厅关于2019年部分节假日安排的通知

国办发明电〔2018〕15号

各省、自治区、直辖市人民政府，国务院各部委、各直属机构：

经国务院批准，现将2019年元旦、春节、清明节、劳动节、端午节、中秋节和国庆节放假调休日期的具体安排通知如下。

一、元旦：2018年12月30日至2019年1月1日放假调休，共3天。2018年12月29日（星期六）上班。

二、春节：2月4日至10日放假调休，共7天。2月2日（星期六）、2月3日（星期日）上班。

三、清明节：4月5日放假，与周末连休。

四、劳动节：5月1日放假。

五、端午节：6月7日放假，与周末连休。

六、中秋节：9月13日放假，与周末连休。

七、国庆节：10月1日至7日放假调休，共7天。9月29日（星期日）、10月12日（星期六）上班。

节假日期间,各地区、各部门要妥善安排好值班和安全、保卫等工作,遇有重大突发事件,要按规定及时报告并妥善处置,确保人民群众祥和平安度过节日假期。

国务院办公厅

2018年12月4日

二、通报

(一)适用范围和特点

通报适用于表彰先进,批评错误,传达重要精神或告知重要情况。

通报的特点是知照性、典型性、导向性。

(二)通报的分类

1.表彰性通报。对先进单位、先进人物的典型事迹进行表彰,并总结其先进经验,以点带面,树立榜样,促使大家向先进单位和先进人物学习。

2.批评性通报。抓住有普遍反面教育意义的错误和不良倾向,或错误事件的典型,进行严肃的批评,并分析原因和吸取教训,达到教育和警惕的作用。

3.情况类通报。上级机关把当前政治、经济、军事和社会治安等重要情况通报下级机关,使下级机关了解新的信息,对所通报的重要情况引起重视,更好地开展工作。

(三)通报的格式与写法

通报的一般格式由标题、主送机关、正文、结尾几部分构成。

1.标题。一般标题要反映三方面的内容:发文单位名称、事由和文种。但不少通报常常省掉发文单位这一项,而由事由和文种两项组成。

2.主送机关。通报的主送机关通常根据通报内容的重要性和周知面的宽窄来定,可灵活掌握,决定是否需要写。

3.正文。写法与一般公文不同,有其固有的规律。

(1)表彰性通报的正文主要有三部分:首先是通报的事件,要明确交代人物、时间、地点、经过、环境、结果等，以增强通报内容的透明度和真实性；其次是对事件的归纳分析，明确其性质；最后是提出向先进人物学习的号召。

（2）批评性通报的正文首先要写清楚原因，即写清犯错误单位或人的姓名、单位，犯错误的时间、地点，以及犯错误的程度、性质、危害和不良影响。其次通报处理事项，申明党的纪律和行政纪律，表明处理的坚决态度和具体处理的决定，指出从中应当吸取的教训。最后重申告诫，提出具体要求和防止措施。

（3）情况类通报的正文分前言、情况综合和要求三部分。前言部分将通报的情况进行概述，点明通报的主要内容。情况综合部分按时间先后或问题性质，逐一记叙已经发生的各种情况。要求部分提出要求和注意事项。

4.结尾。注明发通报的单位名称和成文日期。标题中已写明发文单位名称的，结尾只写明年、月、日即可。有的结尾处还要注明该通报发放的范围。

如果通报有附件，应在正文中说明，并在正文左下方写上“附件”二字及附件的名称。

（四）通报的写作要求

1.通报的人或事应有典型性，有示范、引导作用或教育警示意义。

2.应注意事实表述的准确性和完整性。

3.由于通报具有导向性和一定的权威性，所提要求受文单位必须执行，因而要求应写得明确、具体、适当，便于执行。

4.通报是普发性公文，有时还予以公布，因而常常省略主送机关。

【例文】

国务院办公厅关于对国务院第五次大督查发现的典型经验做法给予表扬的通报

国办发〔2018〕108号

各省、自治区、直辖市人民政府，国务院各部委、各直属机构：

为进一步推动党中央、国务院重大决策部署贯彻落实，国务院部署开展了第五次大督查。从督查情况看，各地区、各部门在以习近平同志为核心的党中央坚强领导下，以习近平新时代中国特色社会主义思想为指导，全面贯彻党的十九大和十九届二中、三中全会精神，认真落实中央经济工作会议部署和《政府工作报告》提出的任务要求，迎难而上，真抓实干，扎实做好稳增长、促改革、调结构、惠民生、防风险各项工作，实现了经济社会持续健康发展。实地督查发现，一些地方在打好三大攻坚战和实施乡村振兴战略、深化“放管服”改革、推进创新驱动发展、持续扩大内需、推进高水平开放、保障和改善民生等方面，锐意改革，勇于创新，在实践中创造和形成了一批好的经验做法。

为表扬先进，树立典型，进一步激励各地区、各部门担当作为、狠抓政策见效，推动形成改革创新、干事创业的生动局面，经国务院同意，对北京市大力推进外国人来华工作许可制度改革等130项地方典型经验做法予以通报表扬。希望受到表扬的地方珍惜荣誉，再接再厉，充分发挥模范表率作用，取得新的更大成绩。

各地区、各部门要坚决贯彻落实党中央、国务院决策部署，坚持稳中求进工作总基调，坚持新发展理念，坚持以供给侧结构性改革为主线，坚定不移推动高质量发展，加大改革开放力度，认真学习借鉴典型经验做法，结合实际探索创新，改进作风，狠抓落实，以钉钉子精神做实做细做好各项工作，确保完成全年经济社会发展主要目标任务，为决胜全面建成小康社会、夺取新时代中国特色社会主义伟大胜利作出新的更大贡献。

附件：国务院第五次大督查发现的典型经验做法(共130项)

国务院办公厅

2018年11月19日

三、决定

(一)适用范围和特点

决定适用于对重要事项作出决策和部署、奖惩有关单位和人员、变更或者撤销下级机关不适当的决定事项。

决定的主要特点是权威性和约束力，它所作出的安排要求各受文单位必须执行。如表彰决定、惩处决定、人事决定，以及召开会议的决定，确定方针政策的贯彻执行等。决定可以普遍用于机关、单位、团体。

(二)决定的分类

根据性质、内容的不同,决定可以分为法规政策性决定、宣告事项性决定、奖惩性决定、任免性决定等。

法规政策性决定是对某一领域或某一方面工作作出政策性或规范性规定的决定。

宣告事项性决定是宣布某一重大问题的处理结果,或对某项工作作出重大安排的决定。

奖惩性决定是对有突出贡献的先进集体、个人进行表彰奖励,或对酿成重大责任事故及其他有严重违纪行为的人作出惩戒处理的决定。

任免性决定是关于机构设置、人事安排的决定。

(三)决定的结构与写法

决定的结构分为首部和正文两部分。

1. 首部

包括标题和成文时间两部分。

(1)标题。标题一般有两种构成形式:一种是由发文机关+事由+文种构成;另一种是由事由+文种构成。

(2)成文时间。指发布决定的时间。在标题正上方注明成文的年、月、日期,或者在标题下方用括号注明“某年某月某日某会议通过”字样。

2. 正文

正文的结构一般由三部分组成。一是开头部分,简要交代决定的缘由、目的、根据,奖惩性决定还要写明奖惩对象的年龄、身份等基本情况;二是主体部分,主要写决定的内容,落实决定的要求和措施,要求具体明白、层次清楚,便于有关单位执行;三是结尾部分,用于提出希望、要求或执行说明。

有的决定需要带附件。有附件的决定,应当于正文之后、发文机关署名之前注明附件的名称或依据,并将附件附在正文之后。

(四)决定的写作要求

1. 要有相应的政策或法律依据。

2. 要以针对的问题或事项的具体内容为基础。

3.观点、态度要明确,用语、结论要准确。

4.要求要切合现实和理论实际。

【例文】

中共中央关于认真学习宣传贯彻党的十九大精神的决定(节选)

(2017年11月1日)

为深入学习宣传贯彻党的十九大精神,把全党全国各族人民的思想统一到党的十九大精神上来,把力量凝聚到党的十九大确定的各项任务上来,作出如下决定。

一、充分认识学习宣传贯彻党的十九大精神的重大意义

(略)

二、全面准确学习领会党的十九大精神

(略)

三、认真做好党的十九大精神的学习宣传

(略)

四、弘扬理论联系实际的学风,切实提高解决问题、推动发展的能力

(略)

五、切实加强组织领导

(略)

各地区部门要及时将学习宣传贯彻党的十九大精神的情况报告党中央。

第四节　报告　请示　批复

一、报告

(一)适用范围和特点

报告适用于向上级机关汇报工作,反映情况,回复上级机关的询问。

报告具有陈述性和汇报性的特点，在公务活动中，报告是联系上下级工作关系的重要桥梁，它有助于建立和健全上下级之间正常的公务关系，有助于上级部门更全面具体、更准确深入地把握下情、指导工作，对保证工作质量，提高工作效率，有着极为重要的作用。具体使用和理解时，要注意它和作为领导讲话稿的报告之间的区别。

报告应当形成一种制度。定期或不定期地向上级汇报工作，是下级机关的职责之一。一般来说，凡遇有下列某种情况时，下级机关均应向上级机关写报告：第一，工作中出现重要情况或发生重大变化；第二，工作中出现较大失误或发生严重事故；第三，工作中遇到疑难问题或特殊情况；第四，工作顺利完成或进行到一个重要阶段；第五，上级机关询问有关问题或核实有关情况需要答复；第六，向上级机关抄送文件，呈送物品；等等。

（二）报告的分类

1. 按内容与用途，可分为工作报告、情况报告、回复报告、报送报告。

2. 按行文目的，可分为呈报性报告和呈转性报告。

3. 按范围与性质，可分为综合报告和专题报告。

（三）报告的格式与写法

报告一般由标题、主送机关、正文、发文机关和成文时间五个部分组成。

1. 报告的标题由发文机关+事由+文种组成，使上级机关一看标题就清楚汇报的主要内容，或由发文事由+文种组成。

2. 报告的正文一般包括导言、主体、结语三个部分。

（1）导言。说明报告的目的、意义及基本情况，要求做到概括、集中、简要。基本情况的叙述尤其要注意高度概括。常以“现将×××报告如下”等过渡语承上启下。

（2）主体。写清报告事项的具体内容。通常包括四层意思：陈述基本情况，归纳主要经验，指出存在的问题，提出今后的措施。一般采用并列式，逐层叙写。但各部分的详略、取舍应根据发文目的、报告的内容和性质等实际合理酌定。综合性的工作报告对四层意思都应谈到，尤以基本情况、经验教训为重点；例行性的情况报告应着重汇报成绩和不足;事故性报告要反映情况、分析原因、追究责任;上复性报告主要答复查询事项,不宜旁及其他;抄送性报告主要写明文件或物件的名称、份数、规格等。

(3)结语。多为公文惯用语,如属呈报性公文,用“特此报告”作结;如属呈转性报告,用“以上报告,如无不妥,请批转执行”作结。

(四)报告的写作要求

1.主次分明,重点突出。在写报告时,要从全局出发,分析材料,分清主次,该反映的情况都要反映,但又要注意取舍,杜绝事无巨细的琐碎报告和强拉硬拽的凑数报告。

2.准确真实,有理有据。报告的写作要准确真实,不掺水分、搞虚夸,不道听途说、随意篡改。要将数据材料、时间地点、言语行为、前因后果等调查核实,做到准确无误。另外报告中的分析和评价要求恰如其分,把成绩讲够,把问题讲透,不可报喜不报忧或多报喜少报忧。

3.深入实际,写出新意。要求紧跟时代步伐,深入工作中去,全面分析日益变化的工作情况。避免那种“翻开书报找点子,跑到邻里找例子,回到房中凑稿子”的工作作风,以写出有新意、有价值的报告。

【例文一】

关于2017年工作情况的报告(有删减)

区人民政府:

2017年,在区委、区政府的领导下,我们按照年初区街道工作会议对新成立的街道办事处的要求,经过一年的艰苦创业,使各项工作都取得了一定成绩,整个辖区城市化管理水平有了明显的提高。现将今年的工作情况报告如下:

一、2017年完成的主要工作

(一)基础工作

1.机关自身建设

在1月30日街道办事处揭牌正式对外办公之前,按照区编委和人事局的要求，及时落实了12个科室人员和负责人，为揭牌、办公进行了组织准备。为适应新环境，我们注重加强思想政治工作，对全体工作人员提出了新的要求，为做好工作奠定了思想基础。同时，借鉴兄弟街道经验，及时制定了街道办事处规章制度25项，使大家有章可循，有规可守。

2. 交接工作

我街道办事处现在的辖区范围是8.5平方公里，原隶属于两乡两街管辖。2月底全面完成了交接工作，按区街工办预定的工作目标完成了任务。

3. 地区工作

2月底，筹备并成立了××城管监察分队、地区管理委员会，同时召开由地区单位负责人和居（家）委会主任参加的地区大会，制定了地区管理委员会章程，建立了社区居民会议制度。

（二）重点工作

1. 居民工作

按照区政府及有关部门的部署安排，我们首先抓住居民工作这个基础，保质保量地完成了12个居（家）委会换届选举工作。新当选的48名同志从政治面貌、文化程度、平均年龄等方面与改选之前相比有了明显的变化。

在换届之后，我们采取走出去（到××街道办事处参观），请进来（请××居委会主任作报告）等方法对居（家）委会干部进行岗前培训，收到了良好的效果；并围绕居务公开、民主建设，建立了居（家）委会工作、学习、考核制度，向规范化管理迈出了第一步。

2. 城管工作

以校园周边环境整治为重点，拆违章建筑，建绿地，提高城市化管理水平，是我们今年第二项重点工作。

在××大学、××附中校园周边拆除违章建筑83间，1700平方米。种植各种花卉树木2000余棵，新建绿地3000平方米；设置绿地围栏580平方米；铺设排水管线300米；修马路边沟排水道1000米；粉刷围墙外立面700平方米；修沥青路1500平方米；铺装人行步道8000平方米；在校园周边摆放了果皮箱。拆违建绿工程共投资200万元，并投资40万元新修建1000平方米的保洁中心，年底之前可以交付使用。

在抓城市管理硬件改善的同时,我们进一步加大了软件的管理力度。建立了专业保洁队伍,做到垃圾随产、随运、随清理,使学校周边和主要干路两侧的环境有了较大的变化。

(三)日常工作

1.综合整治

(略)

2.民政工作

(略)

3.劳动保障

(略)

4.文教卫生

(略)

5.信访工作

(略)

二、工作的突出特点

"艰苦奋斗建家园,争创佳绩一盘棋",这就是我们今年工作的突出特点。

新成立的办事处分成8个点办公,一年内换了3处办公房,办公条件艰苦,但同志们以苦为乐,爱岗敬业,把街道办事处当成自己的家,乐于奉献,不求回报,精神饱满,毫无怨言,保质保量地完成了工作任务。

三、工作中存在的主要问题

(一)街道硬件建设差。一年来,办公楼和社区服务中心选址工作仍没到位,进展十分艰难,为下一步深入开展工作造成障碍。

(二)辖区内外地人口占二分之一,是典型的人口混合居住区。社会治安、环境卫生、城市管理等方面难度比较大。

(三)市政基础设施差。城市管理水平与时代发展要求存在着很大的差距。

(四)居(家)委会干部素质与居民的期望和要求相比差距较大,亟待提高。

四、2018年工作思路

2018年是贯彻党的十九大精神的重要年头。我们地处××科技园区,责任重大。我们的工作思路是:“以党的十九大、市委九届六次全会和区委九届二次全会精神为指导,发扬坚韧不拔、拼搏向上的精神,加快城市化管理和社区建设的力度,积极推进××地区城市化进程。”我们的工作目标是:“实事办好,好事办实,扎根群众,服务于民。”着重解决群众关心的热点问题和严重影响社区容貌的积存问题,努力实现繁荣文明、安全稳定的新局面。

××街道办事处印章

2017年10月30日

【例文二】

关于重庆市2018年预算执行情况和2019年预算草案的报告(有删减)

重庆市财政局

各位代表:

受市人民政府委托,现将重庆市2018年预算执行情况和2019年预算草案的报告提请大会审查,并请各位政协委员提出意见。

一、2018年财政工作情况

2018年,全市财政系统坚持以习近平新时代中国特色社会主义思想为指导,全面贯彻党的十九大和十九届二中、三中全会精神,全面落实习近平总书记对重庆提出的“两点”定位、“两地”“两高”目标和营造良好政治生态、做到“四个扎实”的重要指示要求,坚持稳中求进工作总基调,坚持新发展理念,坚持推动高质量发展,坚持以供给侧结构性改革为主线,紧扣“六稳”工作任务,全力保障“三大攻坚战”和“八项行动计划”推进落实,扎实做好稳增长、促改革、调结构、惠民生、防风险工作,较好地服务了全市经济社会发展大局。

……

各位代表,新的一年,全市财政系统将以习近平新时代中国特色社会主义思想为指导,全面落实习近平总书记对重庆的重要指示要求,在市委、市政府的坚强领导下,在市人大、市政协的监督支持下,沉心静气,勇于担当,开拓进取,不断推动财政改革和发展,为全市经济社会发展作出更大贡献,以优异成绩庆祝中华人民共和国成立70周年!

二、请示

(一)适用范围和特点

请示适用于向上级机关请求指示、批准。

请示是下级机关或个人主动征求领导意见的一种手段,目的在于得到上级机关的支持和批准,进而解决问题,推进工作的开展。因此,请示具有呈批性和期复性的特点。在实际工作中,要注意区分个人事项的申请与请示的关系。

请示的事项没有严格规定的限制,但也要根据职权范围、事项性质等来确定。具体说来,以下情况需作请示:

1. 在执行有关方针、政策的过程中,对有关精神把握不准或遇到疑难需要上级明确指示或解释。

2. 事关重大,而且超出了本机关的职权范围,需上级指示、批准。

3. 工作中出现了新问题、新情况,而又无章可循、无先例可循,可提出处理意见,请求上级审核。

4. 在执行统一规定时,因本单位情况特殊,需作变通处理的问题,要请求上级核准。

5. 本机关在一些重大问题上意见有分歧,无法统一,可以请求上级裁决。

6. 某项工作需要兄弟单位配合,其间又有矛盾、分歧时,可请示上级出面协调。

7. 上级机关规定必须请示获准后才能办理的事项,必须请示。

(二)请示的分类

按照请示的内容和目的,请示可以分为请求指示、请求批准、请求批转三类。

(三)请示的格式与写法

请示由标题、主送机关、正文、发文机关和成文时间五个部分组成。

1. 请示的标题。往往由发文机关+事由+文种组成,也可以省略发文机关。请示的标题中一般只宜使用一个动词,而且不可与文种“重出”,因而请示标题中除文种之外的“请示”“请求”“要求”“申请”等是多余的。

2.请示必须标明主送机关。标写时应注意：

(1)主送机关只能标一个，不可多头主送。若受多重领导，要确定出与请示事项关系最为密切的主管部门作为主送机关，其他机关则以抄送的形式送达。多头主送可能导致意见不一或互相推诿，不利于公务的办理。

(2)应按隶属关系向直接的上级主管部门请示，不可越级请示。若情况特殊而又关系重大，必须越级行文，也应抄送被越过的机关。

(3)除领导直接交办的事项外，请示一般不宜直接送领导者个人。

3.请示的正文。一般包括理由、事项和结束语三个层次。

(1)请示理由是下级请示的出发点，又是上级批复的重要依据。请示事项能否被批准，与该部分写作的优劣有着直接的关系。因此，衡量一份请示的质量高低，其理由是否充分是重要标准之一，请示的理由要求作到重要、具体、充分、恰当。常以“特请示如下”等过渡语引起下文。

(2)请示事项是需要上级机关给予指示或批准的具体内容。要求将事项写清楚，作出简要的分析，根据需要可提出自己的看法和处理意见。

(3)请示常用惯用语结束全文。常见的结束语有：“妥否，请批示”“以上意见是否妥当，请予批示”等。

最后署发文机关和成文日期。

(四)请示和报告的区别

报告和请示是两个不同的文种，报告和请示有着明显的区别：

1.行文目的不同。报告是为了下情上达，让上级了解情况，掌握动态，更好地指导工作，一般只作汇报，不要求上级答复。请示的目的在于请求上级答复问题，审核批准有关事项，帮助解决工作中的困难，带有明显的请求性，较为急迫，要求上级及时作出回复。

2.内容繁简不同。报告属于陈述性文体，内容主要是汇报工作、反映情况、提出建议、答复查询等具体问题，其中往往涉及概况、做法、成绩、缺点等各方面的情况。报告的种类繁多，根据需要，行文上可以适当长一些。请示属于请求性文体，主要说明请示的缘由和事项，其中请示的缘由是侧重点。即使要反映情况或陈述意见,也只能作为理由和依据来写。请示要体现一文一事,文字上也力求精简。

3.行文时间不同。报告多在事后行文,有时也可以在事前或工作过程中做汇报。请示具有预先性,必须在事前行文。

(五)请示的写作要求

1.理由充足,要求具体。理由充足,才会有说服力,同时,阐述理由时还应作到叙述得体,不要分散上级领导的注意力。提要求时,不能笼统,请求指示要具体写出是什么样的指示,如请求工程拨款,要写清楚数量,列出工程概算,以便于上级批复。

2.结构清楚,段落分明。正文由理由、事项、结语三段式构成,各部分都应准确表述,不得含糊。

3.一事一文,主送明确。在内容上,请示要求单一,只能就一件事或一个问题提出请示,不要把数件事混在一份请示中,一文数事不便于上级批复。请示的主送机关只能是一个,是本机关直接隶属的上报机关或直接的上级业务指导机关,除特殊情况外,不应该主送上级机关的领导人个人,不能多头请示,除特殊情况,一般不能越级请示。

【例文】

关于近期拟调整中层干部有关情况的请示

中共××县委组织部:

因我乡目前部分中层干部岗位出现空缺以及实际工作中需要对部分中层岗位进行调整,经乡党委研究,拟于近期对部分中层领导职务进行调整。经市编委办审核,我乡原有中层编制数24名,其中中层正职16个,中层副职8名,现在编中层正职14名,中层副职8名。本次调整涉及中层干部4名,具体方案如下:

一、拟提拔任用2名

1.平安365服务中心副主任1名(中层正职)。拟由平安365服务中心副主任(中层副职)提拔担任,为一任一免。

2.社会事务管理办公室副主任1名(中层正职)。拟由财政所副所长提拔担任,为一任一免。

二、拟平职交流2名

1.农业公共服务中心主任1名。农业公共服务中心主任岗位空缺，拟由农办主任转任，为一任一免。

2.社会事务管理办公室副主任1名(中层正职)。拟由计生办常务副主任转任，为一任一免。

联系人：×××(137××××7802)

中共××乡委员会

2018年4月27日

三、批复

(一)适用范围和特点

批复适用于答复下级机关的请示事项。行文缘由是答复请示。批复的内容大多是回复、表态，或同意，或部分同意，或不予同意。有时上级机关认为下级机关的报告有必要答复的话，也要用批复形式指导下级工作。实际工作中行文时，要注意把握请示、批复、函这三个文种的区别和关系。

批复的特点有三：第一，行文的被动性，它以请示或报告为存在条件，先有请示或报告，后有批复；第二，内容的针对性，批复总是针对来文答复问题，不能另找话题；第三，效用的权威性，上级机关的批复有法律效用，因此有人据此将批复称为法规性文体。

(二)批复的分类

1.从答复情况看，批复分为同意、部分同意、不同意三类。

2.从行文目的看，可分为指示性批复和批准性批复两种。

(三)批复的格式与写法

1.批复的标题。一般由发文机关、事由和文种三部分组成。如《国务院关于同意设立江西内陆开放型经济试验区的批复》。

2.批复的正文。通常由批复引据、批复意见和批复结语组成。批复引据是引述下级来文的标题或主要事项、发文字号作为批复的缘由和依据，有时还要加上来文的日期,然后用“现批复如下”等句式过渡。批复意见是正文的主体部分,针对下级请示所提的问题或要求给予明确的答复。全部同意的,写明肯定性意见即可;不同意或部分同意的,应在表明态度后说明不同意或只同意部分的原因,有时还要写出依据。为了让下级深刻领会批复精神并贯彻执行,可在表明态度的基础上强调其意义,提出希望和要求。

3.结尾。常用“此复”“特此批复”作结,也可不写。最后署发文机关和成文日期。

(四)批复的写作要求

1.批复只用于对有隶属关系的下级机关的来文请示作答复,答复不相隶属机关的请求、询问,不能用批复而应用“函”(上级授权作批复者除外)。

2.要针对请示来文一文一批,不能数件请示合并批复。

3.批复态度要鲜明,时间要及时。上海、重庆等市规定收到下级机关请示后应在十五天内给予答复的做法值得提倡。

【例文一】

国务院关于同意设立“中国农民丰收节”的批复

国函〔2018〕80号

农业农村部:

关于申请设立“中国农民丰收节”的请示收悉。同意自2018年起,将每年农历秋分设立为“中国农民丰收节”。具体工作由你部商有关部门组织实施。

国务院

2018年6月7日

【例文二】

国务院关于同意建立国务院职业教育工作部际联席会议制度的批复

国函〔2018〕144号

教育部:

你部《关于提请调整完善职业教育工作部际联席会议制度的请示》(教职成〔2018〕8号)收悉。现批复如下:

同意建立由国务院领导同志牵头负责的国务院职业教育工作部际联席会议制度。联席会议不刻制印章，不正式行文，请按照国务院有关文件精神，认真组织开展工作。

撤销职业教育工作部际联席会议，其职能并入国务院职业教育工作部际联席会议。

附件：国务院职业教育工作部际联席会议制度

国务院

2018年11月20日

第五节　函　纪要

一、函

（一）适用范围和特点

函适用于不相隶属机关之间相互商洽工作、询问和答复问题，请求批准和答复审批事项。有时上级机关对下级机关询问一般性问题也可用函。由于函只用来陈述情况、告晓事项，因此，除了上级机关发下的函在业务上有指导作用外，一般不具有指导作用，而具有纽带、记载或凭证的作用。

函的主要特点是使用广泛，格式与写法较为灵便，行文关系多样。

（二）函的分类

1.按性质和格式，可分为公函和便函两种。上下级机关、平行机关或不相隶属的机关之间行文时用“公函”。公函比较郑重。格式按正式公文要求。要编号归档。我们讲公文，一般都指公函。

便函主要是不按正式公文格式行文的一种信件。它用来处理某些一般性的事项。使用的范围比公函要广。不一定用公文纸，不一定要有公文编号。可以只个人署名，也可以加盖公章。一般不归档。

2. 按行文方向,可分为发函(去函与来函)、复函。

3. 按适用范围,可分为商洽函、询问函、答复函、请求函。请求函主要用于向有关主管部门请求批准,故又称请批函,同时还用于不相隶属机关之间请求帮助、配合等。

(三)函的格式与写法

函的格式,与其他公文基本相同。只是答复性函的标题中的文种,不写"函"而写"复函"。如《关于要求将广州市经济技术协作办公室驻海口办事处更名的函》《国务院办公厅关于悬挂国徽等问题给湖北省人民政府办公厅的复函》。其正文都包括开头、主体和结语三部分:

1. 开头。如属于主动发函,开头应简要地写明发函的起因,如果是复函的话,开头就要写明收到来函的字号或所提出的问题。

2. 主体。主体是正文的主要部分。针对所要联系的事项或所要商洽的问题,阐明自己的意见。一般是一文一事。

3. 结语。写明发函的目的和希望对方答复的要求。如"特此函达,即希函复"。复函的结尾常用"特此函复",也可不用结语。

(四)函的写作要求

1. 重要的公函应严格按公文格式制作,并标注"文头""文尾"中有关项目。一般性公函可用首部印有机关全称(按:不带"信笺""文稿纸"等字样)的公函专用首页纸,于红色横隔线下居中列出标题,标题之下靠右标注发文字号。

2. 一函一事,主旨集中、单一,开门见山,直陈其事。

3. 表述明确、具体,语气得当,有分寸感。上行时用语要谨慎、谦恭,平行时要诚恳、平和,下行时要严肃而不失宽厚。

【例文一】

关于×××同志工作调动的函

××科〔2016〕12号

××县人力资源和社会保障局：

县科技局下属县科技开发服务中心，系全额拨款性质的事业单位，县机构编制委员会核定我中心事业编制8名，目前实际在编在岗事业干部6人。为进一步加强局财务管理工作，2016年4月14日，经局党组研究讨论，拟在全县事业单位中选调一名财务工作人员。4月15日向县机构编制委员会提交事业单位编制使用申请表，4月22日县机构编制委员会批复同意用编1名。

拟选调人员：×××，女，中共党员，大学学历，县工会职工服务中心事业干部，现任××县总工会会计。2016年3月21日，经组织考察，×××同志为人实在，遵守单位各项规章制度，认真执行财务工作纪律。廉洁自律方面，没有听到不良反映。会计业务比较熟悉。能按照《工会会计制度》要求，做好建账、审核、记账等工作，做到填制完整、数字准确、分类清楚，得到县财政局有关领导的认可。在市总工会对县总工会两年一次的工会经费使用情况专项审计以及县"三公"经费使用情况专项检查中，均未发现财务上的问题，顺利通过检查。×××工作认真细致：账单归集、整理，经常性财务报表统计和全年预算、决算等工作均做到账据、账款相符。此外，做好全县工会经费使用管理指导工作，对各乡镇、街道的会计人员进行业务培训。近三年年度考核等级为合格，未发现存在违法违纪情况。该同志的"三龄两历一身份"和家庭成员、重要社会关系等已核对无误。2016年4月29日至5月6日，经公示不影响调动。2016年5月9日，经我单位党组研究讨论，拟调其任县科技开发服务中心任会计岗位。

现将有关调动材料报送，请予审批。

××县科学技术局

2016年5月9日

【例文二】

关于同意×××等同志工作调动的复函

××〔2018〕64号

中共××县市场监督管理局委员会:

你局《关于征求×××等同志调动意见的函》收悉。经我镇党委研究,同意××镇市场监管所×××同志调到县市场监督管理局办公室工作;同意××镇市场监管所×××同志调到××分局工作。

特此函复

中共××镇委员会

2018年3月19日

二、纪要

(一)适用范围和特点

纪要适用于记载会议主要情况和议定事项。纪要既可上呈又可下达,主要作用是:沟通情况、交流经验、统一认识、指导工作。

纪要的特点有三:第一,纪实性。要求根据会议精神,真实准确地反映会议内容和成果。第二,概括性。要求在会议记录的基础上进行归纳总结,突出要点与主要精神。第三,称谓语的规定性。通常在段首采用特定称呼,如"会议认为""会议指出""与会代表一致同意""会议要求""会议号召"等。

(二)纪要的分类

1. 从性质分,主要有日常例会纪要和专项纪要。

2. 从内容与作用分,主要有决议性纪要、讨论性纪要、工作性纪要。

(三)纪要的格式与写法

纪要一般分标题、导言、主体、结尾四部分。

1. 标题。要写明会议的名称和文种,也可做多种变化。如《××区人民政府第××次区长办公纪要》《"纤夫"扬正气,〈情结〉扣人心——话剧〈情节〉座谈会纪要》等。

2. 导言。写明召开会议的根据、会议主要议程、会议的主要成果、主持人、会议时间、地点、参加人员等，要简明概括，给读者一个总印象。

3. 主体。主体是纪要的中心部分。要围绕中心议题写作，一般要写出会议讨论问题的意义，当前工作情况，与会者发言的重要内容，今后的具体措施和指导思想以及对工作的安排等。在撰写过程中，往往通过概括、综合、归纳的办法，用"会议讨论了""会议认为""会议强调""会议的主要精神是""会议指出"等程式化较强的句式把会议的精神集中阐述出来。

在格式上，主要有综述式、条目式、摘录式三种写法。

4. 结尾。提出希望和要求，或发出号召，让有关单位认真贯彻会议精神。

纪要写作要注意正确集中反映会议内容，忠实于会议原貌，不可添枝加叶；要突出主题，突出中心，详略得当，既反对事无巨细，又反对面面俱到，作到中心明确，层次分明，观点明晰，具有逻辑性。

5. 纪要落款一般由会议名称和纪要形成日期组成。日常例行纪要可署机关名称，也可用"××(机关名)办公室整理"代替。发文日期(即纪要形成日期)可置于标题之下，加圆括号，也可置于文末。纪要可不加印章，如需盖章的，由主办单位代章。

(四)纪要的写作要求

1. 准确把握会议精神和要点。这是纪要写作的关键。撰稿人要做好会议记录，深入了解和掌握会议的全部情况，抓住与会人员围绕会议宗旨达成的共识和议定事项，切忌以偏概全，把个别人的意见当成共识。同时，拟稿人还应认真学习会议将涉及的政策与法规，专业知识和学术资料，较好地把握会议的精神。

2. 综合提炼会议结论。在整理、概括会议代表发言时，要善于区别哪些发言是讨论过程中的意见，哪些发言是表态性的结论性意见；要善于抓住主管领导人或某些权威人士发言的精神实质；要抓住会议主持人的意见，特别是他的总结性发言；要把握多数与会人员的意见，尤其是对有分歧的重大问题，应当以多数人的意见作为结论性意见。对上述四个方面进行综合提炼，才容易总结出会议结论。

(五)纪要、决议和会议记录的区别

1.纪要与决议的区别

纪要与决议都是由会议产生的具有指导性的公文,但也有明显区别。一般说来,决议涉及的是比较重大的事项和问题,通常用于级别较高的会议,决议一经作出便有约束力,其要求必须执行,同时,决议事项也较为单一。纪要涉及的问题可大可小,在执行要求上有一定的灵活性,而且可包括若干方面的问题。此外,决议一般只能反映共同观点和意见,纪要则不一定。

2.纪要与会议记录的区别

首先是性质与功用不同:纪要是法定公文,具有指导性和一定的约束力;会议记录是事务文书,只起资料保存和备忘作用,是写作纪要的基础性材料。其次是写法与要求不同:纪要需要整理归纳,于会议完毕后写出,且确有需要才行文外发;记录一般是与会议同步进行,按会议进程逐项记载,反映的是会议原始面貌,不做任何加工。

【例文】

全国法院民商事审判工作会议纪要

(最高人民法院民二庭向社会公开征求意见稿)

目录

十、关于破产纠纷案件的审理

十一、关于案外人救济案件的审理

十二、关于民刑交叉案件的处理

第六节　决议　意见　公报

一、决议

（一）适用范围和特点

决议适用于会议讨论通过的重大决策事项。

决议的特点有三：一是和决定一样，具有权威性和约束力；二是必须经过特定程序即法定会议讨论并获得法定的多数通过方能生效；三是主要对具有方向性、全局性的重大问题作出决策，指导性突出而对具体事项的规定性相对较强。因此，决议一般用于发布经会议讨论通过的并且要求贯彻执行的重大决策事项。

（二）决议的分类

根据内容和性质，决议可分为三类：

1. 审议批准有关文件的决议。

2. 通过某一重要事项或重大问题的决议。

3. 作出重大决策的决议。

（三）决议的格式与写法

决议由标题、决议通过日期、会议名称、正文、落款组成。

1. 标题。决议的标题通常都要三要素俱全，由发文机关+事由+文种组成。标题正下方须写明本决议通过的日期、会议名称，用圆括号括上。

2. 正文。一般正文前有一个简短的“前言”，以叙述发布本决议的目的、依据；然后写出具体内容，要求有议论，以揭示事物的本质，同时要提出方针，阐明原则、明确要求,鼓舞斗志。常用词语如“会议讨论了”“会议认为”“会议指出”等。

3.落款。包括成文日期和发文单位。有时成文日期在标题下方有标明,有时也可不写。

(四)决议与决定的区别

决议与决定同属决策性文件,就其反映的内容来说基本是相同的。但它与决定也有一定区别:

1.决议必须产生于法定会议,它所要贯彻的决策事项,须经特定会议集体讨论并通过。决定则不一定是会议集体讨论的结果。

2.机关主要领导或领导班子几个人研究的重要事项,用“决定”为宜;集体会议研究决定的重要事项,用“决议”为宜。

3.集体会议研究的重大事项,属号召性、指导性的内容,以用“决议”为妥;凡属具体性规定,则用“决定”。

(五)决议的写作要求

1.撰写决议,要有明确的针对性,尤其应针对人们思想中某些常见的有倾向性的问题,认真加以解决以统一认识、协调行动。

2.注意定性准确,评价恰当,忌讳面面俱到,纠缠细节,要叙议结合,富有逻辑性。

3.语言注意简洁、连贯,语气要有力。

【例文一】

全国人民代表大会常务委员会关于批准2018年中央决算的决议

(2019年6月29日第十三届全国人民代表大会常务委员会第十一次会议通过)

第十三届全国人民代表大会常务委员会第十一次会议听取了财政部部长刘昆受国务院委托作的《国务院关于2018年中央决算的报告》和审计署审计长胡泽君受国务院委托作的《国务院关于2018年度中央预算执行和其他财政收支的审计工作报告》。会议结合审议审计工作报告,对2018年中央决算(草案)和中央决算报告进行了审查。会议同意全国人民代表大会财政经济委员会提出的审查结果报告,决定批准2018年中央决算。

【例文二】

中国共产党第十九次全国代表大会关于十八届中央纪律检查委员会工作报告的决议

（2017年10月24日中国共产党第十九次全国代表大会通过）

中国共产党第十九次全国代表大会审查、批准十八届中央纪律检查委员会工作报告。大会充分肯定了十八届中央纪律检查委员会的工作。

大会认为，党的十八大以来，在以习近平同志为核心的党中央坚强领导下，中央纪律检查委员会和各级纪律检查委员会牢固树立政治意识、大局意识、核心意识、看齐意识，坚定中国特色社会主义道路自信、理论自信、制度自信、文化自信，自觉同党中央保持高度一致，尊崇党章，忠实履职，推动全面从严治党不断向纵深发展，反腐败斗争形成压倒性态势并巩固发展，坚定维护了党中央权威和集中统一领导，厚植党执政的政治基础，建设一支忠诚干净担当的纪检监察队伍，向党和人民交上了优异答卷。

大会要求，高举中国特色社会主义伟大旗帜，以马克思列宁主义、毛泽东思想、邓小平理论、“三个代表”重要思想、科学发展观、习近平新时代中国特色社会主义思想为指导，全面落实党的十九大作出的战略部署，统筹推进“五位一体”总体布局和协调推进“四个全面”战略布局，增强“四个意识”，坚定“四个自信”，不忘初心、牢记使命，紧紧围绕党的领导、党的建设、全面从严治党、党风廉政建设和反腐败斗争，推动党内政治生态实现根本好转，履行党章赋予的监督执纪问责职责，为决胜全面建成小康社会、夺取新时代中国特色社会主义伟大胜利提供坚强保证，为实现中华民族伟大复兴的中国梦不懈奋斗。

二、意见

（一）适用范围和特点

意见适用于对重要问题提出见解和处理办法。

意见这一文种是改革开放以来在建设社会主义法制和民主政治的实践过程中产生的新文种。其特点有三：第一，行文关系的多向性。可以上行，又可以平行、下行。第二，作用的多样性。有的近似于建议报告。第三，效力的灵活性。下行的“意见”可带指示性,对受文者有一定约束力,但又不是强制性规定,上行、平行则不具约束力。

(二)意见的分类

意见按其性质和内容,大体可分为四类:

1.建议性意见。用于向上级以及平级机关提出建议。

2.上复性意见。对上级机关征求意见作出回复。

3.质疑性意见。向同级或下属单位提出不同看法。

4.指导性意见。向下级机关布置安排工作,提出工作措施和要求。

(三)意见的格式与写法

1.标题。除严格按照公文格式制发的意见外,一般均应于标题下方圆括号内写明发文机关名称和成文时间,若使用完全式标题,题注中可只标明成文时间。

2.题注。除严格按照公文格式制发的意见外,一般均应于标题下方圆括号内写明发文机关名称和成文时间,若使用完全式标题,题注中可只标明成文时间。

3.正文。一般由提出意见的缘由和意见内容两部分构成,两者之间通常以“现提出以下意见”作为过渡。如果意见内容较多,可分条列款,逐项分析,提出解决问题的办法。文末常用“以上意见如无不妥,请(或‘建议’)批转有关部门执行”“以上意见,请予考虑”“以上意见供参考”等惯用语结尾。

应指出的是,意见正文因该文件性质与内容不同而写法各异。具体撰写时,可参照其他近似文种的写法。

(四)意见的写作要求

1.格式正确。意见是法定公文中近年出现的一个新文种,具有行文方向多向性的特点,在行文时应根据行文的目的确定行文的方向,选择相应的格式,不能把不同方向的公文格式揉为一体。

2.正文部分提出的意见,要注意可行性、原则性,要符合党和国家的方针和政策。

【例文】

教育部等四部门关于2016年规范教育收费

治理教育乱收费工作的实施意见(节选)

教办〔2016〕4号

各省、自治区、直辖市教育厅(教委)、发展改革委、物价局、财政厅(局)、新闻出版广电局,新疆生产建设兵团教育局、发展改革委、财务局、新闻出版广电局,有关部门(单位)教育司(局),教育部直属各高等学校:

为深入贯彻党的十八大及十八届三中、四中、五中全会精神和习近平总书记系列重要讲话精神,全面落实中央巡视整改任务要求,按照国务院第四次廉政会议工作部署,着力解决损害群众利益的乱收费、乱办学等不正之风,营造风清气正的育人环境,推动教育事业科学发展、健康发展,现就做好2016年规范教育收费治理教育乱收费工作提出如下意见。

一、主要任务

(一)继续深化中小学有偿补课问题治理

(略)

(二)深入推进义务教育阶段择校乱收费和中小学教辅材料散滥问题治理

(略)

(三)规范各级各类教育收费行为

(略)

(四)规范民办教育办学和收费行为

(略)

(五)严肃惩治虚报冒领民生资金问题

(略)

二、工作要求

(一)加强组织领导,完善责任落实机制

(略)

(二)加大监督检查力度,严肃查处教育乱收费行为

(略)

（三）严明工作纪律，强化责任追究

（略）

教育部 国家发展改革委

财政部 国家新闻出版广电总局

2016年5月12日

三、公报

（一）适用范围和特点

公报适用于公布重要决定或者重大事项。

国家行政机关和有关职能部门常用“公报”公布有关重要情况或资料，一些机关团体在召开大型会议后也有印发“会议公报”的，可视为一种事务性文书或专用文书。此外，两个或两个以上的国家、政府、政党、团体举行会谈后常发布公报，这类公报亦称为“联合公报”。

值得指出的是，政府、人大等机构多编印有称之为“公报”的刊物，用以刊载法律、法规、决议或其他文件。这种“公报”是刊物而非公文，应分辨清楚。

公报具有庄严性、告知性、新闻性，重要的公报还具有影响的深远性。例如《上海公报》《第四次全国人口普查公报》等就是如此。

（二）公报的分类

1.按会议性质分

（1）会议公报，用于公布会议有关情况的公报，如《中国共产党第十九届中央纪律检查委员会第二次全体会议公报》。

（2）非会议公报，由一国政府编印的专门登载法律、法规、官方文件等用的公报，如《中华人民共和国国务院公报》。

2.按作者分

（1）单方作者发表的公报，如《中国共产党第十四届中央委员会第四次全体会议公报》。

(2)双方作者发表的公报,如《中华人民共和国政府和法兰西共和国政府联合公报》。

3.按名称分

(1)公报,如《中华人民共和国国家统计局关于1990年人口普查主要数据的公报》。

(2)会议公报,如《中国共产党第十七届中央委员会第七次全体会议公报》。

(3)新闻公报,如《中华人民共和国政府和越南社会主义共和国政府联合公报》。

(三)公报的格式与写法

公报的格式常用标题、成文时间、前言、主体、结尾几部分组成。

1.标题。公报的标题比较灵活、多种多样。

(1)会议公报的标题一般有四种构成形式。

①"会议名称+文种",如《中国共产党第十八届中央委员会第四次全体会议公报》。

②"国名+公报形式+文种",如《中华人民共和国政府和法兰西共和国政府联合公报》。

③"国名+事由+公报形式+文种",如《中华人民共和国和委内瑞拉共和国建立外交关系的联合公报》。

(2)非会议公报的标题有两种构成形式。

①"发文机关+文种",如《中华人民共和国国务院公报》。

②"发文机关+事由+文种",如《四川省统计局关于1995年国民经济和社会发展的公报》。

2.成文时间。公报的年、月、日写齐备,可以写在标题下方正中位置,并加圆括号,也可写在文尾的右下方。

3.正文。公报正文包括前言、主体和结尾。

(1)公报的前言通常是介绍会议的基本情况,对公报的时间、地点、人物、原因和结果加以叙述。

(2)主体。主体是公报的中心内容。一般阐明会议的基本精神和重要事项,并采取条款式或者段落式的表达方式,逐一阐述其内容。

(3)结尾:有的公报没有结尾,主体完了全文就结束了。有的公报有结尾,或者提出要求,或者发出号召,或者对东道主表示感谢,并发出邀请等。

(四)公报的写作要求

1.根据内容的具体情况,做到繁简适度。

2.在语言运用上,要措辞准确、精练,语气庄重,态度严肃。

【例文】

中国共产党第十九届中央纪律检查委员会第三次全体会议公报(节选)

(2019年1月13日中国共产党第十九届中央纪律检查委员会第三次全体会议通过)

中国共产党第十九届中央纪律检查委员会第三次全体会议,于2019年1月11日至13日在北京举行。出席这次全会的有中央纪委委员132人,列席221人。

中共中央总书记、国家主席、中央军委主席习近平出席全会并发表重要讲话。李克强、栗战书、汪洋、王沪宁、赵乐际、韩正等党和国家领导人出席会议。

全会由中央纪律检查委员会常务委员会主持。全会以习近平新时代中国特色社会主义思想为指导,全面贯彻落实党的十九大精神,回顾2018年纪检监察工作,总结改革开放40年来纪检监察工作经验,部署2019年任务,审议通过了赵乐际同志代表中央纪委常委会所作的《忠实履行党章和宪法赋予的职责,努力实现新时代纪检监察工作高质量发展》工作报告。

全会认真学习、深刻领会习近平总书记重要讲话。一致认为,讲话站在新时代党和国家事业发展全局的高度,充分肯定党的十九大以来全面从严治党取得新的重大成果,深刻总结改革开放40年来党进行自我革命、永葆先进性和纯洁性的宝贵经验,对领导干部特别是高级干部贯彻新形势下党内政治生活若干准则提出明确要求,强调坚定不移推进全面从严治党,巩固发展反腐败斗争压倒性胜利,为决胜全面建成小康社会提供坚强保障。(略)

全会指出,2018年,以习近平同志为核心的党中央统揽伟大斗争、伟大工程、伟大事业、伟大梦想,统筹推进"五位一体"总体布局,协调推进"四个全面"战略布局,党和国家各项事业取得新的重大成就。在党中央坚强领导下,各级纪检监察机关牢固树立“四个意识”，深入学习贯彻习近平新时代中国特色社会主义思想，联系实际学、持续跟进学、融会贯通，贯彻落实党的十九大全面从严治党战略部署，推动纪检监察工作取得新成效。把党的政治建设摆在首位，坚决维护习近平总书记党中央的核心、全党的核心地位，坚决维护党中央权威和集中统一领导，检查党的路线方针政策和党中央重大决策部署贯彻落实情况，确保党中央政令畅通。(略)

全会总结改革开放40年来纪检监察工作，形成以下认识和体会：(略)

全会提出，2019年是中华人民共和国成立70周年，是全面建成小康社会、实现第一个百年奋斗目标的关键之年。纪检监察工作要以习近平新时代中国特色社会主义思想为指导，深入贯彻党的十九大和十九届二中、三中全会精神，不忘初心、牢记使命，增强“四个意识”，坚定“四个自信”，坚决维护习近平总书记党中央的核心、全党的核心地位，坚决维护党中央权威和集中统一领导，坚持稳中求进工作总基调，忠实履行党章和宪法赋予的职责，以党的政治建设为统领。(略)

全会要求，各级纪检监察机关要一以贯之用习近平新时代中国特色社会主义思想武装头脑、指导实践、推动工作，一以贯之坚定践行“两个维护”，一以贯之贯彻落实全面从严治党的方针和要求。(略)

全会按照党章规定，选举卢希同志为中共中央纪律检查委员会常务委员会委员。

全会号召，要紧密团结在以习近平同志为核心的党中央周围，奋发进取、砥砺前行，扎扎实实推进全面从严治党、党风廉政建设和反腐败斗争，为深入贯彻落实党的十九大精神和党中央重大决策部署、决胜全面建成小康社会、实现中华民族伟大复兴的中国梦不懈奋斗！

思考与练习

一、命令的适用范围和特点是什么？本书命令的例文在下级机关该用什么文种行文？

二、根据下列材料，以××县人民政府的名义写一份决定。

材料：近年来，我县脱贫攻坚工作取得了显著成绩，全县80%的人口实现完全脱贫，其中20余个乡镇工作成绩突出。为表彰在脱贫攻坚中作出优异成绩的单位和个人，2019年12月10日县委、县人民政府办公会议讨论决定，授予××乡等8个乡镇“××县脱贫攻坚工作先进单位”称号，授予×××等36人“××县脱贫攻坚工作先进个人”称号。

当前我县脱贫攻坚工作的任务仍然十分艰巨，县委、县政府要求各地认真贯彻执行中央脱贫攻坚的指示精神，坚持不懈抓紧抓好脱贫攻坚工作。

三、比较公告和通告的异同，并修改下面的公文。

公告

××区河道管理处，对龙溪河河夹心至张家沟段进行河道治理工作，发现此段内河边施工地带有多处坟墓，根据××市河道管理条例及有关上级有关文件不准在堤防内埋葬坟墓的指示规定。因此，限墓主于5月31日前迁出，逾期竟敢不迁者，统统按无主墓处理，特此公告。

四、通知有哪些种类？各类通知在写法上有哪些特点？

五、2019年7月10日—12日，重庆市政府在渝州宾馆召开区、县长工作会，专题研究部署全市创建卫生城市活动。请按公文的写作要求，代市政府拟写一份会议通知。（注：文号是66号，暂标在标题下面，要求从标题写至落款）

六、结合具体的文本，比较通知与通报的异同。

七、根据下列材料，代北京市××区教育局（求实中学为其所属）发一份通报，表扬刘芳芳的某种精神，并号召全区学生向她学习。按公文格式写，要有标题、主送、正文、成文日期、公章（图示），字数约400字。

材料：刘芳芳同学2019年5月20日下午路过中山三路建设银行储蓄所门前时，捡到一包钱，左等右等不见人来认领，她就把钱交给银行，经银行人员查验，共有人民币3万元。当丢钱的李顺福老人跌跌撞撞沿途寻找到银行，拿着失而复得的3万元钱时，感动得泪流满面。老人抽出2000元钱硬要塞给刘芳芳表示感谢，刘芳芳拒绝了。老人和银行工作人员问她叫什么名字，她说：“我是求实中学的学生。”

八、为下面的商洽函写一则答复函。

××省人事厅关于商调×××同志的函

××省人调字〔2018〕××号

××市人事局:

因工作需要,拟调贵省×××同志到我省政策研究室工作。如同意,请先将该同志的档案、现实表现材料及健康检查表一并寄来。请予大力支持为盼。

××省人事厅(印)

2018年××月××日

九、请将下面的公文修改正确。

××厂关于请求协助解决技术人员进修法语的报告

××大学校长:

为适应我厂进一批法国先进技术和设备的需要,我厂想送十名技术员到你校学习法语。请予以支持。学费由我厂付给,行不?请来信通知我们。

此致

敬礼!

××厂办公室敬上(印)

××××年××月××日

第五章　事务文书

第一节　概述

一、事务文书的含义

事务文书，是指各级各类机关、社会团体、企事业单位为进行管理，处理事务而制作的不属于法定公文和专用文书范畴的公务文书。它仍然是党政机关、社会团体、企事业单位用来交流情况、处理公务的重要工具之一。它虽未被列入法定公文之列，但使用频率很高，它自身的特点也比较突出。

事务文书的种类迄今仍是一个有待研究的问题，各家著述说法不一，所包括的内容外延也不尽相同。本书所指事务文书是既区别于法定公文，也区别于日常私务文书的处理日常公众事务工作时运用的文书。主要包括：计划、总结；简报、大事记；会议记录、调查报告；办法、制度、章程；守则、公约等。

二、事务文书的特点

（一）作者的广泛性

与法定公文比较，事务文书处理的是机关的一般日常公务，它的使用频率往往超过法定公文,涉及的面很广泛。机关工作中,计划、总结、简报乃至大事记,事无巨细,都要派上用场,往往还作为正式的文件反映实际情况,因此,它是广泛使用的一种文书。

法定公文的作者只能是依法成立的机关和组织,专用文书的作者主要限于本行业的机构和人员。事务文书的作者相当广泛,各行各业中一定的群体和个人都可以订计划、作总结、搞调查。

(二)程序的简便性

法定公文的制发和生效必须履行法定的程序,如经会议讨论通过,领导审核签发等。而事务文书没有这样严格的要求,制作程序简便得多。

(三)行文的宽泛性

法定公文有严格的行文规则,而事务文书的行文相当宽泛、自由,可以灵活选择主送机关与抄送机关,也可以越级行文。如简报,可以上报、平送、下发。会议记录、大事记属内部资料,一般不外发。

(四)体式的灵活性

法定公文必须按国家统一的规范体式制作,必须具备基本的格式项目。

由于事务文书的内容未被列入法定公文之列,因此格式上不具备严密、统一的标准。这决定了事务文书不必像法定公文那样严格讲究规范性。各个文种根据自身特点而形成相对稳定的格式,但具有灵活性,在谋篇布局上根据具体情况而定。不同种类的事务文书,除了必须反映出文种实质的内容外,在文头标准、正文的分段、文尾的具体写法上,都具有相当的灵活性。

三、事务文书的作用

(一)决策参谋作用

事务文书具有的咨议性特征,决定了这类文书对领导决策具有参谋作用。现代化的决策管理需要领导本人重视调查研究,讲究工作的计划性,并能及时总结工作。但决策者不可能对所有的事情都去“亲临”,因而那些反映鲜活的基层情况的“调查报告”“简报”，那些规划性很强的“计划”，那些充满了管理经验的基层“总结”，都给决策者充当了“无声”的参谋角色。“耳朵”听得越多，“眼睛”看得越多，就越有助于运筹帷幄，作出正确的决策。

（二）规定约束作用

事务文书是因事而制，它的制发者可以是个人作者，也可以是法定作者。凡以法定作者名义制发的事务文书，在行政管理中具有规定约束作用。单位、部门制订的计划是要求人们在特定的时间内，为了一个共同的目标，统一行动、统一步伐的行动依据，对计划范围内的每个人都具有规定和约束作用，是落实检查工作的依据。总结是对过去工作的回顾，但总结的目的是更好地开展将来的工作。因而作者在总结中提出的今后的工作设想，同样起着约束行为的作用。

（三）对读者具有认识作用

由于时间和空间的制约，许多经验、情况、设想不可能都面对面地进行口头交流，在行政管理中，需要借助像事务文书这样的文字材料来交流情况，而这些记录着经验、情况的文字材料，能跨越时空进行交流。尤其是简报，具有上情下达、下情上达的作用。这些信息，对读者来说具有认识作用。

（四）历史资料、档案凭证作用

这方面的事务文书既有法定公文相同的档案、凭证作用，同时又因为事务文书的种类较多，涉及社会生活面广，所以还具有比法定公文更丰富的作用。比如调查报告、大事记、计划、总结，它很可能就是后世研究某一阶段、某一时期历史、社会、政治、经济、人文等多方面的基本和重要的史料。

四、事务文书的写作要求

（一）要掌握充分的材料

写作事务文书中的任何一种文体，都要大量、详尽地占有材料。不仅调查报告具有纪实性的特点，需要深入进行调查，充分掌握材料，就是撰写计划、总结、大事记同样也要熟悉工作过程，注意做好平时原始记录。没有充分的材料，就找不出规律性的认识，得不出正确的结论，也就达不到指导工作的目的。因此，在写作前，应当认真回顾工作过程，注意收集材料，包括散见于生活中的活生生的第一手材料和由情报人员或其他人员记录整理的第二手材料。事务文书的写作，一般要占有以下材料：

1. 背景性的材料。包括用于揭示和说明社会环境和自然环境的材料。指导型的调查报告往往通过某一个“点”上的情况，对全局工作起推动作用，写这类调查报告需要调查背景材料。写作总结要研究原工作计划或工作指导原则。

2. 现实的典型材料。事务文书都是用事实说话，寓理于事，必须占有能集中揭示客观规律的有代表性的人和事的材料，才能有效地说明问题。

3. 过程性的材料。无论是调查报告还是总结，都要反映出客观事实的完整过程。因而，作者必须掌握生活和工作中过程性的材料，即包含着时间、地点、人物、事件、原因、结果等要素的材料。

4. 主观性的材料。写作事务类文书，不仅要占有当事人的材料，还应注意听取专家、群众对某人、某事、某项工作的评议。

（二）要有前瞻意识

事务文书的写作，并不是简单地记录材料和整理材料，也不是简单记下今后工作或已做工作，停留在对表面现象的认识和材料的罗列上。写作任何一种事务文书，都需具有前瞻意识，能站在时代和未来的高度，审视和分析问题。眼界不高的作者，是写不出高质量的事务文书的。制订计划要对社会发展的未来趋势有一个清晰的认识；写作调查报告、总结要注意运用纵向比较的方法，从事物的整个发展进程中和事物的未来道路中寻求贯穿其中的联系，从不同的情况、经验中找出共同的因果关系。编写简报要有新意，给人以新的思想启迪，打开新的思路。

（三）要有实事求是的写作态度

这是由事务文书的性质决定的。事务文书在鲜明的政治性和较强的政策性上，与行政公文是基本一致的。从某种程度上讲，事务文书也是行政管理的工具。因而写作事务文书，从收集材料、分析材料到撰写成文，都应坚持实事求是的写作态度，来不得半点的虚假和浮躁。不仅所用的材料要绝对真实、准确，而且对事实的评价也要客观、公允，既不能夸大也不能缩小。

第二节　计划　总结

一、计划

（一）计划的含义

计划是一定的单位和个人对将来一定时限内的工作、事务等预先作出打算和安排的一种文书。它要回答的问题主要是：做什么，怎么做，做到什么程度。

和计划属于同一范畴的文种还有规划、纲要、设想、方案、意见、打算、安排、要点等。

1. 规划、纲要。是带有全局性、长远性和方向性的计划。

2. 设想。是初步的、不太成熟的、提供参考的计划。

3. 方案。 是对某项工作从目的要求、方式方法到具体步骤都作出周密、具体安排的计划。

4. 意见。是原则性较强、内容较完整的计划。这里的“意见”是事务文书，不同于党的公文“意见”。

5. 打算、安排。是适用时间较短、内容具体并偏重于工作步骤和方法的计划。

6. 要点。是只列工作任务中主要方面的计划。

计划可以上报，起到向上级领导机关汇报的作用；可以下达，起到推动下级机关工作进行宏观控制的作用；更需要自身落实、执行，起到统一本部门、本单位的意志和行动的作用。

事前制订计划，能够增强工作的自觉性和主动性，避免盲目性和随意性。从现代科学管理的角度看，计划既是决策的具体化，又是组织实施的纲领，并为控制提供依据。计划还是检查与总结的根据。

（二）计划的特点

1. 预想性。凡是计划都是在预测的基础上，对未来的工作任务所作的构想。计划中提出的奋斗目标、完成任务的步骤虽然依据现实的可行性而制订，但计划的着眼点是对本地区、本部门、本人下一阶段的工作步骤进行规划和安排，是前进方向上的“路标”，因而预想的成分较多。可以这么说，没有预想就没有计划。因此，只有高瞻远瞩，对未来将发生的或将做的事情有充分的估计才能使计划制订得切实可行。

2. 可行性。计划是作为执行性文件制订的。一个合理的计划，是管理目标能够顺利进行的保障。计划所拟订的目标应具有一定的高度和挑战性，能够激发计划实践者的热情，挖掘巨大的潜能，争取顺利完成计划，创出佳绩。但制订计划时必须十分重视预想的可行性，目标要可以实现，措施与办法要切实可行。一个可实现的目标要兼顾到两个方面：一方面要有一定的高度，另一方面经过执行者的努力要能够达到。这样，目标达到后，计划实现者方能品尝到成功的乐趣，并充满信心地去迎接下一轮挑战。如果在实行中，发现计划有不可行之处，要及时修改。

3. 业务性。计划是业务性很强的文种，行业性质不同，制订计划的术语也不同，因此，制订者需要熟悉业务，按其工作范围内所涉及的各项业务指标来制订计划。

（三）计划的分类

按照不同的标准划分，计划可以分成以下多种不同的类别：

1. 按内容分。有工作计划、生产计划、财务计划、教学计划、科研计划等。

2. 按时间分。有长期计划、年度计划、季度计划、月份计划等。

3. 按性质分。有综合性计划和专题性计划。

4. 按范围分。有国家计划、地区计划、部门计划、单位计划。

5. 按效力分。有指令性计划和指导性计划。

6. 按形式分。有文字表述式计划、表格式计划、表述表格结合式计划。

（四）计划的格式与写法

1. 文字表述式。一般由标题、正文、文尾三部分构成。写法是：

（1）标题。计划的标题又叫计划名称，一般由制订计划的单位名称＋时限＋计划内容＋文种四要素组成，如《××市农业局1998年玉米技术工作计划》。有时也可省略为三要素，由单位名称＋事由＋文种（或者由时间＋事由＋文种）组成，如《××市旧城改造方案》。如果计划还不成熟，或还未讨论通过，应在标题后面加括号注明是初稿、草稿、讨论稿或征求意见稿等。

(2)正文。文字表述计划的正文通常由前言、主体、结语三部分构成。

①前言。它是计划的开头部分，一般用简明扼要的文字交代有关情况，写明任务依据，提出总的要求等。

②主体。这是计划的核心部分，应明确提出任务、指标和具体要求，写出主要步骤、方法、措施、分工等。它主要解决做什么、怎样做、做到什么程度等问题，即通常说的计划三要素：目标、措施、步骤。

③结语。这是正文的收束部分，一般可写执行计划的注意事项、需要补充说明的问题或提出希望、号召等。如不需要，也可不写，主体部分写完后自然收束，不必“添足”。

(3)文尾。计划的文尾部分是署名和成文日期。若标题中已写有单位名称，文尾也可不再署名。此外，若有附表或附图，或需抄送等，也需在文尾部分注明。上报或下达的计划，还应加盖公章。

在文字表述式计划中，除了上述的通常形式（有人称为公文式）外，还有一种条文式，即把计划的全部内容分为若干条款及部分，通过文字表述逐条排列。但从实质上说，二者的表述形式是相同的，都是通过文字予以表达，因此不再赘述。

2.表格式。有些项目具体、内容比较简单的计划，可采用表格式。表格式计划的标题与文字表述式计划的标题在写法上没有什么不同。二者的不同，主要体现在正文部分尤其是正文主体部分内容的表述上。后者是通过文字表述，前者主要是通过表格来表示。如下表：

××省××××年二类农副产品派购、调省计划

品名	单位	×××××年产量	省政府规定的派购任务	××××年—××××年每年派购的任务		备注
				派购	调省	
鲜鱼	万担	350		50	6.5	
鲜蛋	万担	22,000		12,000	9,000	
柑橘	万担	150	33.26	60	37	省政府派购任务调整后为60万担

续表

品名	单位	×××××年产量	省政府规定的派购任务	××××年—××××年每年派购的任务		备注
				派购	调省	
干辣椒	万担	64.56	11.99	12		调拨任务省统一安排
烤烟	万担	149		155		
茶叶	万担	122.44	70	83	78	

计划的写作除了以上两种基本形式以外，第三种形式是前两者的结合式，即文字表述之后附有表格，或表格后面附着文字说明，其表述方式分别运用上面两种形式。

个人计划参照其作为事务文书“计划”的行文部分写作。

（五）计划的写作要求

1. 正确处理好当前与长远，局部与整体的关系。制订计划必须立足当前的现实状况，研究当前的人力、物力、财力，把握有利因素和不利因素，在充分分析论证的基础上制订。把脚踏实地与高起点结合起来，把本单位的实际与社会的总体利益结合起来，做到心中有数，即既要以本单位的实际为基本依据，有自身的特色，又要与国家的总体规划相一致。

2. 要集思广益，使计划制订得更具现实基础。在制订计划，尤其是制订单位、部门计划时，要深入调查研究，广泛听取各方面的意见，弄清为什么要制订计划，根据什么制订计划，集思广益，经过分析论证后，草拟出几个方案，再征求意见，对计划草案进行修改后定稿。坚持自下而上和自上而下结合的工作方法，使计划制订得更加完善可靠。

3. 要注意灵活性和连续性。制订计划时，都想挖掘最大的潜力，发挥最大的干劲儿。但事物的发展有其科学规律，我们不应提倡“假”计划，“空”计划，而应提倡“实”计划。因而在撰写计划时，应留有适当的余地，话不能说得太满，要充分考虑可行性。制订计划时，还应保持计划的连续性，当前的计划是过去的计划的延续，又是将来计划的基础，因此，制订计划时必须瞻前顾后。

【例文】

两部门决定联合实施“高等学校学科创新引智计划”(有删减)

为深入贯彻落实十六大精神,抓住我国政治和经济实力迅速提高的历史机遇,推进我国高等学校建设世界一流大学的进程,教育部、国家外国专家局决定联合实施高等学校学科创新引智计划(以下简称“111计划”)。

“111计划”以建设学科创新引智基地为手段,加大成建制引进海外人才的力度,进一步提升高等学校引进国外智力的层次,促进引进海外人才与国内科研骨干的融合,开展高水平的合作研究和学术交流,共同培养博士研究生,在高等学校汇聚一批世界一流人才,率先建立起一批具有原始性创新能力的学科创新引智基地,全面提升高等学校科技创新能力和综合竞争实力。

一、“111计划”“十一五”规划的总体目标(略)

二、“111计划”建设原则(略)

三、创新引智基地遴选基本条件(略)

四、“111计划”实施与管理(略)

五、经费筹措(略)

六、解释权

本规划及“111计划”实施过程中的具体问题由教育部和国家外国专家局负责解释。

二、总结

(一)总结的含义

总结是对一定的单位和个人前一阶段或一定时期的工作、事务等进行回顾、检查、分析、评价,找出经验教训,得出规律性认识以指导、促进今后工作活动的一种文书。它要回答的问题主要是:已经做了什么,如何做的,结果怎样。

(二)总结的特点

1. 客观性。客观事实是总结的基础和依据。

2. 事后性。因为它是对以往事情的回顾、检查、认识,但向后看是为了向前干。

3.报告性。定期总结,及时向上级机关汇报,以便领导机关了解情况,作为制定政策的依据和参考。

4.指导性。可以向所属单位下发,用以提高和统一思想认识。

5.理论性。因为它需要对总结的内容进行规律性的认识、归纳,使之上升成为一定的理论。

(三)总结的种类

总结的种类很多,可以按内容、时间、范围、形式、性质等标准予以划分。

1.按内容分。有工作总结、生产总结、教学总结等。

2.按时间分。有年度总结、季度总结、月份总结等。

3.按范围分。有地区总结、部门总结、单位总结等。

4.按形式分。有小标题式总结、全文贯通式总结、条文式总结。

5.按性质分。总结一般分为综合性总结和专题性总结。

6.按表达方法分。有陈述性总结、论述性总结。

综合性总结是对某一单位、部门的工作所作的全面的总结,是对该单位、部门一定时期的工作全貌的展现。因而它涉及的内容比较广泛,既要反映工作的概况、成绩、问题,也要写出经验教训和今后的打算等。所以此类总结又称为全面性总结和工作总结。

专题性总结是对某项任务、某一方面的工作或工作中某一突出问题所作的专门性总结。这类总结针对性强,内容集中单一,便于交流推广、以点带面、推动整个工作。此类总结通常偏重于总结经验、成绩,其他方面一般少写或不写,所以又称为经验总结。

(四)总结的格式与写法

总结一般由标题、正文、落款三部分组成。

1.标题。总结的标题有两种形式:

(1)公文式。这种标题一般用于工作总结,由总结单位名称+时间+事由+文种组成,如《北京市2014年农业信息化工作总结》,也可由单位+事由+文种组成,如《××大学开展爱国主义教育活动的总结》。

(2)新闻式。这种标题的措辞一般具有新闻标题的新鲜、有力、醒目的特点，有时是对仗性标题，有时是多行标题，也可以用一个副标题来标明单位、事由、文种等。如《××市的“撞击反射式”综合改革》《锐意改革创新，不断开拓前进》《靠思想政治工作顺气鼓劲振奋精神背水作战一年翻身——××市水利工程基础处理总队直属队工作总结》等。需指出的是，新闻式标题大多是用于登载在报刊上的介绍成绩、经验的专题性总结(也有总结教训的)，其标题是为了适应它的这一特定情况。

2.正文。总结的正文一般包括四方面内容：

(1)基本情况概述。它一般位于正文的开头，概括介绍基本情况，简要说明、交代有关事项等。

(2)成绩和经验。这是正文的主要内容和重点部分。其中，做法和成绩是基础；经验体会是重点，在全文中占有主导地位，要写得充分、有条理，并提到理论的高度，总结出某些带规律性的东西来。

(3)问题和教训。这也是正文的一大内容，一般位于“成绩和经验”部分之后，实事求是地写出存在的问题与教训，并做出一定分析，以达到吸取教训、加以改进的目的。这部分内容的写作要具体情况具体对待。若是着重反映问题、分析教训的总结，这部分应作为全文重点。若是综合性的工作总结，这部分一般略写。若是专门介绍经验的总结，这一内容也可不写。

(4)今后的设想和努力方向。这通常是正文的结尾部分。一般要在前面经验教训部分的基础上，针对存在的问题，提出改进措施和今后进一步努力的方向、目标。这一部分要写得十分概要，不能详细具体。否则，就会导致把总结的结尾写成计划的弊端。

3.落款。包括署名和成文日期，一般在正文的右下方写明总结单位的名称(全称)和年月日(总结时间)，这是写总结不可缺少的部分。因为署名和成文日期是当事者在某一时期实践活动的历史性标记，是今后进行社会实践和不断总结的一个依据和凭证，因而不能忽视。有时还要加盖单位公章，便于日后立卷存档。

个人总结参照其作为事务文书“总结”的行文部分写作。

（五）写作总结的基本要求

1. 要深入实际，掌握真实全面的情况。写总结不是作空头文章，不能闭门造车，凭主观臆想，要求深入实际扎扎实实地了解掌握真实全面的情况。

2. 要有辩证观点，坚持实事求是的原则。要写好总结，必须要有科学的态度和思想方法，这就需要辩证地和实事求是地观察、分析问题，防止片面性和主观性。在进行总结时，既要看到主流，又要看到支流；既要看到成绩，又要看到不足；既要看到现有的态势，又要看到将来的发展。只有如此，才能作出正确的评价和总结。

3. 要找出规律性的东西。写总结不能仅仅罗列材料。写好总结的关键，在于能否从事实材料、感性认识中发现规律性的东西，能否上升到理性认识的高度。这就需要去粗取精、去伪存真、由此及彼、由表及里，找出事物的内在联系和本质性根源，概括出带规律性的理论认识，以指导今后的行动。

4. 要突出要点，叙议结合。任何种类的总结，写作时都应根据具体情况而有所侧重，防止写成平铺直叙、面面俱到的"流水账"。从表达上说，叙议结合是总结写作的主要表达方法。要使二者很好地结合，应注意做到观点统领材料，以材料说明观点，使观点与材料很好地统一。

【例文】

××市国家税务局2017年工作总结（有删减）

2017年，在总局和市委、市政府的正确领导下，全市国税系统认真践行习近平新时代中国特色社会主义思想，持续兴起学习贯彻党的十九大精神热潮，坚持党建统领发展、改革创新驱动，税收收入任务圆满完成，创建文明单位实现全覆盖，荣获纳税人满意度调查全国国税系统第六名，有效推动了××国税现代化建设质量提升、效率提速和动力提档。

（一）认真学习贯彻党的十九大精神，全面从严治党向纵深推进。着眼领会精神实质、把握核心要义，组织读原著、学原文、悟原理，通过领导带头、活动牵引、培训深化、实践升华，推动党的十九大精神和习近平新时代中国特色社会主义思想在全市国税系统落地生根见效，干部职工"四个自信"更加坚定、"四个意识"更加牢固。（略）

（二）深入实施“放管服”改革，税收营商环境不断优化。坚持面上发力、点上突破、线上推进，总局部署的3批99项“放管服”改革任务完成77项，市局“放管服”改革工作做法在全国税务系统交流。（略）

（三）坚持依法征收依规减免，服务经济社会发展成效明显。（略）

（四）全面推进依法治税，法治要求融入税收实践深入有效。（略）

（五）大力加强基层建设，税收事业发展根基持续夯实。（略）

（六）持续规范内部行政管理，机关工作效能大幅提升。（略）

2018年2月16日

第三节　简报　大事记

一、简报

（一）简报的含义

简报是指各级各类机关、社会团体及企事业单位内部编发，用于反映和沟通情况，汇报工作，交流经验，揭示问题的一种事务文书。

简报常常作为机关内部的刊物，或会议期间一种临时性的不定期期刊。我们常见的“工作通讯”“情况反映”“内部参考”“××动态”“××快报”“动态与信息”等，都属于简报范畴。

（二）简报的特点

简报的特点可以用四个字来概括：简、快、新、真。

1.简，即简明扼要。简报姓“简”，以简取胜，用千余字、几百字，甚至寥寥数语，说明情况即可。要求做到：题材简单，结构简明，语言简练。

2.快，即迅速及时。简报具有新闻的时效性特征，在写作时，要突出时效，及时地反映动态。尤其是突发性事件，报道时更要争分夺秒。要求及时发现新情况、新问题，迅速地调查采访，抓紧时间收集材料，加工整理，快印快发，从而充分体现简报的时效性。

3.新,即内容新颖。无新意的简报,没有生命力。简报必须抓住新人、新事、新动向,反映新情况,传播新信息,才能有清新之气,才能给人以启发借鉴。

4.真,即真实可靠。真实是简报的生命。写作时,要实事求是,尊重事情的本来面目。准确地反映情况,客观适当地评价基本事实。

(三)简报的分类

1.从性质分,有综合性简报、专题简报。

2.从发送对象分,有上行简报、下行简报、平行简报。

3.从内容分,有情况简报、会议简报、经验简报。

(四)简报的格式与写法

在长期的实践中,简报的编排形成了较为固定的格式,这种格式,一般分为报头、报核和报尾三个部分。

1.报头。相当于公文的版头。一般置于简报首页上方,约占首页三分之一的位置,下面用间隔线与报核分开。报头包括简报名称、期数、编号、编发单位、印发日期、密级等内容。

简报名称,多以套红的大号字体印刷,居于报头的正中。期数位于报名之下,按期序编排。有时还可标明总期数。编号是指本期简报的编写序号,每份为一号,置于报名的右上角。编印单位标在报名的左下方。印发日期置于报头的右下角。密级写在报头的左上角。有的简报标注“内部刊物,注意保存”等字样。

有的简报在报头和标题之间加上编者按,用来表明制作简报者的意图和观点,通常在按语前加“编者按”“按”等字样。常见的有:(1)揭示性按语,即把简报的中心内容揭示出来,让读者迅速把握文章精神;(2)评价性按语,即表明编者对简报所报道事实的看法,引导读者掌握政策界限;(3)批示性按语,即根据领导人的意见,提出简报内容和借鉴的原则、要求。

2.报核。这是简报的核心内容即简报的行文部分,主要包括标题、正文、供稿者几部分。

(1)标题。简报的标题不同于一般公文的标题,而类似消息的标题,要求鲜明、简洁、醒目,既有吸引力,又简明扼要,使人一眼即看明白主旨。

简报标题，形式多样，常见的有四种类型：

①概括式，如《学习党代表会议文件的情况》。

②提问式，如《一些先进单位和个人为什么怕上报》。

③形象式，如《医疗费用也不能吃“大锅饭”》。

④双标题，正标题揭示主题（点“虚”），副标题交代单位地点、事件等（求“实”），如《没有梧桐树，也有凤凰来——××变压器厂积极引进人才》《练内功增活力度难关——×××工厂大力开展“质量、品种、效益年”活动》等。

（2）正文。简报的正文写法自由灵活，多种多样。常用的写法有以下几种形式：

①消息式。这种形式一般分导语、主体、结尾三个部分。导语用极其简省的文字揭示主旨，提示全文。主体既有典型意义又能说明主旨的材料，具体地阐述主旨，报道情况。结尾干脆利落，收束全文。

②总分式。这种形式先从总体上提出题中之要旨，紧接着分别从几个方面并列地说明要旨，并列的部分可以分别加上适当的小标题。要求材料具有说服力，力避空泛。

③点滴式。这种形式类似于“简讯”“花絮”，采撷生活、工作中的点滴浪花表达某种主旨。体式不求完整，用得好亦颇见声色。

④转发式。这种形式主要适用于某种场合（如会议期间）转发一些材料。一般只需加上“按语”即可，具有指导性或参照性。

⑤摘要式。一般为典型事迹摘要、会议中典型发言摘要以及某些方面新的信息摘要，主要用来传递信息，报道动态。这种形式也应加注说明发表意图的“按语”。

3.报尾。简报的报尾置于正文之后，用一条横线将正文与报尾隔开，并写明简报的发送范围与共印份数。

（五）简报的编写要求

1.提炼报道主题，选择报道角度。简报的编和写都有一个选择问题，要根据已有的材料和具体情况，掌握好政策方面和中心工作要点，提炼报道主题，选择报道角度，努力反映新情况、新问题、新经验。

2.明确编发目的，写好按语。按语是简报的编者及有关领导审查文稿后，对文稿的内容性质所做的说明性和评论性的文字。“编者按”是反映编报机关意向的声音，是简报编发指导思想的体现。按语的作用是把重要的文章与现实的工作联系起来，引导读者加深理解文章的内容。

3.抓住时机，及时报道。简报的写作和编发都应抓住时机、及时迅速，起到快速传递信息的作用。无论是交流工作情况、反映思想动态、报道会议情况，都要突出一个“快”字。

简报格式式样：

密级		编码
	简报名称 第××期	
××（机关办公室）编		年　　月　　日
	按语 标题 正文	
（发送范围）		
		共印××份

二、大事记

（一）大事记的含义和特点

大事记是指全国、地区、部门或单位用编年体的形式，按年、月、日的顺序客观、准确、系统、扼要地记载机关单位日常主要情况和重大文件的实录性文书。

大事记的特点是记事性、编年性和简明性。

（二）大事记的分类

1.按范围分，有全国的、地区的和基层单位的大事记。

2.按性质分，有专题性的和综合性的大事记。专题大事记是按地区、行业划分不同专题而编写的大事记；综合大事记是按时间顺序将各个方面的大事归纳分类而编写的大事记。

（三）大事记的记录范围

1.大事、要事的记录范围

（1）人事变动。包括单位批准的主要领导的任免、调动；本单位所属干部的重要奖励、处分、离休、退休、逝世等。

（2）组织变动。包括经过单位批准的机构成立、合并、撤销；本单位及所属下级名称的更改、职权范围的调整、内部组织机构的变更、人员编制的增减、办公地址的迁移等。

（3）其他事项。包括本单位之外发生的重大事件在本单位的影响；本单位发生的重大社会动态、重大案件或事故以及重大的气象变化、严重的自然灾害等。

2.日常重要工作、活动的记录范围

（1）上级对本单位的主要领导活动。包括上级对本单位工作活动重要的书面、电话或口头指示；上级领导亲临视察、检查及提出的主要意见等。

（2）本单位的主要工作活动。包括对上级重要指示、意见的贯彻情况；本单位发出的重要文件、重要决定、决议事项；本单位领导对机关部门或下属单位所做的重要指示或批示等。

（3）其他工作活动。包括本单位的主要工作和成绩；本单位的重大成果、发明；本单位在工作中的重大失误及纠正措施等。

（四）大事记的格式与写法

完整的大事记由标题、前言、正文和结尾四部分组成。

1.标题。一般由单位名称＋事由＋文种构成，如《××公司职工教育大事记》。有时也可以省略事由，如《××省人民政府大事记》。

2.前言。用来说明大事记的编写目的、意义，介绍编写体例、时限、材料来源，或者阐明编写该大事记的指导思想。

3.正文。一般包括大事时间和大事记述两方面的内容。大事时间应按年划分，依次写清年份，一年又依次按月份日期排列。大事记述要求按照大事记录的范围，与时间同步记录。主要采用概括叙述的方法。

4.结尾。一般以最后的一则大事作为结尾。也可以编写后记，用以说明材料的可靠性及某些材料的使用处理情况。

（五）大事记的写作要求

1.准确真实，连贯完整。要实事求是，客观叙述，不捕风捉影，信手杜撰。要保证大事记的连续完整，既要注意单件事的完整，又要注意整个大事记的连续。

2.择要精记，简明得当。大事不一定天天有，要从实际出发，有则记之，无则免记。

3.依时记事，恰当划限。编写大事记必须严格体现编年性，按时间的先后依序记录。连续时间较长的事件可以分期或分成若干层次依时记载；综合性大事记应以历史时期的始终为始终；专题性大事记的时间断限也应与历史时期的划分相吻合。

【例文】

2017年（9、10月）宣传思想文化工作大事记

9月2日下午，全市文明城市创建工作调度会在市政务中心召开。市委副书记×××出席会议并讲话。市委常委、宣传部部长×××主持会议。副市长××出席会议并通报文明创建专项督查情况。

9月6日，市委常委、宣传部部长×××调研××市文明城市创建工作。市委常委、××市委书记×××陪同调研。

9月11日，全市居民小区（背街小巷）文明创建工作推进会在市政务中心小会堂召开，市委常委、宣传部部长×××出席会议并讲话。

9月13日，市委常委、宣传部部长×××率队督查文明创建工作。

9月15日，××市“喜迎党的十九大　我为党旗添光彩”主题演讲比赛（决赛）隆重举行。市委常委、宣传部部长×××，市人大常委会副主任×××，市政协副主席×××出席并为获奖选手颁奖。

9月22日，市委常委、宣传部部长×××在市政务中心会见了“2017丝路大V创新中国行”采访团一行。国际在线常务副总裁×××参加会见。

9月29日，省文化厅厅长××，副厅长×××一行深入我市调研文化消费试点工作开展情况。市委常委、宣传部部长×××，副市长×××陪同调研。

10月10日下午，第十一届××国际文化博览会组委会工作会议召开。会议传达了省委常委、市委书记×××和市长××的批示精神。市委常委、宣传部部长×××出席会议并讲话。

10月11日下午，××市喜迎十九大宣传工作专题会议在市政务中心召开，传达贯彻全省喜迎十九大宣传工作专题会议精神，安排部署我市相关工作。市委常委、宣传部部长×××主持会议并讲话。

第四节 会议记录 调查报告

一、会议记录

（一）会议记录的含义和特点

会议记录是指对研究生产、工作、学习或其他事务召开的各种不同性质的会议，按照会议进程，客观连续地记载会议全面情况和主要内容的事务文书。记好会议记录是每个机关工作人员或管理干部所必备的基本功。

会议记录的特点是当场性、实录性、概括性。

（二）会议记录的格式与写法

会议记录一般由四个部分构成。

1.标题

包括召开会议的单位名称、会议名称和文种。例行会议还要写明次数，如《××学校第五次校长办公会议记录》。

2.会议的组织情况

(1)会议名称。记录时须记录会议的全称。

(2)届次。

(3)开会时间。注明会议起止日期。

(4)会议地点。

(5)出席、列席人员。出席人员不多的小规模会议,应把所有人员名字全部列出;出席人员多、规模大的会议,可另请出席人员在专用的簿子上签名。有时还须写明是否为扩大会议,或者工作例会等,以便进行查对。

(6)缺席人员。能写明人员名字的就要写清楚,否则,也要写明缺席人数。

(7)主席或主持人。写出具体姓名。

(8)记录人。写出名字。

上述内容,须于宣布开会之前写好。

3.会议的议题和议程

主持人宣布开会后,一般先介绍本次会议的议题和议程。记录人必须准确记录议题和议程内容。

4.会议内容

此部分可采用两种记录方式:

(1)简要记录。就是提纲式的记录。除了记录会议议题和主要的组织情况之外,只记会议的议程和实行议程的主要环节,即只记每人发言的中心内容或要点,以及作出了哪些决定和决议等。它适用于一般性会议,所讨论的问题也比较单一而集中。

(2)详细记录。就是将会议的组织情况和进行情况的各个方面的内容(如会议的讲话、发言、报告、决定、决议、总结)原原本本记录下来的记录。特别要记好针对有分歧的问题或关键性问题时每个人的发言情况。适用于重要会议,讨论内容较繁复的会议。

会议记录须真实、准确,记录内容须符合原意,绝不能任意删减或改变;记录时还要注意发言人的措辞、语气和表达风格,尽可能把原话记录下来,如果以主观代替客观,就失去了记录的意义。

会议结束,记录完了,另起一行写“散会”。

如有必要,还应将记录下的内容当场念给与会者听,看看是否有误,以免引起不必要的麻烦。

(三)写作会议记录的基本要求

1.事前要有准备,精力要集中。记录者应在会前向主持人了解会议概况,浏览有关材料,做到心中有数。记录时要全神贯注,精力集中。

2.记录要准确,方法宜多样。记录者必须客观、准确地记录会议有关情况。为保障记录的准确性,可采用以下方式:(1)散会前当众宣读,发现错误或遗漏,立即更正或补充;(2)现场录音,并根据录音核对、整理记录稿;(3)几个人同时记录,然后核对整理;(4)对来不及记录的少数主要内容,可先留空,待休会时间问清楚后补记。

会议记录整理完毕,应送发言人或与会者(有关领导)审读,签字。

3.语言要简明,书写要规范。尽可能记原话,至少也应不失原意。可以去掉与会议中心完全无关或关系不太密切的话,去掉重复的话。一般用汉字书写,做到规范、清楚。如用了速记符号或其他方法,事后应抄录整理,以保证会议记录作为原始依据的有效性。

【例文】

××市城南开发区管委办公会议记录

时间:2017年4月6日上午9点

地点:管委会会议室

主持人:×××(管委会主任)

出席者:×××(管委会副主任) ×××(管委会副主任管城建)

×××(市建委副主任) ×××(市工商局副局长)

×××(市建委城建科科长)

列席者:管委会全体干部

记录人:×××(管委会办公室秘书)

讨论议题：

1. 如何整顿城市市场秩序。

2. 如何制止违章建筑、维护市容市貌。

×××报告城市现状：(略)

讨论发言：(略)

与会人员经过充分讨论、协商，一致决定：

1. 由工商局牵头，管委会及其他部门配合，第一周宣传，第二周行动，监督落实，做到坐商归店，摊贩归点，农贸归市，彻底改变市场紊乱状况。

2. 由管委会牵头，城建委等单位配合，对全区建筑工地进行一次彻查，然后召开一次施工单位会议，对违章建筑、违章工场限期改正。一个月内改变面貌。过时不改者坚决照章处理。

散会。

主持人：×××(签名盖章)

记录人：×××(签名盖章)

2017年4月6日

二、调查报告

(一)调查报告的含义和特点

调查报告是指在调查研究基础上写出的反映客观事实和作者看法的文书。它有时也称“考察报告”“调查汇报”“××调查”等。

调查报告是机关工作中经常使用的文体，既可用于上报，也可用于下发；同时，它又是报刊上常见的新闻体裁之一。我们这里介绍的，主要是作为前者的调查报告。

调查报告的特点是客观性、针对性、典型性。

调查报告作为信息的载体，具有发现、反映情况，总结经验教训的作用。因而它可以为领导决策提供依据和参考，是领导机关掌握情况、推动工作的重要工具。同时，它对于宣传党和国家的方针政策，鼓舞教育群众也具有很大的作用。

（二）调查报告的分类

按照不同的标准划分，调查报告可以分成不同的类别。

1. 按内容分。可以分为经济、科技、军事、工农业生产、法律、教育文艺等方面的调查报告。

2. 按性质分。可以分为综合性调查报告和专题性调查报告。

3. 按形式分。可以分为小标题式调查报告和全文贯通式调查报告。

但从调查报告分类的惯例和利于写作的角度着眼，一般是按功用和内容性质对调查报告进行分类。据此，我们把调查报告分为三类。

（1）介绍经验的调查报告

这类调查报告一般是通过介绍先进典型的有关情况，总结出成功的经验做法，起到表彰先进、介绍经验、指导推动工作的作用。因而，表彰性、指导性和推广性是此类调查报告的显著特点。例如《市委直属机关常委关于今年以来党员教育工作情况的调查报告》，就属这类调查报告。该报告全文归纳出了五条经验，对于进行党员教育工作具有普遍意义和指导作用。

（2）反映情况的调查报告

这类调查报告一般是对某些情况或存在的问题进行如实反映，对造成这些状况的原因、症结进行分析，并得出明确结论和提出解决的办法、建议。因而，反映性、分析性、启示性是此类调查报告的明显特点。《湖南农民运动考察报告》《关于黑龙江省国有林情况的调查》等皆属这类调查报告。

（3）揭露问题的调查报告

这类调查报告一般是对现实生活中存在的问题、弊端乃至丑恶腐败现象进行揭露和展示。对于人民内部矛盾问题，它的作用在于批评教育、促其改正；对于敌我矛盾问题，它的作用在于打击、鞭挞。同时，它对广大群众还具有启人深思、引以为戒的教育作用。因而，揭露性、批评性（或鞭挞性）、警诫性是此类调查报告的显著特点。例如《关于××市木材加工厂发生重大火灾的调查报告》就属这类调查报告。

（三）调查报告的格式与写法

作为事务文书的调查报告一般由标题、正文、落款三部分组成。其写法是：

1.标题

(1)公文式。常见的公文式调查报告标题是由被调查对象名称+事由+文种三要素组成。有时,要在标题前加“关于”字。例如《关于××厂技术供应处实行经济责任制的调查报告》《关于××市木材加工厂发生重大火灾的调查报告》。有的调查报告标题省略了被调查对象名称或事由,例如《关于废旧物资回收利用问题的调查报告》。

(2)正副标题式。即调查报告标题由正题副题构成。正标题或点出全文主旨或揭示思想意义,副标题由被调查对象+事由+文种构成。例如《农民是科学的主人——苏南农村科技进步调查报告》《实现从“温饱”到“小康”的跨越——关于发展高产高效农业的调查报告》。实际上,这类形式的标题包括了普通文章式标题和新闻式标题两种情况。

2.正文

(1)正文的构成与基本内容。调查报告的正文通常由前言、主体、结语三部分构成。

前言又称导语、引言、概述等。这是文章的开头部分,一般概述被调查对象的基本情况,或写明调查的时间、地点、经过、方法、目的、结论等。具体写作内容应视实际需要而定,不必面面俱到。

主体。这是文章的主要内容部分,所调查的事实、做法、经验、教训、结论、意见等均在此部分中予以表述。这部分内容一般是采用横式结构来安排层次,即分成几个方面的问题来定。例如《市委直属机关常委关于今年以来党员教育工作情况的调查报告》的主体就是如此。它的三个方面内容即三大层次为:一、党员教育工作的概况;二、基本做法和体会(五条);三、存在的问题及下一步工作的打算。也有的调查报告按调查事实发生发展顺序表述与议论,即采用纵式结构;还有的采用纵横结合式组织材料。

结语。可以用概括的语句总括一下全文,并再次点明主旨,以加深读者印象;也可以附带写明一下应该交代、说明、补充的事宜等。有的调查报告没有专门的结语,主体部分写完后自然收束。

(2)正文的结构形式。指的是外在结构形式。调查报告的结构形式有小标题式和全文贯通式两种(有关内容详见“总结”正文的结构形式)。

3.落款

包括署名和日期，写于正文的右下方。署名若是个人，也可写于标题之下。若是事故类调查报告，还要加盖公章，并以附件形式写清参加事故调查的成员名单。

（四）写作调查报告的基本要求

1.要深入调查，详尽地掌握材料。没有调查，就没有发言权。调查报告的写作必须以深入实际进行调查为先决条件。只有通过深入细致的调查，了解掌握真实详尽的情况和材料，才能写出事实准确、观点正确深刻的调查报告来。

2.要分析材料，找出规律性的东西。调查、研究、报告，这是调查报告写作的三个有机相连的环节。因而，在深入调查的基础上，就需要对掌握的调查材料进行认真的整理、分析，从中提炼出规律性的东西。那种只有材料不见观点的调查报告不过是一篇“流水账”。

3.要精心成文，处理好人称、类别、叙议三关节。调查研究是基础，精心成文是保证，否则调查报告的写作将在马虎从事、率意为之中功败垂成。

在写作中，要确定好写作人称。有一种习惯性说法：调查报告一般用第三人称。这一说法其实并不准确。运用第一人称的调查报告也不在少数，例如《湖南农民运动考察报告》《市委直属机关常委关于今年以来党员教育工作情况的调查报告》《关于黑龙江省国有林情况的调查》等就都是第一人称。问题的关键在于，人称的确定要和作者观察点、立足点、表达口吻以及一定的文章内容相一致。

要明确类别、突出重点，处理好叙述与议论的关系。一般来说表彰类调查报告重在总结概括出几点有指导意义的典型经验，观点驾驭材料，议重于叙；反映类调查报告重在对情况的反映与分析，叙议并重；揭露类调查报告重在对事实的展示、曝光，议论要求深刻有力，但所占比重往往小于叙述。

【例文】

重庆市旅游服务综合满意度调查报告（2017年·四季度）

为贯彻落实《旅游法》及国务院《关于促进旅游业改革发展的若干意见》（国发〔2014〕31号）精神，切实加强旅游市场监管，进一步提高旅游服务质量，逐步以游客满意度结论达到改进和完善旅游服务质量的目的。市旅游局委托市社情民意调查中心，在2017年四季度持续开展了旅游服务综合满意度调查。

调查结果显示：2017年四季度，综合得分87.99分，较三季度上升0.83分。组成全市旅游服务综合满意度的3个分项指标较三季度均呈上升趋势。其中，本地居民对本区县旅游服务综合满意度得分87.64分，较三季度上升1.57分；景区游客对区县旅游服务综合满意度得分86.84分，较三季度上升0.28分；住宿饭店客人对区县旅游服务综合满意度得分89.12分，较三季度上升0.69分。

四季度4A级及以上景区旅游综合满意度89.37分，较三季度上升0.74分；四星级及以上饭店旅游综合满意度91.92分，较三季度下降0.06分；旅行社旅游服务综合满意度79.78分，较三季度下降1.64分；外国旅游团旅游服务综合满意度92.54分，较三季度上升1.82分；星级游船旅游服务综合满意度93.33分，较三季度下降1.29分；旅游厕所综合满意度86.34分，较三季度上升0.92分。

从38个区县及万盛经开区来分析，在主城九区中，渝中区较好，九龙坡区相对较差；在渝西片区中万盛经开区较好，南川区相对较差；在渝东北区中云阳县较好，万州区相对较差；在渝东南片区中武隆区较好，秀山县相对较差。

从38个区县及万盛经开区得分变动情况来分析，27个区县旅游服务综合满意度得分较三季度有所上升，1个区县得分较三季度持平，11个区县得分较三季度有所下降，其中奉节县、潼南区上升明显，垫江区、万州区下降较明显。按旅游发展区域布局角度分析，与三季度相比较，在主城九区中，大渡口区上升7位，江北区下降5位；在渝西片区中，潼南区排名上升5位，南川区排名下降6位，其余区县排名变化均在2位以内；在渝东北片区中，奉节县排名上升8位，垫江县下降7位，7个区县排名变化在2位；在渝东南片区中，武隆区排名上升2位，石柱县下降2位，其他区县排名变动均在1位以内。

第五节　办法　制度　章程

一、办法

(一)办法的含义和特点

办法是对条例、规定的实施作出具体安排、提出具体措施或对某些事项提出具体处理原则时使用的一种操作性较强的文书。全国人大、国务院、地方人大制定的办法属于法规,其他机关制定的属于规章。办法的特点一是规定性,二是具体性。

(二)办法的格式与写法

办法由标题、签署、正文组成。

1.标题

常用的有三种形式:一种由制发机关+内容+文种组成,如《××省财政厅关于制发国营工业企业“无形资产”会计处理试行办法》;另一种由适用范围+内容+文种组成,如《全国中小学勤工俭学财务管理办法》;还可由内容+文种组成,如《麻醉药品管理办法》。

2.签署

于标题下署明发布日期及发布机关名称,也可于文尾签署。如以正式公文发布的,可不再签署发布机关名称。

3.正文

办法正文的结构形式多样,内容较多的常用“章条式”,按总则、分则、附则分写;内容层次较少的,可用前言(开头)加条款的方式,也可用排条到底的方式。

正文的内容,总则(或前言,或第一条)写明制定办法的目的、依据,对办法所针对的事项作出界定。具体写法可参照条例、规定。分则(或主体部分各条款)写明办法内容,各条款次序按先主要后次要、先原则后具体、先直接后间接的原则安排。附则(或最后一两条)是办法施行说明,写明办法的施行日期、具体要求、适用范围、宣布以往制定的同类规章废止等。施行说明还可采用一段结尾语的形式表达。

（三）办法与规定的区别

办法与规定都是用于对某方面工作或事项做部分限定及具体规定的文件，但二者也有区别：规定相对要原则化一些，表达比较概括；办法则比较具体，侧重于措施和做法，更具可操作性，且内容范围比条例、规定都小，效力也相对小一些。由于办法是为了实施某些大的原则性规定或进行具体管理所制定，因而具有一定的灵活性，可以结合实际变通贯彻。

（四）写作办法的基本要求

1. 要符合党和政府的方针、政策、法律、法令且与其他法规、规章"接轨"。

2. 要依照法定程序拟制、审批、公布。属于法规文件的办法应经过法定会议审议通过。

3. 结构完整、严谨，内容完备、具体，语言准确、简洁。

【例文】

个人所得税专项附加扣除操作办法（试行）

第一章　总则

第一条　为了规范个人所得税专项附加扣除行为，切实维护纳税人合法权益，根据新修改的《中华人民共和国个人所得税法》及其实施条例、《中华人民共和国税收征收管理法》及其实施细则、《国务院关于印发个人所得税专项附加扣除暂行办法的通知》（国发〔2018〕41号）的规定，制定本办法。

第二条 纳税人享受子女教育、继续教育、大病医疗、住房贷款利息或者住房租金、赡养老人专项附加扣除的，依照本办法规定办理。

第二章　享受扣除及办理时间

第三条　纳税人享受符合规定的专项附加扣除的计算时间分别为：

（一）子女教育。（略）

（二）继续教育。（略）

（三）大病医疗。（略）

（四）住房贷款利息。（略）

（五）住房租金。（略）

（六）赡养老人。（略）

第四条　享受子女教育、继续教育、住房贷款利息或者住房租金、赡养老人专项附加扣除的纳税人，自符合条件开始，可以向支付工资、薪金所得的扣缴义务人提供上述专项附加扣除有关信息，由扣缴义务人在预扣预缴税款时，按其在本单位本年可享受的累计扣除额办理扣除；也可以在次年3月1日至6月30日内，向汇缴地主管税务机关办理汇算清缴申报时扣除。（略）

第五条至第七条（略）

第三章　报送信息及留存备查资料

第八、九条（略）

第十条　纳税人选择在汇算清缴申报时享受专项附加扣除的，应当填写并向汇缴地主管税务机关报送《扣除信息表》。

第十一条　纳税人将需要享受的专项附加扣除项目信息填报至《扣除信息表》相应栏次。填报要素完整的，扣缴义务人或者主管税务机关应当受理；填报要素不完整的，扣缴义务人或者主管税务机关应当及时告知纳税人补正或重新填报。纳税人未补正或重新填报的，暂不办理相关专项附加扣除，待纳税人补正或重新填报后再行办理。

第十二条　纳税人享受子女教育专项附加扣除，应当填报配偶及子女的姓名、身份证件类型及号码、子女当前受教育阶段及起止时间、子女就读学校以及本人与配偶之间扣除分配比例等信息。（略）

第十三条至第十八条（略）

第四章　信息报送方式

第十九条　纳税人可以通过远程办税端、电子或者纸质报表等方式，向扣缴义务人或者主管税务机关报送个人专项附加扣除信息。

第二十条至二十二条（略）

第五章　后续管理

第二十三条　纳税人应当将《扣除信息表》及相关留存备查资料，自法定汇算清缴期结束后保存五年。

纳税人报送给扣缴义务人的《扣除信息表》,扣缴义务人应当自预扣预缴年度的次年起留存五年。

第二十四条 纳税人向扣缴义务人提供专项附加扣除信息的,扣缴义务人应当按照规定予以扣除,不得拒绝。扣缴义务人应当为纳税人报送的专项附加扣除信息保密。

第二十五至第二十九条(略)

第三十条 本办法自2019年1月1日起施行。

二、制度

(一)制度的含义和特点

制度有广义和狭义之分,广义可指一切规章制度;狭义是指某一方面的规章,即在具体工作中,为加强对某项工作的管理,按照有关政策法规的要求,结合实际情况制定的可供操作的规定和要求,它是各级机关和企事业单位实施管理的常用手段。制度经过一定程序,由法定会议或职能机关批准后,即具有一定的强制性和约束力,成为有关人员共同遵守的行为准则。

制度的特点一是具有稳定性,二是具有严肃性,三是具有群众性。

(二)制度的格式与写法

制度一般由标题、正文、签署(或落款)组成。

1.标题

常由适用对象+内容+文种组成,如《××大学语言实验室管理制度》,也可省去适用对象,只由制度内容+文种组成,如《门卫制度》。

2.正文

主要有两种格式,一是章条式,分总则、分则、附则;二是序言(开头)加条款式。总则(或序言)说明制定制度的目的、意义,有时还要交代制定依据,然后分条(章、条)写出制度的具体内容。基本要求同办法。

3.落款

写明制发单位和日期。也可使用题注式。

（三）制度的写作要求

1.要从需要出发。制度是对人们的行为、活动及各项工作起规范作用的，是否制定必须从实际情况出发，需要建立的必须建立，否则人们就没有活动的准则可循；不需要建立的制度建立了，是走形式主义，或者制定制度是为了给别人看，那就会起到不良的作用。

2.要繁简适宜。制度若太笼统，就不能规范人的行为活动；若太繁杂，就有可能使人不知所措，掌握不了，也执行不了。

3.要宽严适度。制度不同于法律、法规，其约束力相对较小。制度宽泛了，对人们的行为活动就没有约束力；太严了，就可能影响人们工作的积极性和灵活性。应当根据任务的性质、特点、要求和人们的实际思想认识水平，来规定具体界限。

4.要依靠群众，制定制度要让群众参与，这样可以避免脱离实际，可以取得统一的认识，得到群众的理解和支持，执行起来也不会有太多的阻力。

【例文】

民主评议党员制度

一、民主评议党员结合党支部年度组织生活会进行。

二、党员一般应按照党组织隶属关系，参加所在党支部的民主评议。

三、按照个人自评、党员互评、民主测评、组织评定的程序，对党员进行评议。党员人数较多的党支部，个人自评和党员互评可分党小组进行。

四、督促党员对照党章规定的党员标准、对照入党誓词、联系个人实际进行党性分析，强化党员意识、增强党的观念、提高党性修养。

五、党支部综合民主评议情况和党员日常表现，按照优秀、合格、基本合格、不合格，确定党员评议等次。

六、预备党员参加民主评议，但不评定等次。

七、对评为优秀等次的党员，党支部通过适当方式进行表扬。上级党组织表彰优秀党员，一般应从党支部评为优秀等次的党员中产生。对评为合格等次党员，引导其向优秀党员学习，不断提升自己。对评为基本合格等次党员，党支部书记要与其谈话，严肃指出不足，帮助改正缺点。对评为不合格等次党员，及时进行批评教育，根据其表现和态度，采取限期改正、劝退、除名等方式进行组织处置。

三、章程

(一)章程的含义和特点

章程是政党、社会团体、学术组织等用来对其性质、宗旨、任务、组织机构、成员条件、权利义务等作出规定的一种事务文书。它是该组织、团体的纲领和旗帜，是一种根本性的规章制度,具有严肃的法规性质,对其所有成员具有约束力。例如《中国共产党章程》《中国工会章程》《中国科学技术协会章程》。国家行政机关及其职能部门一般不用章程。

章程的特点一是规范约束性,二是宣传告知性。

(二)章程的格式与写法

章程一般由标题、签署、正文三部分组成。

1.标题

章程的标题是由组织名称 + 文种两要素组成的。例如《中华全国归国华侨联合会章程》《中国写作学会章程》。

2.签署

此为章程通过的会议名称和日期。其位置一般不放在文尾,而是用题注式,写于标题之下的括号内,居中排列。例如:

中国科学技术协会章程

(2016年6月1日中国科学技术协会第九次全国代表大会通过)

3.正文

章程正文的构成一般有“三部分”式和“两部分”式两种。

(1)“三部分”式。所谓“三部分”式,是指章程正文是由三个部分构成的。这三部分依次为:总则、分则、附则。所以,三部分式又可称为“三则式”,属于总分式结构类型。

总则。它是章程的第一章,是该章程的总纲,一般用高度概括的语言,直接写明该组织、团体的名称、性质、宗旨、任务等。

分则。它一般由数章构成,是总则的具体展开,要分别具体写明成员条件、权

第二条 本学会的性质

由伦理学工作者以及有志于伦理道德建设事业的社会工作者自愿结成的、经中华人民共和国民政部批准成立的全国性法人社会团体，是学术性、非营利性的社会组织。

第三条 本学会的宗旨

遵守国家的宪法、法律、法规和有关政策，团结全国伦理学界工作者和社会有关方面人士，在马克思列宁主义、毛泽东思想和邓小平理论指导下，贯彻“百花齐放、百家争鸣”的方针，结合我国建设有中国特色社会主义的伟大实践，积极组织伦理学理论研究和国内外学术交流，开展伦理实践和普及活动，为弘扬中华民族的优秀伦理文化、提高伦理学研究水平、改善社会道德风尚、推动社会主义精神文明建设作出贡献。

第四条 本学会接受中国社会科学院的业务指导、接受中华人民共和国民政部的监督管理。

第五条 北京市石景山区八大处路49号院6号楼14层1406号，邮政编码100144。

第二章 业务范围

第六条 本学会的业务范围

（一）开展国内外学术交流；

（二）开展道德教育、宣传、实践等相关活动；

（三）承担会刊及相关领域资料、书刊编辑出版工作；

（四）发展会员，做好会员服务；

（五）开展相关咨询服务。

第三章 会 员

第七条 本学会的会员分团体会员和个人会员。

第八条 申请加入本学会的会员，必须具备下列条件

（一）拥护本学会的章程；

（二）有加入本学会的意愿；

（三）符合下列条件之一者，可申请为本学会的个人会员：

1.从事伦理学研究和教学的专业工作者；

2.在校伦理学专业博士、硕士研究生；

3.思想品德理论研究者和道德教育工作者；

4.有志于道德建设的社会各界人士。

（四）符合下列条件之一者，可申请为本学会的团体会员：

1.地方各级伦理学会；

2.伦理学、思想品德研究和教育团体；

3.热心道德实践活动的各类企事业单位；

4.热心道德与精神文明建设的各类组织和机构。

第九条　会员入会的程序

（一）提交入会申请书；

（二）经学会秘书处审核通过；

（三）由理事会授权学会秘书处发给会员证。

第十条　会员享有下列权利

（一）本学会的选举权、被选举权和表决权；

（二）参加本学会的活动；

（三）获得本学会服务的优先权；

（四）对本学会工作的批评建议权和监督权；

（五）入会自愿、退会自由。

第十一条　会员履行下列义务

（一）执行本学会的决议；

（二）维护本学会合法权益；

（三）完成本学会交办的工作；

（四）按规定交纳会费；

（五）向本学会反映情况，提供有关资料。

第十二条　会员退会应书面通知本学会，并交回会员证。

第十三条　会员连续六个月不交纳会费，视为自动退会，自愿放弃会员资格。

第十四条　会员如有严重违反本章程的行为，经理事会或常务理事会表决通过，予以除名。

第四章　组织机构和负责人产生、罢免

第十五条　本学会的最高权力机构是会员代表大会,会员代表大会的职权是

(一)制定和修改章程;

(二)选举和罢免理事;

(三)审议理事会的工作报告和财务报告;

(四)决定终止事宜;

(五)决定其他重大事宜。

第十六条　会员代表大会须有2/3以上的会员代表出席方能召开,其决议须经到会会员代表半数以上表决通过方能生效。

第十七条　会员代表大会每届4年。因特殊情况需提前或延期换届的,须由理事会表决通过,报业务主管单位审查并经社团登记机关批准同意。但延期换届最长不超过1年。

第十八条　理事会是会员代表大会的执行机构,在闭会期间领导本学会开展日常工作,对会员代表大会负责。

第十九条　理事会的职权是

(一)执行会员代表大会的决议;

(二)选举和罢免会长、副会长、秘书长;

(三)筹备召开会员代表大会;

(四)向会员代表大会报告工作和财务状况;

(五)决定会员的吸收或除名;

(六)决定设立办事机构、分支机构、代表机构和实体机构;

(七)决定副秘书长、各机构主要负责人的聘任;

(八)领导本学会各机构开展工作;

(九)制定内部管理制度;

(十)决定其他重大事项。

第二十条　理事会须有2/3以上理事出席方能召开,其决议须经到会理事2/3以上表决通过方能生效。

第二十一条　理事会每年至少召开一次会议;情况特殊的,也可采用通信形式召开。

第二十二条　本学会设立常务理事会。常务理事会由理事会选举产生，在理事会闭会期间行使第十八条第一、三、五、六、七、八、九项的职权，对理事会负责(常务理事会人数不超过理事人数的1/3)。

第二十三条　常务理事会须有2/3以上常务理事出席方能召开，其决议须经到会常务理事2/3以上表决通过方能生效。

第二十四条　常务理事会至少半年召开一次会议；情况特殊的，也可采用通信形式召开。

第二十五条　本学会的会长、副会长、秘书长必须具有下列条件

(一)坚持党的路线、方针、政策，政治素质好；

(二)在伦理学领域内有较大影响；

(三)会长、副会长、秘书长最高任职年龄不超过70周岁；

(四)身体健康，能坚持正常工作；

(五)未受过剥夺政治权利的刑事处罚；

(六)具有完全民事行为能力。

第二十六条　本学会的会长、副会长、秘书长如超过最高任职年龄的，须经理事会表决通过，报业务主管单位审查并经社团登记机关批准同意后，方可任职。

第二十七条　本学会的会长、副会长、秘书长任期四年，任期最长不得超过两届。因特殊情况需延长任期的，须经会员代表大会2/3以上会员代表表决通过，报业务主管单位审查并经社团登记机关批准同意后，方可任职。

第二十八条　本学会法定代表人由会长、副会长、秘书长中一人担任。

本学会法定代表人不兼任其他团体的法定代表人。

第二十九条　本学会会长行使下列职权

(一)召集和主持理事会、常务理事会；

(二)检查会员代表大会、理事会、常务理事会决议的落实情况；

(三)代表本学会签署有关重要文件。

第三十条　本学会秘书长行使下列职权

(一)主持办事机构开展日常工作，组织实施年度工作计划；

(二)协调各分支机构、代表机构、实体机构开展工作；

(三)提名副秘书长以及各办事机构、分支机构、代表机构和实体机构主要负责人,交理事会或常务理事会决定;

(四)决定办事机构、代表机构和实体机构专职工作人员的聘用;

(五)处理其他日常事务。

第三十一条 本学会设专职副秘书长,主持本学会日常工作。

第五章 资产管理、使用原则

第三十二条 本学会经费来源

(一)会费;

(二)捐赠;

(三)政府资助;

(四)在核准的业务范围内开展活动或服务的收入;

(五)利息;

(六)其他合法收入。

第三十三条 本学会按照国家有关规定收取会员会费。

第三十四条 本学会经费必须用于本章程规定的业务范围和事业的发展,不得在会员中分配。

第三十五条 本学会建立严格的财务管理制度,保证会计资料合法、真实、准确、完整。

第三十六条 本学会的资产管理必须执行国家规定的财务管理制度,接受会员代表大会和财政部门的监督。资产来源属于国家拨款或者社会捐赠、资助的,必须接受审计机关的监督,并将有关情况以适当方式向社会公布。

第三十七条 本学会换届或更换法定代表人之前,必须接受社团登记机关和业务主管单位组织的财务审计。

第三十八条 本学会的资产,任何单位和个人不得侵占、私分和挪用。

第六章 章程的修改程序

第三十九条 对本学会章程的修改,须经理事会表决通过后报会员代表大会审议。

第四十条 本学会修改的章程,须在会员代表大会通过后15日内,报业务主管单位审查同意,并报社团登记管理机关核准后生效。

第七章　终止程序及终止后的财产处理

第四十一条　本学会完成宗旨或自行解散或由于分立、合并等原因需要注销的,由理事会或常务理事会提出终止动议。

第四十二条　本学会终止动议须经会员代表大会表决通过,并报业务主管单位审查同意。

第四十三条　本学会终止前,须在业务主管单位及有关机关指导下成立清算组织,清理债权债务,处理善后事宜。清算期间,不开展清算以外的活动。

第四十四条　本学会经社团登记管理机关办理注销登记手续后即为终止。

第四十五条　本学会终止后的剩余财产,在业务主管单位和社团登记管理机关的监督下,按照国家有关规定,用于发展与本学会宗旨相关的事业。

第八章　附　则

第四十六条　本章程经2017年7月15日会员代表大会表决通过。

第四十五条　本章程的解释权属本学会的理事会。

第四十六条　本章程自社团登记管理机关核准之日起生效。

第六节　条例　规定

一、条例

(一)适用范围和特点

条例是对某一方面的工作所作的比较全面、系统的规定,所涉及的是事关全国各领域的重大事项和长期性、经常性的工作,具有较大的稳定性。实际上,条例是对某一政策、法律或法令的补充说明和辅助规定。

1987年4月21日国务院办公厅发布的《行政法规制定程序暂行条例》规定:"对某一方面的行政工作作比较全面、系统的规定,称'条例'。"这是对作为法规文书的条例的适用范围所作的明确界定。在现实生活中,它常用以规定国家政治、经济、科技、教育、文化、外事等领域的某些事项或某一机关的组织、职权及某些专门人员的任务、权限等。如《中华人民共和国企业法人登记管理条例》《总会计师条例》。

上述两类“条例”尽管在适用范围上有所不同,但都具有如下特点:一是权威性,必须由高层领导机关或权力机关制定,具有强制力和约束力;二是内容较全面系统,超乎其他规章;三是所作规定更具原则性和概括性,往往需依其原则制定实施细则或实施办法;四是效力的稳定性,一经发布,在较长时期内相对稳定。

条例的作用主要在于它的规范性上,但和章程相比,二者规范的着眼点和范围不同。章程一般主要适用于该组织、团体的内部,而条例旨在维护国家的根本利益,着眼于全社会的群体活动和政党秩序的规范。

(二)条例的分类

1. 根据管辖的权限不同,条例可以分为直接颁发性条例和批准颁发性条例。

2. 根据内容的不同,条例可以分为事项性条例和规定机关、团体的组织、职权的条例。

(三)条例的格式与写法

条例一般由标题、签署、正文三部分组成。

1. 标题。条例的标题由条例内容(或适用对象)、文种两要素组成,例如《国有土地上房屋征收与补偿条例》。有时,要在条例内容(或适用对象)前加写国家名称(或相应的机关名称),例如《中华人民共和国进出口关税条例》《中华人民共和国城镇集体所有制企业条例》。内容上还不够成熟或尚待进一步修改的条例,需在标题里标明“暂行”等字样,例如《快递暂行条例》。

2. 签署。此为条例的制发机关和公布日期,位置在标题之下的括号内,居中排列。

(四)条例的写作要求

1. 条例具有法规性质,撰写时和章程一样,要符合党和国家的方针、政策、法律。

2. 内容上要考虑周密、完备,既要看到长远,又要从实际出发,实事求是。

3. 结构要清晰严谨、合乎逻辑,语言要准确严密、简洁庄重。

【例文】

中华人民共和国个人所得税法实施条例(节选)

第一条　根据《中华人民共和国个人所得税法》(以下简称个人所得税法),制定本条例。

第二条　个人所得税法所称在中国境内有住所,是指因户籍、家庭、经济利益关系而在中国境内习惯性居住;所称从中国境内和境外取得的所得,分别是指来源于中国境内的所得和来源于中国境外的所得。

第三条　除国务院财政、税务主管部门另有规定外,下列所得,不论支付地点是否在中国境内,均为来源于中国境内的所得:

(一)因任职、受雇、履约等在中国境内提供劳务取得的所得;

(二)将财产出租给承租人在中国境内使用而取得的所得;

(三)许可各种特许权在中国境内使用而取得的所得;

(四)转让中国境内的不动产等财产或者在中国境内转让其他财产取得的所得;

(五)从中国境内企业、事业单位、其他组织以及居民个人取得的利息、股息、红利所得。

第四条　在中国境内无住所的个人,在中国境内居住累计满183天的年度连续不满六年的,经向主管税务机关备案,其来源于中国境外且由境外单位或者个人支付的所得,免予缴纳个人所得税;在中国境内居住累计满183天的任一年度中有一次离境超过30天的,其在中国境内居住累计满183天的年度的连续年限重新起算。

第五条　在中国境内无住所的个人,在一个纳税年度内在中国境内居住累计不超过90天的,其来源于中国境内的所得,由境外雇主支付并且不由该雇主在中国境内的机构、场所负担的部分,免予缴纳个人所得税。

第六条至第三十条(略)

第三十一条　纳税人申请退税时提供的汇算清缴信息有错误的,税务机关应当告知其更正;纳税人更正的,税务机关应当及时办理退税。

扣缴义务人未将扣缴的税款解缴入库的,不影响纳税人按照规定申请退税,税务机关应当凭纳税人提供的有关资料办理退税。

第三十二条　所得为人民币以外货币的,按照办理纳税申报或者扣缴申报的上一月最后一日人民币汇率中间价,折合成人民币计算应纳税所得额。年度终了后办理汇算清缴的,对已经按月、按季或者按次预缴税款的人民币以外货币所得,不再重新折算;对应当补缴税款的所得部分,按照上一纳税年度最后一日人民币汇率中间价,折合成人民币计算应纳税所得额。

第三十三条　税务机关按照个人所得税法第十七条的规定付给扣缴义务人手续费,应当填开退还书;扣缴义务人凭退还书,按照国库管理有关规定办理退库手续。

第三十四条　个人所得税纳税申报表、扣缴个人所得税报告表和个人所得税完税凭证式样,由国务院税务主管部门统一制定。

第三十五条　军队人员个人所得税征收事宜,按照有关规定执行。

第三十六条　本条例自2019年1月1日起施行。

二、规定

(一)适用范围和特点

规定适用于对特定范围内的工作和事务制定具有约束力的行为规范。

规定的特点有三:一是约束性。规定是针对某项工作和事务制定的要求和行为规范,因此涉及这些工作和事务范围的机关与个人都必须严格遵守和执行。如果谁违反了规定,就要受到本机关权限所涉及的相对处罚。二是适应性。规定要不断适应社会的进步、群众的觉悟、经济的发展、技术的改进而不断修订,所以规定与条例相比,时间的稳定性相对短一些。三是广泛性。规定应用的范围相当普遍,各地区、各部门、各单位都有自己的规定。有的规定属于法规,有的仅属部门规章。

(二)规定的分类

按规定的内容分,有政治方面的规定,如《党员领导干部犯严重官僚主义失职错误党纪处分的暂行规定》;经济方面的规定,如《中共中央纪律检查委员会关于共产党员在经济方面违法违纪处分的若干规定(试行)》;教育方面的规定,如《普通高等教育学历证书管理暂行规定》;法律方面的规定,如《全国人民代表大会常务委员会关于加强对法律实施情况检查监督的若干规定》等。

(三)规定的格式与写法

1.标题。规定的标题通常由三要素,即发文机关+事由+文种组成,或者事由+文种组成。此外,有这样三种特殊情况:

(1)鉴于有些规定属试用期,常有征求群众意见的性质,可在标题中加上"暂行""试行"两字。

(2)不废除已发布的规定,但随着情况的变化,再对其增加某些内容,这时可在标题中加上"补充"两字。

(3)转发性规定,应在标题中加上"转发"字样,如《中共中央办公厅、国务院办公厅关于转发财政部〈关于治理乱收费的规定〉的通知》。

2.成文时间。规定的成文日期可以置于标题下正中位置,并用圆括号括上,如《录音法定许可付酬标准暂行规定》(国家版权局一九九三年八月一日)。有的规定与"主席令""政府令"等同时出台,其中已有成文时间,规定中可不再写明,有的规定成文时间直接写在文尾右下方。

3.正文。规定正文有两种写法:章节式和条款式。正文内容主要包括两方面:一是规定的目的、原因和依据等;二是有关事项的具体的规定,即原则的规范要求与具体的决定措施。

4.结尾。规定结尾的几种方式与条例相同。

(四)规定的写作要求

1.规定的内容要具有可操作性,要符合实际。

2.规定是党的公文,其法规性强,因此,规定的条款一定要符合党的方针和政策。

(五)规定与条例的区别

1.条例属于法规性文书,规定则不一定,有的只是部门规章。

2.规定的内容带有局部性,没有条例那么系统和全面。

3.规定的法律约束力没有条例强。

【例文】

国内航空运输承运人赔偿责任限额规定

第一条　为了维护国内航空运输各方当事人的合法权益，根据《中华人民共和国民用航空法》(以下简称《民用航空法》)第一百二十八条，制定本规定。

第二条　本规定适用于中华人民共和国国内航空运输中发生的损害赔偿。

第三条　国内航空运输承运人(以下简称承运人)应当在下列规定的赔偿责任限额内按照实际损害承担赔偿责任，但是《民用航空法》另有规定的除外：

(一)对每名旅客的赔偿责任限额为人民币40万元；

(二)对每名旅客随身携带物品的赔偿责任限额为人民币3000元；

(三)对旅客托运的行李和对运输的货物的赔偿责任限额，为每公斤人民币100元。

第四条　本规定第三条所确定的赔偿责任限额的调整，由国务院民用航空主管部门制定，报国务院批准后公布执行。

第五条　旅客自行向保险公司投保航空旅客人身意外保险的，此项保险金额的给付，不免除或者减少承运人应当承担的赔偿责任。

第六条　本规定自2006年3月28日起施行。

第七节　提案　公示

一、提案

(一)提案的含义与特点

提案指提交会议讨论决定的建议。提请政协机关或一定组织(如工会、职代会、教代会等)的会议讨论、处理的建议，一般由出席人和法律、章程上规定的机构或个人提出。

提案的特点有：一是内容的广泛性。提案涉及政治、经济、文化、科学、社会生活等方方面面。大到国家大事,小至群众身边的切身问题。二是作用性质的专门性。提案既是政协委员履行参政、议政的重要形式和通道,也是企业、学校等单位员工反映问题,民主参与的重要形式和通道。三是反馈的及时性。无论是各级政协还是企业、学校,按法定程序收到提案,都必须在规定的时限内及时反馈处理意见。

(二)提案与议案的区别

提案的写作主体是个人,作为政协委员和企事业单位的职工、股份制企业的股东具有向同级权力机关提出自己意见和建议的权利,个人的意见和建议只能用提案而不能用议案,即使有多人附议也不能更名为议案。议案必须列入大会的议程予以审议,而提案的作用是供有关部门今后决策时参考,有可能被采纳,也有可能不被采纳。因此"提案"与"议案"是两种性质根本不同的文种。

"议案"是国务院2012年4月发布的新的《党政机关公文处理条例》中规定的15种公文文种之一。其中第八条规定:"议案,适用于各级人民政府按照法律程序向同级人民代表大会或者人民代表大会常务委员会提请审议事项。"从上述规定中可知,议案的制作主体是法定的,是具备法定权限的各级人民政府,而非个人或任何组织;议案的内容也仅限于向同级立法机构提出审议事项,供同级立法机构开会时审议,供审议的事项必须是在各级人民政府职权范围内。具体而言,提案与议案的区别有:

第一,提案只能由政协委员提出,议案只能由同级人民政府或人大代表在会议期间提出。

第二,在法律效力方面,人民代表大会是权力机关,人大代表的议案一经通过,就具有法律效力;政协委员提案是民主监督的一种形式,没有法律的约束力。

第三,在提出时间方面,人大代表议案,一般只在大会期间提出,而政协委员提案,既可在全体会议期间提出,也可在休会期间提出。

(三)提案的种类

1.从内容上分,主要有:法律提案、法规提案、规范提案、标准提案、建设投资提案、规划提案、探索性提案、理论提案、政策提案、经济提案、专业专项提案、产业提案、行业提案、质量提案、安全提案、教育提案、文化提案、科学技术提案、劳动分配提案、未来发展趋势提案、经济圈建设提案、金融提案、保障提案等。

2.从写作主体上分，主要有：政协提案、工会提案、职代会提案等。

3.从时间上分，有会议期间提案、平日提案。

（四）提案的格式与写法

1.文头。标明会议届次、提案名称、编号及分类等。

2.案由。即提案标题。可以是新闻式，如《开创在××地区发展旅游业的新路子》；也可以是公文式标题，如《关于采取切实有效举措保护农产品价格的提案》。

3.提案内容。即提案正文。包括立案理由，以及建议、办法和要求等。立案理由要抓住问题的实质，力求简要、明确、具体。建议部分要写出提案人主张、意见和措施。

4.提案人。在表中依次填写提案人的姓名、分组、地址、联系方式等，便于联络。如是单位提案，则要写明全称或规范化简称，加盖公章。联名提案，发起人要标明或作为第一提案人列出。

5.审查或处理意见。受理单位在审查或处理后写明办理情况，并向提案个人、团体或单位回复。

（五）提案写作的注意事项

1.态度要严肃认真。无论何种提案，都关乎国计民生或者某一社群、单位、团体的根本利益和发展大计，所以作为提案人一定要有对国家、对社会和集体负责任的态度，认真调研，广泛征求意见，以写出有价值的提案。

2.内容要切实可行。无论何级议案，受理单位和组织都有一定的权力限制和规定。所以，提案的内容必须讲究科学性，实事求是，具体事项必须是受理方有权限、有能力，又可以解决的问题。

3.做到一事一案。提案和议案一样，也要求每一个提案只写一个事项，集中表述，简洁明了。

【例文】(首页样式)

中国人民政治协商会议第十一届全国委员会五次会议提案

第0622号

(××××类)

案由:关于应尽快建立利国利民的废油回收产业体系的提案

审查意见:建议国务院交由主办单位国家发改委会同商务部、财政部、住房和城乡建设部、国务院食品安全办办理

提案人:×××

主题词:饮食业,资源

提案形式:个人提案

内容:目前我国一天产生餐厨废弃物约3000万吨,其中70%被用来喂猪,还有一些废弃油脂成了非法炼制"地沟油"的原料,剩下的部分有些与家庭垃圾一起堆放在垃圾站。直接用未经处理的泔水饲养家禽,可通过畜禽体内毒素等间接影响人体健康。由于没有建立起完善的城乡收运处理餐厨废油脂的体系,也还没有便捷经济的检测"地沟油"的科学检测方法,所以虽然国务院办公厅于2010年7月下发了《关于加强地沟油整治和餐厨废弃物管理的意见》,但全国各地"地沟油"黑作坊屡禁不止、非法利益链难以切断。国家又拨了6.3亿元对33个城市(区)餐厨废弃资源化利用和无害化处理试点给予支持。"民以食为天。"打击"地沟油"黑工厂是关乎人民食品安全的问题。如何尽快建立利国利民的餐厨废油脂回收处理利用产业体系,建议如下:

一、预防为主,源头切断。餐厨面包房等涉及饮食的单位在申请开业前,必须提供已签约废油回收公司的合同书主本,并定期将回收公司付给餐馆等的收据资料检查登记备案。

二、把废弃油、"地沟油"回收处理,变废为宝,可生产为生物柴油,降低我国经济对石化燃料的过高依存度。加大对废油处理转化新技术研发支持力度,使我国废油回收利用真正成为一个朝阳产业,使其转化为有机肥、饲料、生物柴油、化工原料以及用于沼气发电等。如日本在售的废物食用油处理剂加入废油中可生产出清洁厨房的肥皂来。学习日本政府用较高价买到专业公司回收的"地沟油"

后，将其提炼为垃圾转运车的燃料。但回收废油资质要严格认证，从收集、运输、保管到再生，都必须符合环保的要求。

三、各级政府都应把餐厨废油回收体系建设及餐厨废油资源化利用列入议事日程，环保、市政部门应加强市场监管引导和无害化处理。重在常抓、重在机制、重在细节。如厨房设施设计防食物残渣和油脂漏网，下水管中设置“回水弯”，使废油总漂在上面，利于收集回收。

请用钢笔或毛笔书写，以备复印。

（尾页样式）

提案人	组别	通信地址	邮政编码	联系电话
×××				

二、公示

（一）含义

所谓公示，就是党政机关、企事业单位、社会团体等事先预告群众周知，用以征询意见、改善工作的一种应用文文体。公示，不同于“告示”和“公告”这两种文体。然而现在有不少人往往把它当作“告示”或“公告”，甚至认为“公示”就是两者的“合二为一”。显然，这是不正确的。现代应用写作学界普遍认为，公示已逐渐成为一种新文种。

“告示”作为一种事务性应用文文体，最早产生于明朝。官以事告知于下，称为“示”。所谓“告示”，也就是官府把一件或几件重大的事情，以文书的形式，公开告知于属下和民众，便于他们了解与执行，或者公开宣示，让公众了解并征求意见。例如民间比较常见的“安民告示”之类。而“公告”这一文体，其产生的历史则比较晚，始于新中国成立之后，是党中央、全国人大及其常务委员会、国务院等专门用来向国内外宣布重大事情或决定时所采用的一种法定公文形式。它与告示有相似的性质，如公开性和周知性，但又有不同的地方，特别是它具有权威性，不是一般权力机构所能使用的，新华通讯社也只有被授权才能发布。“公告”的内容虽系重大，但只是为了让人们知道和了解是怎么回事，并不要求公众像“告示”

那样去遵照执行。然而，自我国实行改革开放以来，“公告”的使用范围发生了很大变化，使用非常广泛，各级政府机构和企事业单位发布的公告越来越多，例如《××大学校庆100周年公告》等，尤其在经济领域，各种各样的“公告”随处可见，常常和“通告”这一文种混淆。“公告”功能使用的这一蜕变，虽然其中有欠规范之处，学术界也在讨论，但它说明了应用文的文种和文体是随着时代的变革而变化的。

（二）公示的特点

公示具有以下几个特点：

1.公开性。所谓公开性，就是指它所写作的内容、承载的信息，都是要向一定范围内或特定范围内的人员公开出来的，是要让大家知道和了解的，具有较强透明度，不存在任何秘密和暗箱操作。

2.周知性。所谓周知性，就是指它写作的目的，是让关注它内容与信息的人们都了解是怎么回事，从而参与其事。

3.科学性。所谓科学性，就是指公示的时间要科学合理，不但要反映公示的过程，更要反映出公示的结果，反映出群众的意愿。公示是事先的公示，不是事后的公示。公示的内容是初步的决定而非最终的决定。如果是最终的决定就必须在“公示”前言中加以说明。

4.民主性。所谓民主性，就是指公示的过程与结果，都是公开、公平、公正的，都是有群众参与和监督，并为他们所认可的。

（三）公示的格式与写法

公示作为一种新兴的文体，有着自己较为固定的格式。一个完整的公示应由标题、正文和落款三个部分组成。有时，也可有附录或附表、附图。公示的基本书写格式及内容通常如下：

1.标题由文种词“公示”或主题+文种构成，如《关于×××的公示》。

2.正文：(1)进行公示的原因。(2)事务的基本情况。如党员发展公示一般要包括有关人员的姓名、性别、出生年月、工作单位、职务等。(3)公示的起始及截止日期（以工作日计），意见反馈单位的地址及联系方式。(4)发布公示的单位名称（加盖公章）及发布时间。

（四）公示写作的注意事项

1.注意与通知、通告、公告、通报等相关文体的区别，公示在政府、机关、部门对问题作出基本决定以后行文，公示期间，如果收到事实确切的意见反馈，发文机关将根据实际情况作出改变，然后再作出正式决定。

2.公示是对一项工作决定、事务安排、人事任免的事前广泛征求意见的周知性机关事务文书，体现的是一种民主政治和法制精神，所以写作时内容、语言力求准确、客观、实事求是。

【例文】

公示

经本人申请，党组织长期培养考察，近期确定×××等3名同学为拟发展对象，根据中央及我院党委发展党员公示制的规定，现公示如下：

×××，男，1995年6月，××系××级新闻专业1班，班长。申请入党时间:2017年9月2日；

×××，女，1995年7月，××系××级广告专业2班，团支书。申请入党时间2017年10月9日；

×××，女，1995年8月，××系××级广电专业1班。申请入党时间2017年10月20日。

公示期自即日始5个工作日，即12月6日—12月10日，凡对发展上述同志入党有意见者，请及时以书面或口头形式向新闻学院党总支反映，也可直接向党委组织部反映。

接待时间：每天8:00-12:00，14:00-16:30

联系电话：157××××××62　139××××××65

新闻学院党总支

××××年××月××日

第八节　守则　公约

一、守则

（一）守则的含义和特点

守则是根据有关方针、政策、法规和社会实际而制定的、从正面引导群众共同遵守的道德规范和行为准则。

守则的特点：一是约定性，二是规范约束性。

（二）守则的格式和写法

守则由标题、正文和签署三部分组成。

1.标题

一般由适用对象＋文种两要素构成。如《上海市市民守则》《中学生守则》。

2.正文

守则的正文一般不阐述其制定的目的、意义或依据，而是直接分条逐项写出具体内容和要求。如《小学生守则》分条写出了对小学生的总体要求。

3.签署

由制定单位和制定（发布）日期组成，一般署于文末，也可署于标题之下。

（三）写作守则的基本要求

1.应立足于本系统、本单位的任务与目标，联系实际，有针对性地拟定，从而起到教育与引导群众的作用。

2.要坚持走群众路线，从起草到审定都应反复征求群众意见，使之具有广泛的群众基础，从而自觉地遵守与执行。

【例文】

××大学培训学员守则

一、热爱祖国，拥护中国共产党的领导，立志为人民服务，为社会主义教育事业服务。

二、正确处理学习与工作的关系。按时参加课堂学习，坚持按计划自学，完成作业，积极参与讨论和交流。

三、尊敬师长，团结互助，关心集体，积极开展批评与自我批评。

四、加强共产主义思想品德修养，遵守社会公德，讲文明礼貌。

五、遵守国家政策法令，遵守学校培训教育规章制度。

××大学培训学院

××××年××月××日

二、公约

（一）公约的含义和特点

公约是人民群众为了共同的目的，按照有关规定并结合具体实际，在自觉的基础上经充分酝酿讨论后订立的共同遵守的道德规范和行为准则。

公约的特点一是民主性，二是约束性。

（二）公约的格式与写法

公约一般由标题、正文两部分组成。

1. 标题

常由制定者 + 事由 + 文种三部分组成，如《首都市民文明公约》。

2. 正文

常由三部分组成：第一部分为前言，即简明扼要地说明制定本公约的依据、目的或意义；第二部分为主体，具体写出公约内容以及要求、施行日期等，分条分项排列；第三部分为结尾，简要提出执行要求。也可将结尾列为主体最末一条。

文末写明制定公约的日期。

（三）写作公约的基本要求

1. 制定公约要充分发扬民主，广泛征求群众意见，反映群众意愿。内容不必面面俱到，应根据需要，有所侧重。

2. 语言应通俗易懂，甚至可编成顺口溜等。

【例文】

首都市民文明公约

一、热爱祖国　热爱北京　民族和睦　维护安定
二、热爱劳动　爱岗敬业　诚实守信　勤俭节约
三、遵守法纪　维护秩序　见义勇为　弘扬正气
四、美化市容　讲究卫生　绿化首都　保护环境
五、关心集体　爱护公物　热心公益　保护文物
六、崇尚科学　重教尊师　自强不息　提高素质
七、敬老爱幼　拥军爱民　尊重妇女　助残济困
八、移风易俗　健康生活　计划生育　增强体魄
九、举止文明　礼待宾客　胸襟大度　助人为乐

思考与练习

一、什么是事务文书？它主要包括哪些文种？

二、计划有哪些种类？参照计划的格式，写一份个人学年学习计划，字数不得少于800字。

三、总结的特点是什么？结合自己的实际情况，写一篇1000字以上的学习或工作总结。

四、简报的含义和特点是什么？

五、简述大事记的记录范围。

六、简述会议记录的格式和写法。

七、调查报告的含义是什么？联系实际，写一份家乡教育发展现状调查报告。

八、什么是办法？它与规定有哪些区别？

九、什么是制度？它有哪些写作要求？

十、章程的含义是什么？它的正文有哪两种格式？

十一、守则的含义是什么？有什么写作要求？

十二、什么是公约？拟写一份寝室文明公约。

第六章　财经文书

第一节　概述

一、财经文书的含义

财经文书是人们在经济活动中处理业务、解决问题、沟通信息所经常使用的文书。

在写作活动中，财经文书广泛涉及文章学、信息学、语言学、逻辑学、社会学、管理学、经济学等许多学科领域，它以经济生活、经济现象、经济活动为反映对象，与公文写作、法律文书写作、公关礼仪文书写作、科技文书写作等处于同一层面，同属应用写作。

二、财经文书的特点

财经文书种类繁多，各个文种有各自的具体写作方法和要求，但从总体上讲，不外乎三个原则性特点：求实性、业务性、政策性。

（一）求实性

财经应用文较其他应用文体而言，具有更强的实用价值。这从根本上决定了写作财经文书的求实性。求实性要求财经文书在写作中要有明确的立意、出发点，或者说针对性。没有明确的针对性，就不清楚究竟要解决什么问题，也分不清主次先后，心中无数，文章也就会成为无头绪的废品。失去了针对性，也就失去了文章的价值。反之，针对性强，就能迅速针对问题，选择文种，收集有价值的材料，寻找可靠的政策、规章、制度依据，迅速整理自己的思维，组织恰当的语言，有的放矢、有条不紊地展开说明和分析，提出中肯的意见和行之有效的方式、方法、措施，使文章迅速在经济生活之中产生实用效应。

（二）业务性

所谓业务，就是行业性事务。例如对银行而言，经营存款、贷款、汇兑、折算利息等均称之为业务。财经文书写作的业务性，就是指写作文本时对所从事的经济工作的了解和熟悉程度与操作水平。即俗话说的“懂行”。熟悉程度，主要是指了解本部门的基本情况，包括人力、物资、设备组成，业务活动的范围、特点；了解上下级领导、平行单位之间的行政与业务往来；了解本单位技术条件、人员思想素质、业务能力；了解本单位综合水平与实力的历史与现状；了解本单位与地方财政、税务、交通、教育乃至街道的关系等。对诸如此类的内容熟悉程度高，就能确保文章符合实际，避免各种不良影响，防止主观臆断。

（三）政策性

任何经济活动都离不开党和国家的路线、方针、政策的指引和约束。就是说，写作财经文书，无论是反映经济活动情况、传达社会经济信息，还是分析企业的现在与未来的发展趋势，解决实际问题等的指导精神和行文根据，都有着不可忽视的政策性。同时，经济部门的领导机关，如各级计划委员会、经济委员会及有关的厅局作出的决定、下发的通知、工作会议形成的会议纪要等，本身就反映出必须贯彻执行的政策性。那么，作为下属的经济部门、厂矿企业，组织开展各种经济活动，包括制订计划、调查研究、分析预测、总结工作等，都必须与之相符合。如果作者政策观念淡薄，对现行政策缺乏深入了解，把握不够，只凭感情、经验、一家之言或小团体的倾向等来代替政策，那就会扰乱工作，贻误生产，甚至触犯国法，产生意想不到的后果，给本单位带来不良影响。

三、财经文书的分类

按内容和性质分，财经文书主要有以下五大类：

（一）生产经营类

生产经营类文书是生产经营和财务活动中处理经济业务而使用的一类文书，是经济应用文中的一大门类。例如：产品说明书、经营决策书、项目建议书、可行报告、经济活动分析报告、合同、查账证明书、查账报告、催贷（款）书、财务预（决）算报告、国际贸易交往备忘录、国际贸易会谈纪要等。

（二）企业管理类

企业管理类文书是企业行政规章制度一类的文书。有条例、办法、细则、章程、制度、守则等。如《会计人员职权条例》《××厂厂长工作实施细则》《××评比检查制度》。

（三）信息交流类

信息交流类文书是传播或反馈经济信息、报道经济活动而使用的一类文书。例如：经济新闻、经济通讯、经济特写、市场预测报告、广告等。

（四）科学研究类

科学研究类文书是企业用于技术性、操作性及其经济规律研究的一类文书，一般比较接近于专业论文。例如：产品鉴定书、产品设计说明书、技术任务书、引进设备说明书、发明申请书等。

（五）经济诉讼类

经济诉讼类文书是团体之间、团体与个人之间或个人与个人之间在经济活动中发生民事或刑事纠纷时使用的一类文书。例如：起诉状、答辩状、上诉状、申诉状等。它们除内容关注经济生活外，其文本完全属于法律文书。本书将不予讨论。本书重点对常见的应用性财经文书做一些说明和讲述。即条据、财经新闻、市场调查报告、经济广告、商品说明书、经济活动分析报告、审计报告、意向书、合同、经济预测报告等。

四、财经文书的作用

财经文书(或称财经应用文)在不同的社会、不同的历史时期,以其不同的内容和形式发挥不同的社会作用。随着社会经济的发展,财经文书的种类日益繁多,作用也越来越大。在当前经济建设中,财经文书的作用主要表现在以下四个方面。

(一)互通情况,交流信息

随着我国经济体制改革不断深入和经济管理信息系统的逐步完善,经济信息在整个经济活动中的重要性越来越受到人们的重视。在经济活动中,任何一个职能部门,要达到一定的经济目的,完成一定的产销任务,都要利用各种财经文书负载经济信息来实现。国家之间、地区之间、单位之间、个人之间的交往,往往要用财经应用文互通消息,交流信息。例如上下级之间的上传下达,平行单位之间的情况互通,各行各业之间的信息传递,都离不开财经文书。因此,财经文书作为互通情况、交流信息的重要工具,在整个经济活动中发挥着不可低估的作用。

(二)宣传教育,指导工作

党和国家的路线、方针和政策经常是通过财经文书的形式,向有关单位和人民群众进行宣传教育,引导人民群众按照客观规律、经济规律办事,并使党和国家的路线、方针和政策得以贯彻执行。从广义上来讲,财经文书无论是对上还是对下,都是在作宣传,即说明意义,讲清道理。各种财经文书发挥宣传教育作用的方式是不同的:有的直接下达任务,统一思想,提高认识,起推动的作用;有的则通过处理具体实务来表明态度,从而起到宣传教育的作用。上级机关对下级机关的经济工作指导,经常是通过财经文书来进行的,这些财经文书发挥着指导经济工作的作用。上级以此传达领导意图,用党和国家的方针政策指导下级工作,下级以此作为经济工作的依据,接受指导,具体贯彻执行党和国家的方针政策。因此,财经应用文还具有指导工作的作用。

(三)录存凭证,提供资料

财经文书反映了国家机关、企事业单位和个人的种种财务和经济活动,记载了各个时期的经济活动情况。它可以作为依据和凭证，为我们提供现实和历史的资料，对于未来经济工作的开展，具有很大的参考价值。

（四）理顺账务，依法管理

财经文书是记录、保存账务往来和经济关系的凭据。有了各种财经文书，单位与单位、个人与个人、个人与单位等相互之间的往来关系才可以理顺，从而给政府、财务、经济等有关部门依法管理、科学管理提供支撑和依据。进一步推进社会经济以至政治管理科学、和谐、有序。

第二节　条　据

条据是人们在事务和财务往来中，为给对方说明情况或作为凭证所写的一种简便应用文，简称条子。条据分为便条和单据两种。

一、便条

（一）概述

人们在社会交往和日常生活中，常会遇到一些需要临时向不能马上见面的人说明事情的情况，或因手续上的需要，必须留下条子，这种条子就是便条。

便条是一种最简便的信件，只要把事情写明白即可，通常三言两语，无须客套和修饰性强的语言。

便条通常在常见面的同事之间或较熟悉的朋友之间使用。如果对初识的朋友或长者使用，显得随意。

按照本书的体例，便条当属于礼仪公关文书的范畴。安排在本节，一是考虑到它和单据体例相近，二是为了和单据一起讲述方便。

(二)便条的种类和写法

1.留言条

造访者因故没能与被访者相见,又不能久等,便可以留下便条,说明来访目的,或在便条内留下再次造访的时间。这就是留言条。

【例文一】

留言条

××经理:

今有一要事造访不遇,请于明日下午三时来商行代表处面商,甚盼。

×××

××××年××月××日

【例文二】

留言条

刘老师:

今天下午,我和小兰、小华等同学来看望您。可是不巧,您没在家。我们只好在隔壁张爷爷处留下条子转给您。我们准备明天下午放学后再来。

学生:×××

2018年10月12日

2.催索便条

把物品或款项借给别人,日久未见归还,而自己又急需使用,为此写的便条,就是催索便条。

【例文一】

吴先生:

去年借去三千美元,至今未还,近日因急需款购货,切盼早日归还。

×××

2016年8月12日

【例文二】

××兄：

前月贵公司借用货车一辆，原承诺不日可归还。至今月余，想已不再需要。近来本厂产品运输任务繁重，急需使用，见字请尽快送回为感。

×××

2017年9月5日

3.请假便条

工作和交往中，因事或病不能前往时，用便条将请假理由说清楚，这就是请假便条，或称请假条。这种便条有时需附上证明，以代替正式的请假函件。

【例文一】

请假便条

×××：

今日上午本人因参加本市“外环高速公路通车剪彩仪式”，不能参加宴请，特派吴先生代为出席。

×××

2013年3月20日

【例文二】

请假条

王老师：

今天家母突然重病住院，父亲又公出在外，需我前往医院护理，特请假一天，望老师批准。

此致

敬礼

学生：×××

2014年10月12日

二、单据

(一)概述

在社会交往和经济活动中,会有财物往来,如借到、收到、领到钱或物品时,往往要写一张条子交给对方作为凭证或作为财务收入、支出、报销的依据,这种作为凭证用的条子就是单据。

(二)单据的种类和写法

1.借据

借据指向借出方出具的借钱或借物的条子。内容包含归还日期、利息等,以免日后起争执。

【例文一】

借据

今借到×××女士人民币捌仟元整,借期一年,月息五分,到期本利归还,绝不延误。

×××

2019年12月10日

【例文二】

借条

本人(借款人)________借到(出借人)________人民币(大写)________元整,小写________元。

借款期限自________年____月____日起至________年____月____日,共______个月,利率为每月________%,全部本息于________年____月____日一次性还清。

如借款人提前还款,需征得出借人同意,否则视为无效。

违约责任:借款人逾期未还款,需支付借款总额百分之十的违约金;同时出借人有权出售与借款人有关的任意资产或股份用于追回借款，需通过起诉到法院解决的，借款人承担额外产生的一切费用。

借款人（签字）　　身份号码：××××××××××××××××××

担保人（签字）　　身份号码：××××××××××××××××××

2.收据

收据是指在收到钱或物时写给对方的条子。

【例文一】

收　款　收　据

入账日期：　　年　　月　　日

今收到＿＿＿＿＿＿＿＿＿＿＿＿＿＿＿＿＿＿＿＿

交来：＿＿＿＿＿＿＿＿＿＿＿＿＿＿＿＿＿＿＿＿

金额（大写）佰　拾　万　仟　佰　拾　元　角　分

¥＿＿＿＿＿＿＿＿　　　　收款人：＿＿＿＿＿＿＿＿

【例文二】

收条

今收到×××先生（身份号码：××××××××××××××××××）通过支付宝支付的10月份工资，共计人民币伍仟元整。

收款人（签字）：×××

身份号：××××××××××××××××××

收款日期：××××年××月××日

3.领条

领条是指在领到钱物时，写给发放人保存的条子。

【例文一】

领条

今在××公司领取工资叁仟(大写)元整,3000.00(阿拉伯数字)元。

领取人:×××

2018年12月3日

【例文二】

领据

兹收到××公司支付2013年9月份(2013年9月10日—2013年10月9日)办公室保洁费人民币×××元整,特立此据以为凭证。

×××

2013年10月25日

4.送货单

随着商品经济的发展,商业服务更加灵活多样,除批量商品送货上门外,零售商品也开始送货上门,送货时就要使用送货单。送货单分填写式和书写式两种。填写式的按印制好的项目依次填写。书写式在单据上方写明"兹送上×××物品,敬请查收",然后空一行再逐一填写具体货物品名,最后署名,落日期。

5.订单

订单是经营活动中各企业在订购或订制货品时常用的单据。订单一般均已设计印制好,使用时只需填写。如所订货品比较特殊,也可临时拟写。

【例文】

产品订购单

订单号码:

厂商名称:

订购日期:××××年××月××日

材料编号	品名规范	图号或样品	单位	数量	单价	总价

1.请于____年____月____日前一批/分批交清，交货地点：________________，卖方必须严守交货日期，逾期交货每逾____天赔付订货总价____%或由本公司将订货部分或全部取消。

2.所供货品卖方需提供____%备品，不良品可退换。

3.如因交货误期，规格不符，品质不良而造成本公司损失，卖方应负赔偿责任，货品虽经本公司验收，如因品质不良而致使本公司产品遭客户退货或索赔时卖方应负赔偿责任。

4.所订货品其所用原料若为国外进口，则卖方需提供退税同意书，以供本公司申请外销品冲退税款，否则卖方应负赔偿责任。

5.厂商签收后存本公司采购部一联，交货时请在送货单注明订单号码及材料编号名称，送仓库验收。

6.请照订购数量交货，量多不可超过订购总数之10%，否则拒收。

7.货品检验根据本公司所定的检验标准检验。

厂商签章		总经理		采购部长		采购员	

三、条据的写作要求

（一）语言简洁、准确，表述得体。

（二）单据书写应用深色笔墨，字体端正，不能涂改。

（三）单据的数据应用大写字体，以防篡改。

（四）单据的内容若是钱，应注明货币名称，数据末尾应加“整”或“正”字。

第三节 财经新闻

一、财经新闻的含义

财经新闻是新闻的一大类别，它与政治新闻、军事新闻、文化新闻、科技新闻等相并列。它是以叙述为主要表达方式，对经济领域新近发生的具有社会价值的人和事作出的迅速而简要的报道。

财经新闻是当前报纸、通讯社、广播台、电视台使用最广泛的一种新闻体裁。它主要反映：(1)工业、农业、商业、财政、金融、交通、基建、税务、外贸等行业有关生产、经营、分配、流通、交换、消费、货币、价格、“打假”等方面的情况；(2)各项方针、政策、法律的贯彻落实情况；(3)国内外市场的行情；(4)改革开放在经济领域里所取得的成就；(5)国家对经济宏观调控、经济结构调整，不同经济成分的发展和企业经营管理的动向，消费者对商品、市场的看法和意见等。

二、财经新闻的特点

(一)导向性

所谓导向性，就是指导性。新闻具有明显的党性和阶级性，是党、政府和人民的喉舌。因此，财经新闻，也就必须以党和政府的法令法规、党的路线方针为自己的方针，坚持正面宣传为主，注意把握社会动态，把握事实分寸，注意影响后果，考虑社会舆论与财经新闻的顺向运动。财经新闻有着不可违背的政治原则性。

(二)真实性

真实是新闻的生命。新闻，必须具有其他文体所不易具有的真实感、可靠性与权威性。财经新闻，必须用事实说话，人名、地名、时间、情况、数字必须准确无误。财经新闻将直接影响到公众的经济生活，如有不实，就有可能误导企业、单位和个人，引发盲目经济活动，从而产生不可估量的损失。

（三）时效性

新闻之“新”，就在于它的时效性，就是要求新闻写作的直接效果出在时间的“新”上。过期，也就无效，或者大大削弱其新闻价值，新闻的影响也就随之缩小。

讲究时效性，要注意三个字：“新、快、短”。“新”是相对而言，今天是新的，明天也就可能成为旧的。另外，没有新意的事实，也就不能称其为新闻。就内容而言，新闻之“新”可以从以下四个方面入手：第一，选用有重大政治价值、教育意义，在某领域有突破的事实；第二，选用新鲜未闻的事实；第三，选用具有典型意义，公众正普遍关心的焦点事实；第四，选用具体、形象、生动，群众喜闻乐见的事实。

“快”是为了表现“新”，“短”是为了达到“快”，是对具体的写作操作而言，立意要快，行文要短，使之迅速、客观地反映事实。

三、财经新闻的分类

按内容和性质来分，常见的财经新闻有以下四种。

（一）动态新闻

又叫“事件新闻”，准确及时地报道国内外经济领域最新发生的事件，如某地某单位情况，或某个重要经济会议等。如《西南地区人大财经工作研讨会在渝举行》。动态新闻一般篇幅不长，内容单一，短到几行文、几句话，如“简讯”“今日要闻”“经济半小时”“经济短波”之类。

（二）综合新闻

在同一主题下，综合反映某个时期、某个地区或不同地区带有全局性的情况、动向、成就、问题等的新闻，就是综合新闻。如《国家统计局介绍2019年一季度国民经济运行情况》。它报道的面较广，声势较大。往往有点有面，有叙有议，此类报道，常见于重要节日、重要会议或年终总结之时。

（三）经验新闻

经验新闻又叫“典型报道”，即用消息形式发表的经验总结，它重在反映贯彻党的政策、方针的某一方面带有普遍指导意义的典型经验。经验新闻既有概括事实的观点，又有典型事件的分析，对实际工作指导性强。如《重视人才，搞活一个厂》。

(四)评述新闻

评述新闻,一般抓住某项工作的关键阶段,或针对工作中存在的主要问题,站在较高的理论高度,分析形势,总结经验,研究动态,指明方向、措施、途径。一般采用夹叙夹议,边叙边议的方式,常在文章开头或中间插入“×报×台记者或××专家评述”。

四、财经新闻的格式与写法

财经新闻的结构一般包括标题、导语、主体、背景和结尾五部分。

(一)标题

标题是一篇文章的眉目,体现了作者、编者对事物的认识和评价,反映了媒介宣传的意向。标题必须准确、鲜明、生动。

重大的财经新闻的标题有三个部分:引题、主题、副题。引题,列在主题上行,也叫“肩题”“眉题”,用以交代新闻背景,烘托社会氛围,揭示事件意义和价值;主题也叫“正题”,字号较大或黑体,居正中,是财经新闻主要内容的高度概括和说明;副题,在主题下行,也叫“子题”“辅题”,用来补充交代事实,说明主题的来源、依据,或说明新闻中心的意义、次要事实、问题,以补充主题之不足。财经新闻的标题主要有下面四种:

1. 引题、主题、副题俱全。例如:

【引题】外国专家在实验室的构想在上海工人手中变为现实

【主题】90年代未来型船舶在沪起航

【副题】沪东造船厂承建的“柏林快航”号今交付德国哈劳公司,它的建成标志着我国造船技术水平又跃上一个新台阶

2. 只用主题和副题。例如:

【主题】积极稳妥发展我国证券市场

【副题】中国人民银行证券管理办公室负责人答记者问

3. 只用引题、主题。例如:

【引题】浦东新区开发速度加快

【主题】平均每天诞生2.6个三资和内联企业

4.单用主题。例如：

【主题】“万宝”温控器媲美洋货

（二）导语

导语是财经新闻正文开头的独特方式。它用一两句话突出新闻中最新鲜、最吸引人的事实，揭示全文的主题思想，给人一个粗略的概貌，从而使人产生进一步阅读的欲望。

导语的写法多种多样，常用写法有以下四种：

1.叙述式。用叙述的语言概括性地把全文中最新鲜、最主要的事实，简明扼要地写在前头。例如，《造船工业局干部认真学习技术》一文的导语：

每个星期五的晚上，上海市造船工业局的会议室灯火通明，从局党委的主要负责人到机关各部门的干部，济济一堂。他们不是在开会，而是在上课……

2.描写式。对财经新闻的主要事实或某个有意义的侧面，进行简洁朴实和比较生动形象的描写，以酿成气氛，引人入胜。例如，《政策落实，成群鸭子涌进合肥市》一文的导语：

初秋合肥街头，每天清晨可以看到手持竹竿的农民，赶着千百只鸭子穿过街市……

3.提问式。先提出问题，引起读者注意，然后再作回答。例如，《三千比一》的导语：

多次被评为先进单位的新亚大酒店，最近碰上一场“小考”：这一年来，他们共收到国内外宾客的表扬信三千封，批评的也有一封，三千比一，怎么对待这个一呢？

4.结论式。结论先写出来，以引起读者的注意，然后再追本溯源。例如《中共中央、国务院同意上海市加快浦东地区的开发》一文的导语：

中共中央、国务院同意上海市加快浦东地区的开发,在浦东实行经济技术开发区和某些经济特区的政策。

(三)主体

主体是财经新闻的主干部分。它是继导语之后,对新闻的内容作具体全面的叙述和说明的文字,是体现主题中心的决定性部分。从语言上讲,主体文字不宜与导语重复;就内容而言,必须与导语所概括的内容完全一致。

主体内容还有结构的讲究,不同类新闻,结构安排也就不一样。动态新闻一般按时间顺序,即按事件发生、发展、结果来写。结合型、经验型、述评型新闻则采用逻辑顺序来安排。所谓逻辑顺序,指的是事件之间或事件内部的某些联系,如并列关系、因果关系、点面关系等。

篇幅长的新闻,还可在主体部分间加上小题目,使文章眉目清楚。

(四)背景

所谓背景,是指某个事物的历史状况或同其他事物的联系。财经新闻使用的背景材料,从内容上讲,有人物背景、历史背景、事件背景和地理背景;从材料用途讲,有说明性背景、注释性背景和对比性背景。

背景材料运用得好,有助于读者更好地理解报道事实的性质和意义,有助于主题思想的阐述和发挥,使文章更有“深度”和“分量”。

但并非每则财经新闻都要有背景,背景的有无取决于主题的需要。如“简讯”“信息窗”之类,就没有这个必要。另外,背景在新闻中的位置没有固定要求,有的独立成段,集中交代;有的放在中间;有的穿插于导语中或结尾处,分别交代。

(五)结尾

跟一般文章一样,为了表现事实的完整性和逻辑的严密性,财经新闻常在最后用一句话或一个段落来结尾。常见的有两种:一种是对财经新闻的内容作一个概括性小结,以加深读者印象,起画龙点睛的作用;另一种是指出所报道的对象目前发展的趋势和努力的方向。

如果主体部分已表达清楚，也就不必画蛇添足地再加个结尾了。至于“简讯”类，因其本身内容单一而完整，也不必另起结尾。

五、财经新闻的写作要求

（一）主题要集中，突出实用性、参考性、新闻性。

（二）要精心选材，揭示事物的发展动态和趋势。

（三）语言要简明、通俗，体现财经新闻的实质。

第四节　市场调查报告　经济预测报告

一、市场调查报告

（一）市场调查报告的含义

所谓市场，广义而言，指的是交易货物的场所；狭义而言，指的是一定经济范围内货物的交易区域，如国内市场、国外市场等。

在当代社会，市场的概念也日益发生变化，有不少专门货物或专业市场出现，如“副食品市场”“汽车市场”……还有临时组建的市场，如“广交会”“昆交会”期间形成的临时联合市场。

市场调查报告也称市场调查，就是以经济理论为指导，运用科学方法，对市场供求情况进行调查、统计、预测，从而分析市场经济规律，得出某种正确结论的文书。

（二）市场调查报告的作用

1. 市场调查报告可以及时反映某种经济项目、某种市场的变化，统计商品价格与金融货币的波动，使企业可以及时掌握市场发展方向，成为企业决策的依据。

2. 市场调查报告有助于企业摸清供求关系，争取有利时机。

3. 市场调查报告有助于企业了解自己在市场中的位置，争取经济活动中的主动权，根据市场特点，调整生产结构和经营策略。

（三）市场调查报告的内容

市场调查报告的内容很多，涉及的范围很广。凡是直接或间接影响市场经营销售的因素，如政治、社会、环境、技术、购买力、购买动机、潜在需求、产品价格、销售渠道、销售方式等，都是调查的对象。

从宏观上看，企业要对商品的供求比例做认真的调查。市场的基本因素是社会商品的购买力与商品可供量。购买力反映消费者的实际需求，商品可供量说明国家、企业对市场商品的供应能力。满足消费的需求，是国家与企业经营者的最终目的；国家与企业也是按照消费者的需求组织生产，保证供应量的。许多因素会影响供求比例，只有对这些因素进行调查研究，不断调整生产，才能保证供求比例的平衡。现介绍以下几项调查的具体内容。

1. 对消费者的调查

社会商品购买力是由消费者的消费行为组成的，因此，掌握消费者的需求的变化规律，是市场调查的一个重要内容。消费者的购买心理，往往因职业、年龄、性别、文化水平、审美观点、购买习惯、消费水平等的不同而有差异。如服装，老年人讲实用，青年人赶时髦；小伙子重款式，姑娘们爱俏丽；教师讲究朴素端庄，营业员要求洒脱俏丽。有些客观条件也会影响消费者的购买行为，如夏季买进电风扇，冬天购买羽绒装，儿童节购买玩具等。掌握了消费者需求变化的规律，就可以指导生产，组织货源，安排供应。

2. 对竞争对手的调查

这里的竞争对手，是指生产同一产品的企业。要调查研究这些企业的总体情况，如规模、产品、资金、设备、人才等。通过比较，判断自己的企业处在什么样的地位，处于优势还是劣势；要调查竞争对手产品的市场占有率，与对手相比，自己的企业是处于领先地位，还是落后于对手；要调查对手新产品的开发情况，以便确定本企业产品的生产方向。总之，对竞争者的调查，可以使企业经营管理人员做到知己知彼，百战百胜。

3.对企业生产经营状况的调查

主要调查本企业的产品生产状况,产品的性能、质量是否符合规定标准,是否受广大用户欢迎,包装是否具有吸引力;调查本企业的销售政策,价格是否合理,销售渠道和销售网点多不多,销售办法是否适应经济形势的发展;调查技术服务政策,技术服务的内容与生产、销售是否相适应,技术服务的方式是否受用户的欢迎。调查的目的,在于及时总结经验教训,发挥本企业的优势,解决调查中发现的问题,改善经营,促进生产。

(四)市场调查报告的分类

市场调查报告可以从以下四个角度进行分类。

1.按调查的范围分

有宏观调查报告和微观调查报告两种。宏观调查报告就是指对某一类产品或商品在国内外市场上总供需量的调查结果。例如,在国内外市场上,彩色电视机的销售状况。而微观调查报告则是单一的某种产品在市场的供需量的调查结果,如“青岛牌彩电在上海市近一个月内的销售总量”。

2.按调查的方法分

有定量调查报告和定性调查报告两种。定量调查报告一般又分为两种:一种是“数字调查法”调查报告,就是对某一产品已有的大量的数据进行分析研究,用统计数字表达;另一种是“经济计量法”调查报告,就是根据各种因素的制约关系用数学方法进行计算分析并表达。

定性调查报告指的是对影响需求量的各种因素如质量、价格、消费对象、销售点、产品用途等进行调查分析、判断。

3.按调查的时间分

有长期、中期和短期调查报告三种。通常,五年以上为长期;一至五年为中期;一年以内为短期。产销变化大,消费周期短的,如服装、皮鞋等宜作短期调查;经久耐用的产品如时钟、自行车等宜作中期调查;建设投资大的产品或工程,如钢铁、道路等宜作长期调查。

4.按调查的内容分

可分为社会需要调查报告、市场占有率调查报告、资源调查报告、资金调查报告、库存调查报告、价格变动率调查报告等。

(五)市场调查报告的格式与写法

市场调查报告的写作无固定格式,可根据调查情况灵活安排,但一般都包括标题、前言、正文、结尾四个部分。

1.标题

标题无固定模式,常见的可概括为:

(1)完整叙述式。完整叙述式由调查对象+调查时限+调查区域+调查文种组成。例如《重庆市一九九四年嘉陵摩托车产销调查报告》,“重庆市”即为调查区域,“一九九四年”为调查时限(也可为××至××的一个区间),“嘉陵摩托车产销”是调查对象,“调查报告”即为文种。“报告”二字可以省略。

(2)泛指概括式。有的调查区域是泛指的,时限也不太明确,在标题中可以将之省略,而成某一情况的概括。如《世界粮食供求调查》,就是综合了各国资料而进行的分析、总结,区域时间都不是单一的,而是一定范围的泛指。

(3)新闻式。调查报告的交流与发表,一般都列入了新闻文体,因此,其标题与新闻标题几乎一致,分为引题、主题、副题。具体而言,有三种情况:

第一种,只有主题,例如:

西南地区自动洗衣机产销情况调查

第二种,有主题及副题,例如:

昔日淑女今何在?

——2018年女性休闲服市场一瞥

第三种,有引题及主题,例如:

中国统计局信息咨询服务中心一项全国性调查表明

家电生产应提高市场应变能力

任何标题都不能缺少调查对象,对象是市场调查报告的基本点;同时标题应力求文题相符,简洁明快。

2.前言

前言也叫引言,一般介绍调查的时间、对象、地点、范围、目的和结果等。例如

《洗衣粉产销调查》的前言：

洗衣粉是一种固体洗涤剂，主要供家庭日常洗涤衣物及工业洗涤使用。1994年，笔者在四川成都、重庆就几种洗衣粉的市场情况进行了调查，结果表明新一代的洗衣粉应该出场了。

3. 正文

正文是市场调查报告的重心，主要集中材料，分析调研情况，论证作者观点，同时以报告的形式表现出来。

一般可以分成三个部分进行：现状概括、调查分析、结论与建议。需要注意的原则是：

第一，现状概括的材料（现象）必须真实有效可靠。

第二，调查分析，务求准确无误，扣题入题。要去粗取精，去伪存真，由表及里，由此及彼。

第三，结论必须科学，建议必须实在可行。

4. 结尾

可提请有关方面予以重视，可提出问题引人深思，也可以没有单独结尾。

（六）市场调查报告的写作要求

1. 重视区分。分清事物（调查对象）的主流与支流、现象和本质，选择正确的调查范围和途径。

2. 善于辨别。调查过程中要善于洞察真假，辨明是非，切忌主观臆断，使调查活动偏离主题，钻牛角尖。

3. 注意推断和叙述。行文力求推断有理有据，而叙述则要简明扼要。

二、经济预测报告

（一）经济预测报告的含义和特点

经济预测报告是以预测学和经济理论为指导，运用科学预测方法，在大量信息资料的基础上对客观经济过程和变动趋势，做预见性的分析和推断后写出的文书。写经济预测报告，要在调查研究基础上掌握信息资料对它们进行分析判断，且重在着眼于未来，通过预测分析，探求尚未形成局面的经济现象，为有关单位的经济活动提供决策性依据。

经济预测报告的特点是预见性、综合性、时效性。此外，它和市场调查一样，也具有实用性。

当今社会是一个信息社会，任何一个致力于经济发展的国家都把信息看作“科学”“财富”“生命”，而经济预测正是为经济发展提供信息的一种有效手段。工矿企业依靠它更新产品，变换经营，不断增强竞争力，达到占领市场的目的；经济领导部门依靠它提高决策的科学性，以制定出最能发挥效益的各项经济政策和措施，促进经济发展，满足社会需求。

经济发展是随商品发展而发展的，商品的生产及流通，都要由市场来决定，不断预测是不断生产的先导。由此可见，经济与市场休戚相关，市场就是经济的晴雨表。在经济预测报告中，市场预测报告占有相当大的比重。

（二）经济预测报告的分类

1. 按预测范围分，有宏观预测报告和微观预测报告。

2. 按预测方法分，有定量预测报告和定性预测报告。

3. 按预测内容分，有市场预测报告、投资预测报告、资源预测报告、资金预测报告等。

4. 按预测的时间分，有长期预测报告、中期预测报告和短期预测报告。

（三）经济预测的步骤

经济预测大致按下述步骤方法进行。

1. 确定预测对象、目标和时期，使预测报告有明确的目的性和具体的针对性，不至于预测范围过宽、过窄或无法定向集中。

2. 认真调查研究，搜集占有真实的、充分的材料，是准确做出科学预测的基础和条件。

3. 运用经济预测理论方法和计算方法，如社会需求法、回归分析法、指数函数法、统计表法、专家意见法、投入产出法等，尽可能减少误差的不确定性，使预测报告具有较高的科学性和精确度。

4.熟悉有关法律、法规和政策,使经济预测报告对未来的推断得到法律认可和政策的推动。

(四)经济预测报告的格式与写法

经济预测报告的结构形式,一般包括标题和正文。

1.标题。经济预测报告标题大多由预测范围、预测对象、预测时限和文种组成。如《武汉市一九九三年纯棉服装走势预测报告》,其中"武汉市"是预测范围,"纯棉服装"是预测对象,"一九九三年"是预测时限,"报告"是预测文种。有的预测报告也可省去"范围"或"时限"或"文种",如《我国饮食消费预测》。此外,还有的标题也可用含有预测之意的"前景""走向""趋势"等替代"预测"字眼,如《城镇居民存款趋势》。

2.正文。经济预测报告正文多由前言和主体两部分组成。

(1)前言也叫引言或导语,是预测报告的开头,主要介绍预测的范围、对象、时间、形势及目的、动机,写法简洁明了。有的经济预测报告也不写前言,直接进入主体。

(2)主体。主体是经济预测报告的核心内容。主体主要由现状和预测,结论和建议两部分内容组成。任何经济现象,未来的种种变化,都与现在有直接的联系。可以这样说,未来是现状的发展,现状是未来的基础,它孕育着未来中有价值的信息。因此写经济预测报告,必须先写现状,否则就无法通过现状的分析研究,把握住经济活动的发展趋势。假若我们要预测信贷走向,就必须了解信贷现状,包括资金来源和资金使用现状,这两方面现状是会按其内在规律向前发展的,这就有助于我们推断未来信贷收支是否能够平衡,这就是预测。因此,经济预测报告是建立在对现状说明和分析的基础上的。预测的有效性与准确性直接关系到经济预测报告的实用价值和学术价值。现状部分的内容一般是由具体的数据、材料来反映的,数据材料一定要准确可靠。

在对某种经济现象未来的活动过程和变动趋势作出预测后必然有推断,这推断就是某种结论。有了结论,下面一个重要的问题就是这结论所包含的变化趋势会对有关经济活动产生什么样的影响,应采取什么对策、措施,使这种变化趋势朝有利的方向发展,以便获得经济效益。我们撰写经济预测报告的用意在这部分内容里体现得最为具体明确。对策、措施在预测报告中是以建议形式提出的,写作时可用条款式,便于理解。内容应该写得明确具体,切实可行,不可抽象笼统,不着边际。

(五)经济预测报告的写作要求

1.对象明确,目标集中。经济活动纷繁复杂,经济预测因素众多,但经济预测报告的写作不能因之歧路生歧、“全面出击”。写报告务求“结于一”,对象明确,目标集中。也就是说,一定要从实际工作需要出发,有目的地选择一两个项目来写,做到主旨鲜明突出。

2.博学多能,综合运用。经济预测报告要求预测人、撰写人博学多能,除具有专业知识、专业技能外,还应具有历史学、社会学、心理学等多方面的知识,并能综合动用这些知识进行推理判断。要写一篇医药生产销售的预测报告,就需具备社会学、人口学、医学、化学、数学等方面的知识。

3.重视调查,掌握资料。经济预测报告是在实践基础上写出来的报告,具有科学性。写好预测报告,必须进行深入细致的调查研究工作,尽可能多地占有资料——直接资料和间接资料,历史资料和预测资料,在资料分析综合的基础上做出科学的预测。因此,没有调查研究,就无从获取资料;没有资料,就没有预测。

【例文】

××××年平安快餐店市场预测报告

前言:

随着高校的大规模扩招,高校学生数量大幅度增长,人均生活空间日益降低、传统的大学食堂已不能满足大学生餐饮需要。快餐行业在学校周边迅速发展壮大,为了了解我们学校周边平安快餐店的发展状况,特此做一份平安快餐店××××年市场预测报告。

一、现状:

(一)平安快餐店环境分析

1.地理环境

平安快餐店处于××美食城内,距离××大学100米左右。××大学有将近一万名学生，且附近居民区集中。

2.店面环境

店面规模小，消费场所局限，无宽敞的地方让消费者在店面进餐，装修简单，但店面干净整洁。店面两旁都是快餐店，店面对面是砂锅饭店面。附近还有不少快餐店和面食店，客源量很大，这大大增加了平安快餐店的消费额。

3.竞争环境

平安快餐店周边有很多快餐店和面食店，竞争非常激烈。其中桂林砂锅饭、波记烧卤饭、广香源烧卤饭、佳和快餐、好又快快餐等是最大的竞争者，其余的快餐店对其影响较小。

（二）平安快餐店的商圈

1.因平安快餐店附近是××大学，消费者以学生为主，消费金额不高，属于文教区商圈。

2.以平安快餐店为中心，距离平安快餐店50米为半径画圆，它的周围是××大学及居民住宅区，所以人流量大。但在这个商圈中，也有几家竞争者。如：桂林砂锅饭、波记烧卤饭、广香源烧卤饭、佳和快餐、好又快快餐等是最大的竞争者。

（三）平安快餐店的经营范围：只经营快餐和砂锅饭。

（四）价格和规格：平安快餐店快餐每份价格主要在6—8元之间浮动。与其他快餐店对比，它的价格相对合理。学生普遍能接受这样的价格。

（五）促销策略：无

（六）平安快餐店内基本信息：

一个门面、十来张桌子、一个厨房、两个卖饭窗口、7—8个工作人员。

二、预测

1.随着我校的大规模扩招，我校学生数量大幅度增长，而且连年扩招使得这一数量继续增加。随着大学生消费水平的提高，我校周边市场潜在的爆发力日益增强，因此我校周边的饮食业是有一定的潜力的。

2.高校人流量越来越集中。

3.饮食业发展呈稳健增长的趋势。

4.平安快餐店周边可能会有更多快餐店和面食店开张，也有可能会有比它更强的竞争对手出现，竞争将会更激烈。

5. 市场原材料价格不断上涨，消费群体不能接受不断上涨的价格。

三、建议

1. 针对不同的季节，推出与本季节相应的产品。

2. 偶尔做一些吸引顾客的活动。

3. 保证原材料来源的可靠性，保证质量。

4. 做相应的宣传，给顾客留下更好的印象，特别是公益性的宣传。

5. 卫生要做好。

6. 门面装修好一点，给顾客营造一个良好的就餐环境。

7. 偶尔推出一些优惠价格。

8. 送外卖。

9. 把门面扩大，为消费者提供更多的座位。

四、结尾

每一家快餐店，都有自己的经营目标，都希望把自己的店面经营得更好，随着我校的大规模扩招，我校学生数量大幅度增长，为我们学校周边平安快餐店的发展提供了更为有利的条件，希望平安快餐店能够提供更适合我们学生的快餐，把食品质量提到更高点，更好地为我们学校的学生服务。

第五节 经济活动分析报告 审计报告

一、经济活动分析报告

（一）经济活动分析报告的含义和特点

经济活动分析报告是以国家经济政策和科学的经济理论为指导，依据计划指标、会计核算、统计资料和调查材料对一个单位、部分地区的经济活动过程进行分析研究的一种文书。经济活动分析报告有时兼有经济预测报告的某些特点，但它立足于现在，从经济活动过程的分析中找差距，找措施，以达到改善经营管理、提高经济效益的目的。

科学性、综合性、咨询性是经济活动分析报告的主要特点。

经济活动分析报告对于直接从事经营管理的企业来说，是及时调整、修改管理内容、生产计划的依据。对于经济领导机关和经济监督机关来说，又是及时了解企业经营管理的生产情况，从而有效地进行宏观调控的依据。因此，基层经济活动单位，不管何种类型的经济活动分析报告都应该尽快报告有关上级机关，使上级机关随时了解诸如物资、资金、市场等方面的经济活动动态，从而进行有的放矢的指导和监督。

（二）经济活动分析报告的分类

经济活动分析报告按照不同的分类标准和方法可作如下分类。

1.按分析范围分，有宏观经济活动分析报告和微观经济活动分析报告。所谓宏观，一般指对全国或一个地区、一个系统范围内的经济活动进行分析。这类分析报告事关全局，涉及面广，影响较大。所谓微观是指对基层经济活动单位的经济活动进行分析。这类分析报告是局部性的，涉及面不宽，影响有限。

2.按分析内容分，有综合经济活动分析报告和专题经济活动分析报告。综合分析报告关系到经济活动的各种因素，如一个基层经济活动单位的生产、经销、资金、技术等，专题分析报告仅就上述中的某个因素进行专门分析。如对劳动生产率的分析，对产品质量的分析。综合分析与专题分析有时是相对而言的。比如资金分析，在综合分析中，它只是影响经济活动一个方面的因素，但单一的资金分析，因涉及各个方面的问题，自然也可称作综合分析。

3.按分析时间分，有定期经济活动分析报告和不定期经济活动分析报告。定期的常按年度、季度、月份写；不定期的则根据经济活动实际情况和某种特殊需要写。如下属单位要向上级机关汇报经济活动情况，上级机关要了解下属单位的经济活动情况。

上述不同类别的经济活动分析报告只是运用某一分类标准和方法进行分类的结果。它们之间并不存在绝对的界限。

（三）经济活动分析的方法

要撰写好经济活动分析报告，首先应该掌握分析的方法。经济活动分析通过计算、对比等来了解、研究经济活动的发展及其各种因素的相互关系，从错综复杂的经济活动中找出问题的关键所在，以及解决问题的方法。没有科学的分析方法，就不能发现问题、解决问题，因而就写不出深刻、实用的经济活动分析报告。由此看来，掌握经济活动分析的方法是十分重要的。常用的分析方法有以下四种。

1.对比分析法

对比分析法，又称比较法、对比法、指标对比分析法。有比较才有鉴别，有鉴别，才能辨出上下、高低、大小、长短、好坏、优劣。对比分析法就是把同一基础上（时间、内容、项目、条件等）的可比资料（指本质相同的指标、计算口径、标准、单位和方法相同的数字）进行对比，通过对比研究经济活动的情况：完成任务的快慢，质量的优劣，成绩的多少，缺点的大小等。

使用对比分析法，要注意对比指标之间的可比性，只有在时间、内容、项目、条件等相同的基础上进行对比，才能得出符合客观实际的结论。

2.因素分析法

因素分析法，就是把综合指标分解为若干因素进行经济活动分析的方法。如果说对比分析法侧重于数字和情况的对比，那么，因素分析法侧重于事实的说明和特点、原因的剖析。对比分析法可以发现问题，因素分析法可以找出问题发生的原因。例如有的产品销量大，而利润没有相应增加，这时就要从成本、税金、价格和利润率等方面来分析，研究是什么因素影响了销售利润。运用因素分析法，要抓住主要问题的主要因素，要注意分析起关键性作用的因素。

3.预测分析法

预测分析法，也称动态分析法。这是目前常用的一种分析方法。它是根据有关的资料对经济活动进行预测的方法。它以发展的眼光来研究经济活动的变化及其发展趋势，并作出种种推断和设想，以供企业主管部门参考。例如，通过对历年商品零售额的增长分析，来预测市场发展变化的趋势，通过历年费用水平的分析，来剖析影响费用水平高低的各种原因。

4.综合分析法

综合分析法，又叫综合比较法、综合法，是对多种指标的综合对比、计算的分析方法。经济活动的各种现象极其复杂,又变化多端,因此,在分析探索某些经济问题时,要综合地加以研究,切忌片面追求某一单项指标。

(四)经济活动分析报告的格式与写法

经济活动分析报告一般由标题、前言、主体和结尾四个部分组成,各部分写作方式如下。

1.标题。经济活动分析报告的标题拟定有两种方式:

(1)由单位+时限+内容+文种组成的完全式标题。十分清楚地显示经济活动分析的各个方面。如《××房地产公司财务部2013年上半年财务分析报告》。其中有的也可省略,如标题下有撰写时间,可省去“2013年上半年”;有时甚至可以省去“报告”二字。

(2)借鉴新闻标题方式。有的在标题中揭示分析结论,如《武汉城区改造初见成效》;有的在标题中暗示基本内容,如《民工潮冲击波》。

上述两种标题方式亦可用正题、副题形式把它们结合起来,其中正题揭示或暗示主旨,副题交代单位、时限内容和文种。如《看不见的手——红松材商场柜组货款短缺情况分析报告》。

2.前言。经济活动分析报告的前言一般用简洁明晰的文字介绍分析对象的基本情况或者分析的结论,给读者一个总的印象。写法视其具体内容和分析目的而定。也有的经济活动分析报告的前言与主体融为一体。

3.主体。主体是经济活动分析报告的核心内容,应该根据分析报告的类别、目的和要求来安排,写法多种多样,没有固定模式。一般来讲,如果前言中交代了有关基本情况,在主体中则可根据情况直接分析评价,并在此基础上提出切实可行的对策、措施,如果前言写出了分析结论,主体开头还必须说明有关情况,便于提出问题,揭示矛盾,从中找出症结,并针对症结提出有效的建议,使问题得到解决。主体部分的对策、措施和建议应是符合经济活动规律性的东西,要求写得具体实在,切忌泛泛而谈、不着边际,否则就没有写的必要。

4.结尾。结尾如单独写,可总结全文,亦可补充说明有关问题。有的经济活动分析报告没有单独结尾,主体写完,文章就自然而然结束。

（五）经济活动分析报告的写作要求

1. 以党和国家的方针政策为指导。写经济活动分析报告必须以党和国家的方针政策为指导，把生产经营搞好，提高经济效益，完成国家经济计划。经济活动分析不是纯粹的学术研究，它有明确的目的和实际要求。这些目的和要求都联系着国家利益，联系全体人民的利益，任何改善企业经营管理的设想和措施，都不能脱离了上述原则，否则，经济活动分析就失去其意义和价值。

2. 占有丰富翔实的第一手资料。占有丰富翔实的资料，是写好经济活动分析报告的前提。要进行实地调查，取得第一手资料；要充分利用计划、报表、凭证账册、单据等书面资料。资料是确立观点的依据，资料翔实准确，观点鲜明可靠；观点与材料高度统一，才具有说服力。分析中要有准确的数据和典型事例。有时，为了推断某个结论的准确性，显示某些数据的意义，还要进行计算研究。

3. 抓关键性的问题。经济活动错综复杂，千变万化。因此，在写分析报告时，要通过对经济活动的具体分析，分清主要矛盾和次要矛盾，主流和支流，关键性问题和一般性问题，找出主要矛盾，抓住关键性的问题。如果抓住主要矛盾，解决了关键性问题，其他问题也就迎刃而解了。因此，写分析报告，切忌面面俱到。

4. 叙述要简要，说明要清晰，议论要有逻辑性。经济活动分析报告，综合运用了叙述、说明、议论等表达方法。写作时，对基本情况的叙述要简明扼要，有高度的概括性；对各项指标的执行情况的说明要条理分明，层次清楚；对原因的分析、结果的判断要恰如其分，合乎逻辑。

5. 避免千篇一律的写作模式和方法。经济活动分析的内容广泛，情况各异，写作方法也应因此灵活多变。根据内容确定表达方法、结构形式等，是经济活动分析报告写作应遵循的原则。

【例文】

××公司××××年度经济活动分析报告

简述本年度公司经营情况

××××年公司实现主营业务收入____万元，完成年度预算的____%，较上年同期增长____%；实现净利润____万元，每股收益____元，完成年度预算的____%，较上年同期增长____%；实现净资产收益率____%，完成年度预算的____%，较上年同期增长____%。为了更好地总结经验，现将我公司经营活动具体分析如下：

（以下所有指标要求与预算和上年同期比较，未涉及的项目不做要求）

一、主要经济指标完成情况

1.公司主营业务收入完成情况。与公司去年同期比较，完成公司全年预算数。

预算完成分析、销售增长分析（××××年公司实现主营业务收入____万元，完成全年预算____%，比去年同期增加____万元，增长____%）

企业收入构成分析（主营业务收入和其他业务收入；现销收入和赊销收入），详细分析经营情况。

2.利润指标完成情况分析。与公司去年同期比较及完成公司全年预算情况，分析其变动影响因素。主要分析主营业务利润和净利润上升或下降的原因，分析各主要产品盈利能力。

预算完成分析；利润增长分析；利润构成分析（各项利润构成）；各项利润分析（净利润、利润总额、营业利润、主营业务利润）。

3.主营业务成本分析。与公司去年同期比较及完成公司全年预算数额，进行分析说明其增减因素及影响程度，找出问题关键所在。

预算完成情况分析；主营业务成本降低额；主营业务成本降低率；主要产品单位销售成本分析。

（主营业务成本降低额=按本年实际销售量计算的上年实际成本–本年实际成本

主营业务成本降低率=主营业务成本降低额÷按本年实际销售量计算的上年实际成本）

4.期间费用分析。营业费用、管理费用和财务费用分析，找出增加及节余的主客观影响因素。人力资源费、科研经费、办公费、招待费、差旅费等是否超出预算，如何控制，抓住重点和异常问题，重点分析。

二、公司财务状况分析

1.企业财务状况全面分析。资产总额、负债总额、所有者权益总额变动分析，说明原因。

2.资产分析。资产结构与变动分析(流动资产、长期投资、固定资产、无形资产等占总资产的比重及其变动)。

3.流动资产分析。流动资产增减变动分析;流动资产结构及变动分析。

4.应收账款分析。重点说明本年应收账款变动原因及采取的措施;坏账准备分析。

5.存货分析。存货规模与变动情况分析;存货结构和变动情况分析;存货计价和计提存货跌价准备对利润的影响。

6.负债分析。负债结构变动及其对负债成本的影响分析;流动负债结构及变动分析;长期负债结构及变动趋势分析。

三、盈利能力分析(略)

四、偿债能力分析(选三个指标)

1.流动比率

流动比率=流动资产÷流动负债

2.速动比率

速动比率=速动资产÷流动负债

3.资产负债率

资产负债率=负债总额÷资产总额

4.现金流动负债比

现金流动负债比 =经营现金净流量 ÷流动负债

5.现金负债总额比

现金负债总额比 =经营现金净流量÷债务总额

6.综合分析、评价,要求结合企业具体经营情况,具体分析。

五、资产管理能力分析(略)

六、发展能力评价(略)

七、存在的问题分析(重点分析)

在全面财务分析的基础上,对影响财务状况、经营成果和现金流量的因素分析说明。抓住关键问题,分清原因。

八、采取的措施和建议(重点)

针对经营管理中存在的问题和潜在的风险,提出解决的措施和建设性的建议。

二、审计报告

(一)审计报告的含义和特点

审计报告也称审计报告书,它是审计人员对国家机关和企事业组织等被审单位和财务收支及有关的经济业务活动进行审查之后,就审核情况、结果、处理意见和建议等所写的书面报告,是审计人员向授权者或者委托者作出汇报并提交审计结论的文书。

审计报告的特点是合法性、准确性、权威性、简明性和保密性。

(二)审计报告的分类

现代审计事业迅速发展,审计技术、方法不断进步,审计种类的划分日益多样化。

1.按审计的目的,分为财政与财务审计、经济效益审计和财经法纪审计。

2.按审计执行人的隶属关系,分为外部审计、部门审计和内部审计。

3.按审计的实施时间,分为事前审计、事中审计和事后审计。

4.按审计的范围,分为全面审计和重点审计。

5.按被审计的单位性质,分为政府审计与企事业审计。

6.按审计的方式,分为送达审计、就地审计、委托审计和联合审计等。出现如此复杂的审计分类,是因为不同情况下往往需要安排不同的程序,选用与之相适应的审计方法,从而审计报告的要求也有所区别。

(三)审计报告的写作过程

1.整理审计

审计纪录是在各种业务中随查随记的原始资料。审计报告不是审计记录的重复,而是在审计业务结束后在重查原始记录的基础上,按照有关经济法规,经过分析整理选取富有代表性的资料写成的。资料的选用与整理一般以金额大小或问题的严重程度为标准。

2. 分清问题的现象和本质

许多经济现象，如滥发奖金补贴，随意虚报冒领，产品滞留积压等，表面看只表现为一定金额的损失，若进一步调查分析，就会发现造成损失的根本原因：或是领导者存在官僚主义，或是财会人员不坚守财经纪律，或是存在其他问题。所以，对经过分析整理出的材料，不能就事论事，还必须进一步调查研究，分析原因，抓住本质，才能挖出产生问题的根源。

3. 核实责任

也就是说，对审计中查明的问题，一定要确定其是否准确可靠，有无推翻的可能，并查明责任者。特别是对涉及经济责任和法律责任的问题，更应慎之又慎，没有绝对把握，不可轻易写入审计报告。

4. 研究审计评价

审计评价是在查明问题，核实责任后对被查单位财务和经济活动所作的结论。对这些结论应按有关规定逐条研究，看它们是否表达得正确、恰当、客观、公正，是否从事实中得出，不够恰当之处，应予改正。

5. 进行审计调整

经过分析审计记录，如果没有发现大的问题或者没有发现影响财务报表数据正确性的问题，就可把被审计单位提供的财务报表作为审计报告的附件。如果审计中发现有问题，影响到财务报表数据的正确性和合法性，应根据审计记录中查明的问题作出调整记录，与被审单位会计主管人员商议，重新编写审计后的财务报表，作为审计报告的附件。

6. 拟定审计报告提纲

提纲应以记录中的问题归类为基础。根据记录下的若干问题的性质，进行分类汇集，归纳出的结果即作为提纲的要点。每一要点要选取一至二件代表性强的典型材料作例证。最后按照一定的逻辑顺序，将各项要点加以编排，即可成为写作提纲。

（四）审计报告的格式与写法

审计报告一般包括文字部分、报表部分和其他部分三项内容。文字部分是审计报告的主干，报表与其他均为其佐证，其格式一般包括以下各项。

1.标题

审计报告一般具备公文的性质，因此文头部分应按公文格式写作。首先写上文件名称“××市××地区审计局文件”。文件名称下面写编号“××审发[××××]××号”字样，然后隔一行写审计报告的标题。审计报告的标题一般包括被审单位名称，主要问题和文种三项内容。例如“关于对××(单位)进行财经纪律审计的报告”。

2.正文

正文一般由以下五个部分组成：

(1)对审计任务的说明。一般是概述被审单位的基本情况，说明审计的依据、目的，被审单位的业务性质、内部管理组织和审计的起止时间，有时也可以把审计总评写入此部分。

(2)审计中发现的问题。这是审计报告的主体。如果核查出的具体事实较多，可分类概括出小标题。小标题本身标明了整个审计活动的逻辑性。

(3)审计评价。指的是在查明问题的基础上，就问题的后果和产生问题的主客观原因所作的评价。评价应客观公正，不能带有个人感情色彩。审计评价也可写入概况介绍部分。

(4)处理意见。如对违反价格政策，私自提价取得的利润，应提出追缴非法所得；对不恰当地使用财政拨款和信贷资金的，应提出停止按款和货款；对严重违反人员，应提出追究经济责任和法律责任。

(5)建议。针对存在的问题、提出的建议，如违反财经纪律的，可提出加强经济责任制和法纪教育的建议；针对铺张浪费行为，可提出严格控制预算和实行定额控制的建议。

上述五个程序，可根据需要灵活调整。

3.具名与日期

写上审计单位名称和审计主管人员姓名及审计报告的写作时间。审计主管人员姓名应由本人亲笔签字，并盖上印章以示负责。

另外，按严格的公文格式，必要时需加上附件××页(份)。文件底线上加上报送单位名称(主送××，抄送××)。

（五）审计报告的写作要求

1.重点突出，避虚就实。对审计中发现的问题要选择其最主要的、危害性最大的、金额多的予以最充分、突出的反映。

2.语言朴素、简练。审计报告是应用文体，这就要求在写作时避免使用华丽的辞藻，应尽可能运用朴实的语言陈述。在写作中应做到"有话即长，无话即短"，尽量使报告简练、中心突出。

3.剖析问题客观、明朗。对审计中发现的问题要实事求是地进行分析，切不可先入为主或带有个人成见，对审计中涉及的责任定性要准确，切不能含糊其词、不分主次。

【例文】

________（审计机关全称）审计报告

________审________报〔________〕________号

被审计单位：________________

审计项目：________________

根据《中华人民共和国审计法》第______条的规定，__________（审计机关全称或者规范简称）派出审计组，自______年______月______日至______年______月______日，对__________（被审计单位全称或者规范简称。写全称时还应注明"以下简称______"）__________（审计范围）进行了审计，____________（根据需要可简要列明审计重点），对重要事项进行了必要的延伸和追溯。____________（被审计单位简称）及有关单位对其提供的财务会计资料以及其他相关资料的真实性和完整性负责。______________（审计机关全称或者规范简称）的责任是依法独立实施审计并出具审计报告。

【说明：

1.审计依据和审计范围应当与审计通知书保持一致。

2.被审计单位作出书面承诺的，应注明。

3.采取跟踪审计等特殊审计方式的，应当写明。】

一、被审计单位基本情况

____

____

____

【说明：

1.本部分简要表述被审计单位、资金或者项目的背景信息，如被审计单位性质、组织结构；职责范围或经营范围、业务活动及其目标；相关财政财务管理体制和业务管理体制；相关内部控制及信息系统情况；相关财政财务收支情况；适用的绩效评价标准等。

2.本部分反映的内容应当与项目审计目标密切相关。

3.一般不得引用未经审计核实的数据，如必须引用，应当注明来源。】

二、审计评价意见(略)

三、审计建议

____

____

____

【说明：

1.应围绕审计发现的主要问题，提出有针对性的建议。

2.审计建议的顺序应与反映问题的顺序基本一致。

3.审计建议应具有可操作性，便于被审计单位和其他有关单位采纳。

4.审计建议的对象一般为被审计单位。如果需要被审计单位和其他有关单位共同整改的，应建议被审计单位和有关单位共同研究解决。】

对本次审计中发现的问题，请________(被审计单位)自收到本报告之日起__________日(审计机关根据具体情况确定)内，将整改情况书面报告_______(审计机关全称或者规范简称)。

本报告及有关整改情况随后将以适当方式公告(审计报告中相关内容涉密的，应在相关段落后用括号标注密级，并在审计报告结尾注明“除已标明的涉密内容外，本报告及有关整改情况随后将以适当方式公告”)。

【说明:经济责任审计、跟踪审计等对审计报告有特殊要求的,按照相关要求办理。】

审计机关印章

________年________月________日

第六节　经济广告　商品说明书

一、经济广告

(一)经济广告的含义和作用

经济广告又称商业广告,它是经济范畴或市场范畴中使用的概念,它与政治范畴或思想范畴的文化、教育、科学信息活动中的广告概念虽说都有“广而告之”的意思,但目的是不相同的。经济广告同商品销售密切相关,是以盈利为目的,以语言、文字、图像等载体使人们了解某项事物的宣传形式。其文字部分叫广告语或广告词。

经济广告,古已有之,可以说有商业活动,商业广告就出现了。不过现代商业广告不再像古代那么简单,它的设计制作更富有艺术性、科学性、情趣性和多样性,因而,对于消费者精神影响更大。好的商业广告,除激起消费者购买欲望外,还能愉悦耳目,陶冶情操,有利于社会主义精神文明建设。在改革开放的商品经济社会中,我们的企业家都十分重视做广告,用他们的话说,“商品成功的一半在广告”。改变了“好酒不怕巷子深”“好花不怕僻院锁”的传统观念。这说明市场经济的实践已经让人们认识到商业广告在传播信息、沟通产销、指导消费、活跃流通、促进竞争、发展经济方面起到了积极作用。

当今商业广告设计制作别出心裁,各显其能,从传播手段看,大致有以下几类:(1)电视广告;(2)广播广告;(3)报纸广告;(4)杂志广告;(5)邮寄广告;(6)户外广告;(7)橱窗广告;(8)物品广告等。

(二)经济广告语的写作原则

广告语是一则广告整体形象的点睛之笔,它行文的依据首先是商品自身的价值,其次是适应媒体特征。如电视广告,因媒体是电视屏幕,广告语需配合画面才使人过目不忘。再如电台广告,因媒体是电台播音,广告语需口语化才上口好记。下面我们着重从表达商品自身价值方面谈谈商业广告语的写作原则。

1.真实性原则。为了保护消费者的权益和广告的信誉,国家非常重视广告的真实性,在《广告管理条例》以及后来有关广告的法规文件中,一再强调广告内容必须真实可靠,不得有任何形式的虚假和欺骗。广告语写作必须符合商品质量和外观的真实,如化妆品广告质量包括成分、性能、功效、分量、适应对象、注意事项、有效期限等。外观包括形态、色彩等。广告语写作中有关商品的标准、专刊、获奖及消费者反映等内容必须符合实际情况。如标明获奖的商品广告应该说明获奖的具体年代,获奖级别和颁奖部门。

2.思想性原则。商业广告虽说是经济活动中的经济现象,但一旦通过宣传媒介和艺术制作出现在用户面前,它又是意识形态的一个部分,其潜移默化的宣传效果无疑对社会文化和社会风气有着不可低估的影响作用。因此,写广告语一定要充分注重其社会效果,做到思想健康,格调高雅。只有这样引发的消费者购买情绪才可能是积极向上的。那种宣传色情、虚荣、自私、享乐等低级趣味以及有损国格、人格、民族情感的广告语都是一种违法行为。《中华人民共和国广告法》明文规定广告不得有下列情形:①使用或者变相使用中华人民共和国的国旗、国歌、国徽,军旗、军歌、军徽;②使用或者变相使用国家机关、国家机关工作人员的名义或者形象;③使用“国家级”“最高级”“最佳”等用语;④损害国家的尊严或者利益,泄露国家秘密;⑤妨碍社会安定,损害社会公共利益;⑥危害人身、财产安全,泄露个人隐私;⑦妨碍社会公共秩序或者违背社会良好风尚;⑧含有淫秽、色情、赌博、迷信、恐怖、暴力的内容;⑨含有民族、种族、宗教、性别歧视的内容;⑩妨碍环境、自然资源或者文化遗产保护;⑪法律、行政法规规定禁止的其他情形。

3.艺术性原则。广告不同于一般宣传品,它必须有艺术魅力。当广告同文学、戏剧、绘画、音乐、舞蹈、电影电视等艺术结合时,其广告语应符合上述艺术的特点,在这一前提下广告语的艺术性体现为如下三个方面:

(1)构思巧妙,不落俗套。广告语写作同其他写作一样,最忌重复、单调、落于俗套。

(2)表达清晰明白,新颖活泼。繁杂冗长、表述不清是写广告之大忌。有一则路牌广告,其广告语是“某某西服不言领先”,这“不言”二字易生歧义,使人犯疑。《水浒传》中武松过景阳岗,岗下酒馆的广告语是“三碗不过岗”,简洁明白,让人过目不忘。做到简洁明白,还须讲究词语新鲜,那种“价廉物美,驰名中外”的陈词滥调,往往容易造成读者的距离感或逆反心理,反而起不到助销作用。

(3)适当讲究修辞,形象生动。广告语写作以真实为本,在不违背这一原则的前提下,适当讲究修辞,可以增强广告语的形象感。如双关、回环、衬托、对偶、比喻、设问等,也可巧用诗词、俗谚、歌谣、歇后语、成语、警语,使读者耳目一新,从而激起购买兴趣。如应急灯的广告语“有电不亮无电亮”,就是套用“东方不亮西方亮”的俗语写成的。

(三)经济广告语的格式与写法

1.标题。广告语一般由标题、正文和结尾组成。像看报一样,人们看广告常常是先看标题后看内容。如果标题简洁醒目,独特新颖,生动有趣,就会吸引读者,让其产生出购买的欲望。某品牌的钢琴广告的标题是“学琴小孩不会变坏”。为什么?读者自然想看下去,如果信服其理由,就会把给小孩买钢琴列入开支计划。因此标题的作用:一是引起消费者注意;二是开门见山,点出主题,即广告的目的。要求新鲜、简短、醒目,富有吸引力,体现广告的创意性。

(1)按内容分,广告标题有两类:

①以商品名称做广告标题,这类标题简单质朴。如“红岩牌电扇”“三峡洗衣机”。

②以商品的某一突出特点做标题,这类标题形式灵活、变化多端。常见的有:

第一种,用厂家名称做标题,宣传该厂系列产品。如重庆兰香食品厂广告标题:“一家兰香园,家家心里甜”。

第二种,用商家名称做标题,宣传经营服务范围。如重庆百货大楼的广告标题:“穿在重百”。

第三种，以商标做标题，宣传商品信誉。如“同仁堂”“桐君阁”“武汉健民”“TOYOTA（丰田汽车）”等。这类标题一般限于一些知名度较高，信誉较好的商品或厂家。

第四种，以商业展销会名称为标题招徕顾客、商家。如“中国自贡国际恐龙灯会”。

（2）从结构形式分，可以分为单行标题、双行标题、多行标题。

①双行标题由正标题、副标题构成。如王麻子菜刀标题：

【正标题】宝刀不老

【副标题】王麻子菜刀乃厨房之宝

②多行标题一般由引题、正标题、副标题构成，如万里牌牛皮鞋标题。

【引题】行路难

【正标题】穿万里牌牛皮鞋行万里路不难

【副标题】只需80元

2. 正文。广告正文是广告内容的核心部分，通过它可使消费者了解商品的性能、功效、价格等实质性内容。写作时既反对空洞无物，又反对面面俱到。广告语正文要突出中心，各种商品因本身性质不同、市场不同、消费者不同，选择表达的中心就不一样，有的重在性能，有的重在原料，有的重在功效，有的重在价格，有的重在安全，有的重在产地。国际市场食用植物油销售量最大的一家企业，针对有人怕胆固醇高导致高血压和黄曲霉素诱变癌症的心理，突出表达的中心是：“请你放心，本产品不含胆固醇，绝无黄曲霉素。”

同一商品不同时期的广告语也有不同的侧重点。在创牌阶段，鉴于消费者不熟悉你推出的商品，因此，着重宣传商品的性能或者功效，以期引起注意，使消费者产生购买兴趣；一旦商品打入市场，占领市场后，遇到同类商品竞争，就应该着重宣传商品质优价廉，让消费者放心，不致使其改变购买趋向；进入保誉阶段，应着重宣传商品受到消费者的好评，信誉卓著，达到保持和发展市场的目的。例如“奔驰”牌小轿车是世界名牌轿车，几十年畅销不衰，但也面临着西欧、日本、美国的名牌轿车的竞争，它的广告语正文是“如果有人发现我们的奔驰汽车发生故障，被修理车拖车，我们将赠送您美金一万元”，充满自信地肯定了奔驰小轿车的性能优异。

(1)内容三要素:

①商品品种、性能、作用(或使用范围)、规格、特点或优点;企业的经营范围、项目、服务内容等。

②出售(或收购)的方式、时间、地点、接洽办法等。

③对顾客或消费者所负责任,保用保修期限、保修地点等。

由于各种商品的性质和声誉不同,经济广告正文所强调的要素及其排列顺序也不同。如是名牌、老牌产品,性能用途等可一笔带过,甚至省略;如果是新产品,则必须详加说明、强调。

(2)形式四体裁:

①简介体:用陈述性的语言直接介绍商品情况,语言朴实、开门见山。如:

江津米花糖厂是一家专业生产米花糖的国营厂家。独家生产的"玫瑰牌"米花糖是家喻户晓、脍炙人口的重庆土特产,已有近百年历史,闻名远近。

②问答体:以一问一答的形式宣传商品特性,容易激发人们的好奇心和求知欲,吸引力较强,在广播中常用。如:

问:我是一个广播爱好者,非常喜欢听外国音乐节目、假日音乐台的立体声广播音乐节目,选用哪一种收音机更好呢?

答:地球牌半导体全波段收音机能满足你的需求。这种收音机造型优美,音质纯净,尤其是它短波达8个之多,这是其他收音机所难匹敌的……

③证书体:将产品的获奖证书或荣誉称号展示或引用在广告中,简洁,说服力强。如书籍出版广告:

荣获1949年诺贝尔文学奖

美国南方大作家威廉·福克纳长篇小说

《喧哗与骚动》

展示家族场景　揭示人类命运

原著直追《旧约》　译文堪称一流

广西人民出版社隆重推出

④文艺体:运用诗词、散文诗以及曲艺形式宣传产品,寓商品介绍于文艺娱乐之中,潜移默化,感染力很强。如法拉利(Ferrari)跑车广告:

如果我有一辆时速300公里的456GT2型红色Ferrari
我就带着我的克里斯蒂娜在晚霞中奔驰

3.结尾。要写明生产厂家、销售商品的名称、地址、电话、传真等。必要时还可写上开户银行、账号等。厂商名称如在标题中已出现,结尾处则可省略。

附:广告口号。广告口号又称广告标语,是用简洁生动的语言对商品或劳务在一定时期内做反复宣传的一种形式。如:“喝了娃哈哈,吃饭就是香!”“车到山前必有路,有路必有丰田车。”一则好的广告标题本身往往就是一条广告口号,也可根据需要另拟。

(四)写作经济广告语应注意的问题

1.要严格遵守《中华人民共和国广告法》。社会主义市场经济生活中的经济广告,应把思想性、真实性和艺术性统一结合起来。实事求是,对消费者负责,不能违背政策法规,要体现社会公德和商业道德。

2.要突出广告主题。广告主题是一则广告语宣传的重点。主题重心的设置要根据商品品牌发展的不同阶段作出应有的变化。

3.要突出产品的性能特点。每一则广告语或每一种商品都要对其性能特点加以突出或强调。

4.语言要简明、新颖、生动、形象。广告语拒绝没有个性的、空洞陈腐的套话,非常讲究语言的艺术性。要求在情理之中、意料之外,达到宣传效果,使消费者在观赏、信服之余产生购买欲望和消费动机。

【例文】

××牌牦牛绒衫

把寒冷留给高山,把温暖留在心上。带着青藏的纯真,奉献雪域的精良。

牦牛是生长在海拔3000米以上青藏高原独有的优良耐寒畜种,被称为“高原之舟”。其身内裹柔绒外披长毛,绒是牦牛在寒冷的冬季为御寒而生长出来的。

其特点是手感柔软、细腻、蓬松度强，更大的特点是耐寒性及防潮性极好。××牦牛绒衫做工精良、款式新颖，日趋形成中国的名牌形象，张扬大自然的生命色彩，跨过遥远的青藏高原与国际“流行”同步前进。

愿××产品除去冬日寒意，带给您无限的温暖。

来自高原，自然温暖。

公司地址：××省××市×××路×××号

电话：(0971)8176×××-×××

二、商品说明书

(一)商品说明书的含义和特点

商品说明书，也叫商品介绍，是对商品的性能、构造、用途、保养等有关知识向顾客进行介绍说明的一种文书。

商品说明书的特点是说明性、科学性、知识性、实用性。

商品说明书从某种意义上说，也有推销商品的作用，但它有别于广告。广告可在不违背真实的前提下，借助多种媒体，如文学、戏剧、电影、电视、广播等进行宣传，具有较强的艺术性、情趣性。而商品说明书则只能以说明为主要表达方式，针对商品本身进行客观性、科学性的介绍。

一种产品要投放市场，都要附上说明书，便于指导消费者选择和使用。如果没有说明书或者说明书表达不清楚，商品就会失去市场。即使进入市场，也有可能因消费者不了解商品有关知识，无法正确地科学地使用商品，特别是医药品、家用电器，使用不当甚至会造成死伤的严重后果。

(二)商品说明书的格式与写法

商品说明书的结构一般包括三个部分，即标题、正文、生产单位。

1.标题。商品说明书的标题由商标、型号、货名加说明书或使用说明书组成。如“威力牌电子气炉说明书”“依立牌紫砂电饭煲使用说明书”；也有的商品说明书名称后用“介绍”“简介”，如“幸福牌双保险压力锅简介”；或只写商品名称，如“智立ZL－5型燃气节能减污器”。

2.正文。正文是商品说明书的主体,大都用条款式说明。这种写法层次分明,清楚醒目,顾客一目了然。也有的用概述式说明,意思连贯,行文自由。正文主要内容有:

(1)概述。

(2)功能或特点。包括技术原理或原料组成,规格或指标,使用方法,注意事项,生产时间或有效时限,保养或维修等。写作时可视具体商品安排,如机器设备需要技术原理,食品不写技术原理,但要写原料组成。

3.生产单位。包括生产单位的名称、地址、邮政编码、电话、开户银行的账号等,一般安排在文末或置于封面。

(三)商品说明书的写作要求

1.讲究针对性。由于每种商品都有各自的性能和用途,有不同的消费对象,因而写作时要有针对性。同是一种商品,儿童使用的和成人使用的说明书写法就不一样。

2.讲究科学性。商品说明书是传播科学知识的说明文,在撰写时要符合其产品所属科学的科学性。有的药品说明书,列举此药能治十几种病,夸大其功效,反而说明这种药无非像万金油一样,什么都治,什么也治不了。

3.突出重点。商品说明书要抓住要领,表达通俗易懂,让使用者特别是初次使用者一看就明白,一看就会用。必要时也可用表格、示意图等辅助手段来帮助使用者了解文字内容。

【例文】

×××感冒灵颗粒说明书

(请仔细阅读×××感冒灵颗粒说明书并按说明使用或在药师指导下购买和使用。)

药品名称:×××感冒灵颗粒

汉语拼音:××× Ganmaoling Keli

主要成分:三叉苦、金盏银盘、野菊花、岗梅、咖啡因、对乙酰氨基酚、马来酸氯苯那敏、薄荷油。辅料为蔗糖粉。

性状：本品为浅棕色至深棕色的颗粒；味甜、微苦。

规格：每袋重10克(含对乙酰氨基酚0.2克)

功能主治：解热镇痛。用于感冒引起的头痛，发热，鼻塞，流涕，咽痛。

用法用量：开水冲服，一次10克(1袋)，一日3次。小儿减量或遵医嘱。

不良反应：偶见皮疹、荨麻疹、药热及粒细胞减少；可见困倦、嗜睡、口渴、虚弱感；长期大量用药会导致肝肾功能异常。

禁忌：严重肝、肾功能不全者禁用。

注意事项：

1. 忌烟、酒及辛辣、生冷、油腻食物。

2. 不宜在服药期间同时服用滋补性中成药。

3. 本品含对乙酰氨基酚，马来酸氯苯那敏，咖啡因。服用本品期间不得饮酒或含有酒精的饮料；不能同时服用与本品成分相似的其他抗感冒药；肝、肾功能不全者慎用；膀胱颈梗阻，甲状腺功能亢进、青光眼、高血压和前列腺肥大者慎用；孕妇及哺乳期妇女慎用；服药期间不得驾驶机、车、船，从事高空作业，机械作业及操作精密仪器。

4. 脾胃虚寒，症见腹痛、喜暖、泄泻者慎用。

5. 糖尿病患者及有心脏病等慢性病严重者应在医师指导下服用。

6. 儿童、年老体弱者应在医师指导下使用。

7. 服药3天后症状无改善，或症状加重，或出现新的严重症状如胸闷、心悸等应立即停药，并去医院就诊。

8. 对本药过敏者禁用，过敏体质者慎用。

9. 本品性状发生改变时禁止使用。

10. 儿童必须在成人监护下使用。

11. 请将本品放在儿童不能接触的地方。

12. 如正在使用其他药品，使用本品前请咨询医师或药师。

药物相互作用：

1. 与其他解热镇痛药并用，有增加肾毒性的危险。

2. 与其他药物同时使用可能会发生药物相互作用，详情请咨询医师或药师。

贮藏：密封

包装：复合膜；每盒装9袋

有效期：24个月

执行标准：国家药典委员会药典业发〔1998〕第115号文件所附质量标准

批准文号：国药准字××××

生产企业：××医药股份有限公司

第七节　意向书　合同

一、意向书

（一）意向书的含义和作用

意向书是经济活动、生产活动、工作活动和日常生活中当事人之间就开展业务达成的书面协议，是记载双方合作愿望或初步设想的备忘录性质的文书。

意向书在生产、工作和生活中使用很广泛，特别是改革开放以来，在对外贸易、引进外资或企业之间联营、联建、联系过程中，为进一步发展合作关系，常常签订意向书，为签署正式合同打下基础。

（二）意向书与合同的区别

意向书是合同的前奏，相互之间有一定联系，有共同之处，但区别也很明显：

1.形成时间不同。意向书产生在合同签订之前，处于订立合同的准备阶段。

2.具体内容不同。合同必须具备法定的主要条款，而意向书的内容则无此限制。

3.效力不同。合同一经签订即具有法律约束力，当事人必须严格按照合同规定履约，违约则须承担相应的责任；意向书一般不具有法律约束力，当事人一方若有变更或反悔，把意见和理由通知对方即可。

在现实的经济活动中，不签订意向书而直接签订合同的情况也较常见。不过，从经济管理科学化、规范化角度考虑，除一些小型项目外，这一过程是不应忽视的。

（三）意向书的格式和写法

1.标题

意向书的标题一般是由项目名称与“意向书”构成。如《横向经济联营意向书》《合资兴建××加工厂意向书》等。也可只以“意向书”为题。

2.正文

正文一般分为前言、协议内容和结尾三部分。

（1）前言。前言部分一般要写明四项内容：①签订意向书的单位名称及主要代表人姓名，并注明简称甲、乙方；②双方在何时何地就何问题进行了洽谈和探讨；③写明当事人“一致同意在平等互利基础上”达成某个方面的意向；④还可写明签署意向书的目的。例如：

“中国××厂（以下简称甲方）代表×××与××国××公司（以下简称乙方）代表×××于××××年××月××日在×地就×××（问题）的可能性进行了诚挚的洽谈。为充分发挥各自优势，共同获取更大经济效益，双方一致同意在平等互利的基础上达成以下意向。”

（2）协议内容（或条款）。主要包括双方协作意向的具体内容。如：项目名称与规模；合作方式及投资比例；合作期限；各方的权利与义务；准备阶段的技术性工作；今后洽谈合作的工作日程等。这些内容有的可能较粗略，有的可能较具体，都取决于当事人双方的意向。协议内容宜采用条项式写法。

（3）结尾。写明意向书文本份数及各方执有情况。通常的表述形式是：“本意向书一式两份，甲、乙双方各执一份。”

3.签署

写明签订单位的全称和代表人姓名并签字盖章，末尾署明签订日期。

（四）写作意向书应注意的问题

1.坚持平等互利原则，所达成的协议意向应公平合理，出于双方自愿。语气要平和，态度要诚恳，以利于进一步协商。

2.内容要具体,条款要明确,用词要准确,不能因为是意向性文书而忽视表达与语言的准确性,以致产生歧义,贻误工作。

二、合同

(一)合同的含义

合同是当事人双方或数方为实现某种目的而共同商议订立的、明确相互权利与义务的、具有法律效力的文书。

《中华人民共和国合同法》(1999年3月15日第九届全国人民代表大会第二次会议通过,以下简称《合同法》)规定:“合同是平等主体的自然人、法人、其他组织之间设立、变更、终止民事权利义务关系的协议。”

《合同法》的适用范围:一是合同的主体,包括中国、外国自然人之间、组织之间以及自然人与组织之间订立的合同;二是合同的种类,包括经济合同、技术合同及其他民事合同。

政府依法维护经济秩序的管理活动,属于行政关系,不适用《合同法》。但政府机关作为平等的主体与对方签订合同的,如购买办公用品,属于一般的合同关系,适用《合同法》。法人、其他组织内部的管理活动,是管理与被管理之间的关系,不适用《合同法》。婚姻、收养、监护等有关身份关系的协议,不适用《合同法》。

(二)合同的种类

1.《合同法》所列举的合同,是以合同的业务性质和不同内容为分类标准的。按照这个标准,《合同法》把合同分为以下种类:买卖合同;供用电、水、气、热力合同;赠与合同;借款合同;租赁合同;融资租赁合同;承揽合同;建设工程合同;运输合同;技术合同;保管合同;仓储合同;委托合同;行纪合同;居间合同。

本书从实用出发,根据使用频率的大小选讲以下几种,还考虑到目前学生就业的实际情况,选讲了劳动合同。

(1)买卖合同

这是出卖方转移标的物的所有权给买受方,由买受方支付价款的合同。以前被称为购销合同,在经济领域内广泛使用。

(2)赠与合同

这是赠与人将自己的财产无偿给予受赠人,受赠人表示接受赠与的合同。赠与合同是一种单向合同,即合同生效后,赠与人负有把赠与物交给受赠人的义务而不享有任何权利;受赠人享有领取赠与物的权利而不需承担义务。赠与也可以附带条件,即赠与人要受赠人履行某种义务,受赠人不履行义务则可视为不接受赠与,赠与人有权撤回赠与。但这种附带条件一般同赠与人的利益无关,不是要求有偿的赠送。有偿赠送就不是赠与关系而是交换关系或买卖关系。所以,附条件的赠与仍然是单向行为。

(3)借款合同

这是借款人向贷款人借款,到期返还借款并支付利息的合同。

借款合同应采用书面形式,否则很容易引起纠纷。对空口无凭的借款,法院也无从认定。但当事人愿意以口头形式约定,应予允许。

(4)租赁合同

这是出租人把租赁物交付承租人使用、收益,承租人支付租金的合同。租赁合同应包括租赁物的名称、数量、质量、用途、租赁期限、租金的支付方式和期限、租赁物维修等条款。

(5)委托合同

这是委托人和受托人约定,由受托人处理委托人事务的合同,即委托人把本应由自己从事或处理的事务托给受托人从事或处理,并支付受托人酬金的合同。

委托合同建立在当事人互相信任和双方意思一致的基础上。委托合同订立生效后,受托人应积极负责地处理受托事务,即“受人之托,忠人之事”。受托人在委托人授权的范围内,以委托人的名义处理受托事务,由此产生的法律后果由委托人承担。

(6)行纪合同

这是行纪人以自己的名义为委托人从事贸易活动,委托人支付报酬的合同。这种合同与委托合同的最大区别是:委托合同以委托人的名义,在委托人授权范围、内容、职责内从事活动;行纪合同则以自己的名义为委托人从事贸易活动,自由度较大。

(7)居间合同

这是居间人向委托人报告订立合同的机会或者提供订立合同的媒介服务,委托人支付报酬的合同。

居间合同也称为中介合同。居间人就是从中介绍的人,称为中介人或牵线人、搭桥人。

居间合同的委托人应当在合同中写明所委托的居间人应从事的活动内容,包括性质、范围、要求,给付酬金的数额、方式和时间。居间人就有关订立合同、完成贸易、办成事情的情况向委托人如实报告,讲明自己能够做到什么程度、需要什么条件完成委托事项等。

居间合同除一般合同应有的条款外,往往还有保密条款和生效条款。保密条款指居间人对所提供的信息、成交的机会负有保密义务,如有泄密、失密行为而给委托人造成损失的,居间人应承担违约责任。生效条款是指居间人牵线搭桥成功,委托人与另一方订立了合同或贸易成交、事情办成,居间合同才算履行完毕,这时支付给居间人的报酬才能完全兑现。

(8)劳动合同

这是劳动者与用人单位确立劳动关系,明确双方权利义务的合同。

劳动合同是重要的民事合同,随着用工制度的改革,签订劳动合同将越来越普遍。与之相似的是总经理、部门经理等一大批管理经营干部的聘任合同。

劳动合同的主要条款应包括:合同期限和试用期限;劳动者的工作内容,包括工种、职务和职称;劳动保护和劳动条件;劳动报酬、保险和福利待遇;接受教育和培训;政治待遇和劳动纪律;劳动合同的变更和解除条件;违约责任;双方商定的其他事项。

2.按合同有效期限分

有长期合同(有效期在一年以上)、短期合同(有效期在一年之内)。

3.按书写形式分

有条文式合同、表格式合同、表格条文结合式合同。

(三)合同签订的特点

1.合同当事人。合同当事人可以是公民(自然人),也可以是法人或其他组织。在订立合同时,应当注意了解对方是否具有相应的民事权利能力和民事行为能力,是否受委托以及委托代理的事项、权限等。

2.合同的内容。一般包括以下条款:①当事人的名称或者姓名和住所;②标的,也就是合同权利义务指向的对象;③数量;④质量;⑤价款或者报酬;⑥履行地点、期限和方式;⑦违约责任;⑧解决争议的办法。

3.合同的形式。主要有书面形式和口头形式。法律规定采用书面形式的,应当采用书面形式。当事人约定采用书面形式的,应当采用书面形式。书面形式指合同书、信件以及数据电文等可以有形地表现所载内容的形式。

4.要约、承诺。《合同法》规定"当事人订立合同,采取要约、承诺方式",要约又称发盘、出盘、发价或报价等,要约是表示希望和他人订立合同的意思。要约发出后,若要撤回,撤回要约的通知应当在要约到达受要约人之前或者与要约同时到达受要约人。要约到达受要约人生效后,在有效期内要约人不得随便反悔。

承诺是受要约人同意要约的意思表示。承诺应当在要约确定的期限内到达要约人,要约没有确定承诺期限的,应当在合理的期限内到达要约人。承诺通知到达要约人时生效。承诺可以撤回,但撤回承诺的通知应当在承诺通知到达要约人之前或者与承诺通知同时到达要约人。

5.缔约过失。当事人在订立合同过程中有下列情形之一,给对方造成损失的,应当承担损害赔偿责任:一是假借订立合同,恶意进行磋商;二是故意隐瞒与订立合同有关的重要事实或者提供虚假情况;三是有其他违背诚实信用原则的行为。

(四)《合同法》的基本原则

《合同法》的基本原则是合同当事人在合同活动中应当遵守的基本准则,也是人民法院、仲裁机关在审判、仲裁合同纠纷时应当遵循的原则。它包括:

1.双方平等原则。

2.合同自由原则。

3.公平原则。

4.诚实信用原则。

5.公平与公序良俗原则。

6.依合同履行义务的原则。

(五)合同的格式与写法

1.标题

写在第一行的中间，标明合同的性质、种类，字体一般应大一些。如买卖合同、租赁合同等。有的是事先印好的合同格式，签订时直接填上合同名称，确定合同的种类即可。

2.正文

这部分是合同的主体，主要包括以下几个方面。

(1)写明订立合同双方的单位名称、代表人姓名。为了方便起见，可在双方名称后面注明"以下简称甲方"和"以下简称乙方"。如有第三方，可简称为"丙方"，不能用"我方""你方""他方"这样的简称，以免引起混乱。

(2)开头。写明订立合同的目的、依据、经过等。表述形式为："经双方协商签订本合同，共同遵守以下条款"，"根据《中华人民共和国合同法》的有关法律规定，经双方协商一致签订合同如下"，还有一些简化表述，如"为了……""鉴于……"等。

(3)议定条款。这是合同的主要内容，包括以下几部分：

①标的。标的是合同各方当事人共同发生权利义务所指的对象，如货物、货币、劳务、工程项目、科研成果等。它集中反映了当事人订立合同的目的和要求，是合同成立的前提条件。所以签约双方必须首先对合同标的达成一致协议，并在合同中作出明确具体的规定。根据合同的不同，标的可以是货物，可以是劳务，也可以是工程项目。如买卖合同中的各种商品；运输合同中承运方提供的劳务；建设工程合同中承包人所完成的工程项目，必须是国家准许流通物。否则不能作为合同的标的物。标的不明或无标的，合同就不能成立。

②数量和质量。数量是标的量的规定，是以计量单位和数字来量标的的尺

度，确定合同权利义务的大小。没有数量规定，合同无法履行。数量规定必须准确具体，计量单位也要明确规定。

质量是标的内在素质和外观形态的综合，是指产品或劳务、完成工作的优劣程度，包括品种、规格、型号的要求。对产品规格与质量要标准化。当前我国使用的产品规格与标准包括国家标准、部颁标准、企业标准和协商标准。

③价款或酬金。价款或酬金，亦称价金，是取得标的一方向对方支付的表现为货币的对价。合同应具体规定价金的数额，包括单价和总额，并明确它们的计算标准、结算方式和程序，价金一般用人民币支付。

④履行的期限、地点和方式。合同履行期限是交付标的和支付价金的时间。到期不履行即为逾期，要承担违约责任。凡要提前或延期履行的，应事先达成协议。履行期限的规定必须具体明确。

合同履行地点是指合同规定的义务履行地。合同标的为实物的，一般是指标的交付地。合同履行地点，直接关系到履行合同的费用和时间，因此必须明确加以规定。

合同履行的方式是交付标的的方式，是指当事人用什么方式履行合同义务。包括一次履行、分期履行，采用送货制、代运制、提货制等多种形式。

⑤违约责任。违约责任指合同双方如不能执行合同时的责任和处罚方法及条件，这是保证合同履行的重要条款之一。当事人订立合同时，应写明一方违约时所应支付的违约金额数和对损失的赔偿额。

违约责任是履行合同的重要保证，也是解决合同纠纷的可靠依据。

⑥解决争议的办法。当事人可以通过和解或者调解解决合同争议。

⑦其他条款。指根据法律规定必须具备的条款和当事人一方提出而对方同意的特殊要求等。如买卖合同中买方对包装或装卸有特殊要求的，提供方同意即可列为条款。

⑧有效期限。即合同何时发生效力，何时失效。如“本合同由各方签订，从盖章之日生效，有效期一年”。

⑨文本份额与保存。写明合同正本、副本份数，由谁保管。通常是当事人各方各持一份，鉴证或监督单位持一份。如“本合同一式三份，由甲方、乙方和鉴证

单位各执一份”。监督单位通常是工商、银行或各方的主管机关。

⑩附件。正文最后，要写明附件名称、件数，并附上附件。如建设工程合同，往往附上图纸、材料项目、工程进度表等。还要写明未尽事宜，变更条件等。

3.署名

正文之后，另起一行在右下方写明订立合同的单位名称和双方代表的姓名，并加盖公章、私章（或签名）。

4.日期

在署名下方写下签订合同的日期。一般用汉字小写，或用阿拉伯数字。无论用哪种数字，一定要注意统一。

5.公证者

注明公证者（机关或个人）的名称，并盖章。同时，经过公证机关公证的合同，还要注明公证机关名称及公证人的姓名，加盖公章、私章（或签名）。

（六）合同写作的基本要求

1.政策法律观念要强。签订起草合同必须以《中华人民共和国合同法》为法律依据，必须遵守法律和行政法规。重要的合同可经公证机关公证。

2.签订目的要明确。任何单位和个人在签订合同时，都必须写明签订目的，任何单位和个人不得利用合同进行违法活动，不得扰乱社会经济秩序，损害国家利益和社会公共利益，牟取非法收入。

3.合同类别的审查确定。由于社会生活的复杂性，实践中往往会混淆一些合同关系，发生合同类别认定错误。只有明确了合同的类别，才能确定合同所适用的法律，也才能设定合同的条款、当事人的权利义务及责任。

4.条款项目要全而清。合同一经签订就具有法律效力，这就要求合同在签订时，双方必须将执行过程中所发生的情况写清楚，将每一条款写具体、明确，不允许出现含糊其词、模棱两可的现象。

5.修订要及时商量。签订好的合同，任何一方都不得随意涂改，如果确有必须修订之处，一定要双方及时互通信息、共同协商，并于涂改处加盖双方印章。如经过公证的合同有修改的地方，应及时将修改内容通知原公证机关。如不便在原件上修改，也可以互相通信函，双方统一意见后，将信函作为原合同的附件。

【例文一】

合同制工人招聘合同

招聘方(简称甲方):________________________________

受聘方(简称乙方):________________________________

甲方招聘合同制工人,按有关规定,已报请有关部门批准。甲方已向乙方如实介绍涉及合同的有关情况;乙方已向甲方提交劳动手册。甲乙双方本着自愿、平等的原则,经协商一致,特签订本合同,以便共同遵守。

第一条:合同期限

合同期限为______年(或______个月),从______年______月______日至______年______月______日止。

第二条:试用期限

试用期限为______个月(或______年)。即从______年______月______日起至______年______月______日止。(试用期限的长短,有关部门有规定的,按规定执行;有关部门无规定的,由招聘方根据受聘方的工作能力和实际水平确定。)

第三条:职务(或从事某工种的工作)

甲方聘请乙方担任______职务(或从事某工种的工作)。

第四条:工作时间

每周工作______天,星期______休息。每天工作时间为______小时。上下班时间按甲方规定执行。(以完成一定工作量为期限的合同,工作时间由双方商定。)

第五条:劳动报酬

(一)乙方在试用期间,月薪为______元。试用期满后,按乙方的技术水平、劳动态度和工作效率评定,根据所评定的级别或职务确定月薪。(以完成一定工作量为期限的合同,亦可按工作量确定报酬,实行计件工资的,按计件付酬。)

(二)乙方享受的岗位津贴和奖金待遇,与同工种固定职工相同。

第六条:生活福利待遇

(一)补贴待遇:乙方享受交通费补贴、粮食补贴、取暖费补贴等与固定职工相同。

(二)假日待遇:乙方享受节日假、婚假、产假、丧假与固定职工相同,工作满一年以上需要探亲的，可享受______天（包括在路途中的时间）的探亲待遇，工资照发，路费报销。

第七条：劳动保护

乙方的劳动保护按国家的有关规定执行。

第八条：乙方患病、伤残、生育等待遇以及养老保险办法

本条国家有规定的，按规定执行；无规定的，由双方商定。

第九条：政治待遇和劳动纪律要求

（一）乙方在政治上享有同固定职工一样的权利，如参加民主管理企业的权利，参加党、团组织和工会的权利等。

（二）订立有一定期限的劳动合同的乙方，在担任领导职务以后，如职务是有任期的，在劳动合同期限短于领导任期的情况下，可以将合同期限视为领导职务的任期；如果职务是没有任期的，可以视为改订没有一定期限的劳动合同。

（三）乙方应当严格遵守甲方单位各项规章制度，遵守劳动纪律，服从分配，坚持出勤，积极劳动，保证完成规定的各项任务。

第十条：教育与培训

甲方应加强对乙方进行思想政治教育、遵纪守法教育、安全生产教育，根据工作和生产的需要进行业务、职业技术培训。

第十一条：劳动合同的变更

（一）发生下列情况之一者，允许变更劳动合同：

1.经甲乙双方协商同意，并不因此而损害国家和社会的利益；

2.订立劳动合同所依据的法律规定已经修改；

3.由于甲方单位严重亏损或关闭、停产、转产确实无法履行劳动合同的规定，或由于上级主管机关决定改变了工作任务、性质；

4.由于不可抗力或由于一方当事人虽无过失但无法防止的外因，致使原合同无法履行；

5.法律规定的其他情况。

（二）在合同没有变更的情况下，甲方不得安排乙方从事合同规定以外的工作，但下列情况除外：

1.发生事故或自然灾害,需要及时抢修或救灾;

2.因工作需要而进行的临时调动(单位内工种之间、机构之间);

3.发生不超过一个月时间的短期停工;

4.甲方依法重新任命、调动、调换订立没有一定期限劳动合同职工的工作;

5.法律规定的其他情况。

第十二条:劳动合同的解除

解除劳动合同,除因乙方违法犯罪或乙方不履行合同给甲方造成损失,或者严重违反劳动纪律和本单位管理章程的规定被开除的,以及乙方擅自解除劳动合同的情况以外,甲方应按规定发给辞退补助费并支付路费。

解除劳动合同时,双方应按规定办理解除手续。甲方应按规定将解除合同的情况报告有关机关核准。

第十三条:违约责任

(一)甲方无故辞退乙方,除应发给辞退补助费和路费外,应偿付给乙方违约金______元。

(二)甲方违反劳动安全和劳保规定,以致发生事故,损害乙方利益的,应补偿乙方的损失。

(三)乙方擅自解除合同,应赔偿甲方为其支付的职业技术培训费,并偿付给甲方违约金______元。

(四)乙方违反劳动纪律或操作规程,给甲方造成经济损失的,甲方有权按处理固定职工的规定予以处理。

第十四条:本合同期满后,甲乙双方一致同意,可以续订合同。

第十五条:其他事项

____

____

____

本合同于____年____月____日起生效。甲乙双方不得擅自修改或解除合同,合同执行中如有未尽事宜,须经双方协商,作出补充规定。补充规定与本合同具有同等效力。合同执行中如发生纠纷,当事人应协商解决,协商不成时,任何一方可按________解决：(1)依法向劳动合同的管理机关请求处理；(2)依法向人民法院起诉。

本合同正本一式二份，甲乙双方各执一份；合同副本一式______份，报主管机关、劳动合同管理机关（本合同如经公证，则应交公证处留存一份）等单位各留存一份。

甲方：______________________　　乙方：______________________

代表人：____________________　　代表人：____________________

______年______月______日　　______年______月______日

【例文二】

买卖合同

卖方：____________________（以下简称甲方）

地址：____

邮编：____________________；电话：____________________；

传真：____________________；电子邮箱：________________。

买方：____________________（以下简称乙方）

地址：____

邮编：____________________；电话：____________________；

传真：____________________；电子邮箱：________________。

甲乙双方经过协商，本着自愿及平等互利的原则，就甲方向乙方出卖本合同约定的货物事宜，达成如下一致：

第一条：名称、品种、规格和质量

1. 名称：____________________

2. 品种：____________________

3. 规格：____________________

4. 质量，按下列第______项执行：

(1)按照标准执行（须注明按国家标准或部颁或企业具体标准，如标准代号、编号和标准名称等）。

(2)按样本，样本作为合同的附件应注明样本封存及保管方式。

(3)按双方商定要求执行,具体为:__________________。(应具体约定产品质量要求)

第二条:数量、计量单位和计量方法

1.数量:____________________________

2.计量单位和计量方法:___________________

3.交货数量的正负尾差、合理磅差和在途自然增减量规定及计算方法。

第三条:包装方式和包装品的处理

第四条:交货方式

1.交货时间:___________________

(如甲方在约定时间不能按期交货,乙方允许甲方顺延交货日期15天。)

2.交货地点:___________________

3.运输方式:___________________

4.保险:_______________________

5.与买卖相关的单证的转移:___________________

第五条:验收

验收时间:___________________

第六条:损失风险

货物在送达交货地点前的损失风险由甲方承担,其后的损失风险由乙方承担。

第七条:价格与货款支付

1.单价:___________________

2.总价:___________________

3.货款支付

货款的支付时间:___________________

货款的支付方式:___________________

第八条:提出异议的时间和方法

1.乙方在验收中如发现货物的品种、型号、规格、花色和质量不合规定或约定,应在妥善保管货物的同时,自收到货物后____日内向甲方提出书面的异议;乙方未及时提出异议的,视为货物合乎规定。

2.乙方因使用、保管、保养不善等自身原因造成产品质量下降的，不得提出异议。

第九条：甲方违约责任

1.甲方不能交货的，则乙方有权解除合同，并有权要求甲方返还已支付的款项，乙方自愿放弃主张定金责任。

2.甲方所交货物的品种、型号、规格、花色、质量不符合约定的，乙方如同意利用货物，应按质论价；如乙方不能利用的，应依据具体情况，由甲方负责调换、修理，所产生的费用由甲方支付。

第十条：乙方违约责任

1.乙方若自提货物未按甲方通知的日期或合同约定的日期提货的，应以实际逾期提货天数，每日按货物总额的______%向甲方支付违约金。

2.乙方逾期付款的，应按逾期付款金额每日______%计算，向甲方支付违约金或一次性支付违约金 。

3.甲方为维权而支出的所有费用（包含但不限于律师费、诉讼费用、交通费等）均由乙方承担。

第十一条：争议的处理

本合同在履行过程中发生争议，由双方当事人协商解决，协商不成的由甲方所在地人民法院处理。

第十二条：本合同未尽事宜，依照有关法律、法规执行，甲乙双方也可达成补充协议。补充协议具有同等的法律效力。

第十三条：本合同自双方或双方法定代表人或授权代表人签字并加盖公章之日起生效。

甲方（盖章）：__________　　　　乙方（盖章）：__________

代表（签字）：__________　　　　代表（签字）：__________

______年______月______日　　　　______年______月______日

签订地：________________　　　　签订地：________________

思考练习

一、解释。

财经文书　条据　财经新闻

二、参考教材，分别练习写作各种达意准确、格式规范的条据。

三、联系实际，采写一则财经新闻。

四、利用假期，选择适当的方法，对《重庆晚报》《重庆晨报》《重庆商报》等三大报刊在重庆市主城区的销售情况进行调查，然后写出报告。

五、经济预测报告的含义和特点是什么？

六、经济活动分析有哪些方法？

七、简述审计报告的写作步骤。

八、中国是百年以上产业品牌占比较小的国家。江津米花糖算是一个百年品牌。为此，请为江津米花糖厂生产的“玫瑰牌”米花糖拟写一份准备在报纸上登载的文字广告。要求写出标题、正文、结尾、广告号(标语)四部分。“玫瑰牌”米花糖的主要原料是糯米、白糖、玫瑰、油脂等。该厂专业生产米花糖已有近百年的历史。其他内容及厂址等自拟或在网上查搜。

九、找一份商品说明书，分析其特色。

十、意向书和合同有什么区别？

十一、什么是合同？订立合同的基本要求是什么？

第七章　法律文书

第一节　概述

一、法律文书的含义

一般来说，法律文书是公民、法人、国家机关及其组织等参与法律活动的主体，在处理各项法律事务中，为实现其法律赋予的权利和履行法律规定的义务而依法制作的具有法律效力和法律意义的各种文书。

法律文书这一概念，有广义和狭义之分。广义上的法律文书，是泛指一切法律上有效力的文件、文书，包括国家制定或认可的法律规范和实施法律所制作的具有法律效力或法律意义的文书。狭义的法律文书，是仅指诉讼活动中和与诉讼活动有联系的其他法律活动中所制作的具有法律效力或法律意义的文书。本书采用的是广义的法律文书概念。它既包括司法机关制作的具有法律效力或法律意义的文书，又包括诉讼活动中各个诉讼主体制作的具有法律效力或法律意义的文书，同时还包括国家机关的立法文书、仲裁机关的仲裁文书、行政管理机关的执行文书以及法人、公民在大量的非诉讼法律事务中所制作的具有法律效力或法律意义的文书。

法律文书与司法文书和诉讼文书以及立法文书既有区别又有联系。

司法文书是指司法机关(主要指检察机关、审判机关)在实施法律的过程中依法制作的具有法律效力和有法律意义的文书。司法文书的制作主体是国家司法机关,司法文书主要的法律依据是程序法和有关实体法,司法文书所反映的内容是司法机关依法行使司法权的法律活动的内容。而法律文书的制作主体要比司法文书的制作主体广泛得多。它不仅包括司法文书而且还包括公民、法人和司法机关以外的其他国家机关制作的与法律活动有关的文书。所以法律文书不等于司法文书,法律文书的外延更大,它们之间是属种关系。

诉讼文书是指司法机关以及公民、法人和其他社会组织依照程序法的规定参加诉讼活动,在诉讼活动过程中所制作的各类有法律效力或者法律意义的文书。诉讼文书只是描述诉讼活动的内容,与诉讼无关的文种不在其列。诉讼文书处理的诉讼案件所反映的法律关系是诉讼法律关系,而法律文书所反映的法律关系除了诉讼法律关系外,还有民事法律关系、刑事法律关系、行政法律关系、经济法律关系等。所以法律文书包括诉讼文书,它们之间也是属种关系。

立法文书,即规范性法律文书,是指国家权力机关和地方权力机关,以及国家有关行政机关制定并正式公布施行的法律、行政法规、行政规章和地方性法规。法律规范,是对社会法律实践活动的概括总结和抽象,制定颁行后又对社会活动起着指导和规范的作用,立法活动本身就是一种法律活动,因而立法文书理应属于法律文书范畴,它们之间也是属种关系。

二、法律文书的特点

法律文书的制作是一种专业性很强的应用写作,作为实施具体法的工具和载体,作为国家和社会实现管理职能和法人、公民实现自己合法权益的重要手段,它的主要功能是保证国家机关准确、严格地依法实现对社会的管理权,既能有力打击各个领域的违法犯罪活动,又能及时地维护法人、其他组织和公民的合法权益。因而受本身内容和形式的制约,与其他应用性文书相比,法律文书具有下面一些特点。

（一）鲜明的法律性

法律文书鲜明的法律性，体现在它是运用和实施法律的工具。我国的社会主义法律，是人民意志上升为国家意志的集中体现。国家机关行使国家赋予的职权，或制定法规规范，或打击刑事犯罪，处罚违反行政管理秩序的行为，或排解民事、经济、行政事务中的种种纠纷，都必须反映到法律文书中。公民、法人、其他组织依照自己的合法意志而作出一定的法律行为，也必然体现在一定的法律文书中。因此，作为以实施法律为目的的法律文书，具有鲜明的法律性是显而易见的。

（二）法定的权威性

法律文书的权威性，是由它制作的合法性、执行的强制性和解释的单一性所决定的。第一，制作文书的主体必须具有相应的合法资格。比如："起诉书"必须由检察机关制作，"判决书"必须由人民法院制作，制作"税务行政处罚决定书"的主体必须是税务机关。同时，法律文书的内容必须符合法律、法规，要按不同的法律要求进行制作，如有关刑事犯罪方面的法律文书，定罪、量刑，必须适用法律准确，不能把不属于刑事犯罪的违法甚至民事、经济纠纷当作刑事案件进行处理。法律文书必须具备制作主体的合法性和内容上的合法性，才能具有权威性。第二，法律是依靠国家的强制力保证实施的，法律文书中许多文种都具有法律强制执行效力，以保障法律实施的权威性，如人民法院的判决书一经生效就具有强制执行效力，除依照法定程序变更或撤销外，任何单位或个人不能任意变更、撤销或违反。即使是当事人之间的合同，一旦签订，亦要求双方严格信守，必须承担合同所规定的法律责任。第三，法律文书是具体的法律行为的文字表述，它是针对具体的单位、具体的人或具体事项并依照法律规定制作的，法律的解释是单一性的，因而法律文书的解释也必须是单一性的，不能有任何词语的歧义或模棱两可的提法。这样才能保证法律文书的法律效力和法定的权威性。

（三）形式的稳定性

法律文书形式的稳定性，也体现在两个方面：一是它的制作格式的程式性；二是它的表述语言的规范性。法律文书作为专业特点很强的实用文体，在人们的长期法律实践过程中逐渐形成了相对稳定的体裁和格式。根据法律规定和实施法律的需要，按照一定的格式，把特定的内容、项目简明扼要、条理清晰地表述出来，不仅是形式上的需要，能便于制作、查阅、保管、处理和执行，更重要的是体现了法律文书的规范化和科学化，以保证法律文书的完整性、准确性和有效性。为此，在司法机关制作了"诉讼文书样式""刑事检察文书样式"等一系列法律文书样式之后，许多行政机关如市场监督管理局、税务局、审计局等部门相继制定了或正在制定规范化法律文书样式。例如，国家物价总局在总结了各省市自行制定的物价检查监督文书规定的经验基础上，制定了更为完备和规范的物价检查法律文书样式五类三十四种，规定在全国统一使用。当然，法律文书格式的稳定是相对的，随着社会主义法治建设的发展和法律活动的深入，它也将逐步地完善和健全。

法律文书样式的稳定性，还体现在其表述的语言上。法律文书写作是应用写作的一大门类。首先它要充分体现所有应用文体中的语言均须庄重、严谨、准确、朴素、精炼、得体的一般特点。其次它又有自身特定的语言要求，即语言的特定性。也就是说，法律文书的语言必然受到法律的约束，必须与法律规定的提法一致，或者必须与法律的精神相一致。在人称称谓、文书名称、罪名确定、刑罚名称，甚至某些动词、修饰限制词的使用上，都有其严格的规范性，因而，在运用词语进行表述时，不能背离法律规定而混用、误用甚至杜撰生造。例如："罚金"不能混用为"罚款"；"贪污罪"就不能杜撰为"贪赃罪"。因此，在制作法律文书时，必须紧扣这一特点，把法律精神融于事实与论证之中，使法律、事实、论证浑然一体，这样，才能在法律实践活动中得体地制作和运用法律文书。

三、法律文书的作用

法律文书在法律实践中具有重要作用，通过它的制作和运用，要达到实施法律，健全和加强法治，保障社会主义事业顺利进行的目的。法律文书的性质，决定了它具有以下作用。

（一）法律文书是实施法律的重要工具

法律实施主要是通过立法、司法、执法等一系列活动来完成，法律文书是这一系列活动的表现形式之一。它反映法律规范制定和法律规范运行过程中的状态。它既要忠实地反映法律行为、法律事实，又要以法律为准绳对行为和事实作出公正的分析和判断。国家机关制定规范性文件，司法机关处理各类刑事、民事、行政诉讼案件，仲裁机关处理争议案件，公证机关办理公证事务，行政执法部门行使法定的行政处罚权，公民、法人和其他组织维护自身合法权益，开展业务活动或行使民事权利、履行民事义务，都无一不使用法律文书。所以法律文书是实施法律的重要的工具。

（二）法律文书是维护社会稳定，打击各类犯罪的锐利武器

维护社会秩序的稳定，打击各个领域中的各种类型犯罪，是我国法律的基本任务之一，也是人民群众普遍关注的事情，是社会主义法治建设的重要方面。查处刑事犯罪案件，要坚持以事实为根据、法律为准绳和公民在法律面前一律平等的原则，在查处案件的每一阶段，每一个环节，都离不开法律文书的制作和使用。只有正确地运用法律文书，才能保证司法机关正确地查清案情，准确运用法律，有力地打击刑事犯罪，从而稳定社会秩序，保障社会主义改革开放的顺利进行。

（三）法律文书是国家机关运用法律对社会和经济实现管理与调整的有力手段

国家管理机关为了实现其管理社会和国民经济的职能，总要针对某些具体事件和具体的人，制作法律文书，来制裁违法行为，解决经济纠纷，保护国家、集体和个人的合法权益。同时企事业单位之间，为了实现各种法律关系，总需要实施某些具体法律行为，如签订合同、意向书等，也需要制作法律文书，来确认具体的权利义务，调整当事人之间的民事法律关系，从而对预防纠纷，保障其合法权益不受侵害起到重要作用。

（四）法律文书是增强公民的法律意识，宣传社会主义法治的有效形式

许多种法律文书都是对各种纠纷和刑事犯罪处理结果的记录和反映，如“起诉书”“判决书”等，这些法律文书使用时需要公开宣布，通过这些法律文书，阐明国家的法律、法规，能够使当事人和广大群众明确是非责任，划清罪与非罪的界限，从而增强社会主义法治意识，提高遵纪守法的自觉性，进而同一切违法犯罪行为作斗争，这对于加速社会主义物质文明和精神文明的建设，有着不可低估的作用。

（五）法律文书是检验国家机关及其工作人员工作情况和业务水平的依据与标志

司法机关和其他行政机关，在司法和行政工作中，是否坚持“以事实为依据，以法律为准绳”的原则，认真执行国家法律、法规，严格依法办案，正确处理犯罪和各类纠纷，法律文书作为执法活动记录，对此无疑是一个重要的衡量依据。而对于每个执法人员来说，他执行法律的业务素质和文字水平如何，往往也在其制作的法律文书中体现出来。一份好的法律文书，往往反映出制作者比较熟悉法律的一般原理与原则，熟悉法律实践的现状与惯例，具有较好的文字表达能力。因此，法律文书是评价和检验执法人员业务素质和水平的一个重要尺度。

四、法律文书的分类

广义的法律文书种类繁多，性质与作用各异，范围也不尽相同，因此，对它的分类是相对而言的。分类的目的在于把握各种法律文书的共性与个性，从而更好地制作和使用它。法律文书，从不同的角度划分它，可以有不同的划分标准，现将几种分类情况简述如下。

（一）按制作主体不同划分

法律文书可分为国家权力机关的法律文书，司法机关的法律文书，仲裁机构的法律文书，行政执法机关的法律文书，企事业法人、其他组织的法律文书，公民的法律文书等。

（二）按不同的文体特点划分

法律文书可以分为侦察类文书，书状类文书，申请类文书，裁判类文书，笔录类文书，讼辩类文书等。

（三）按不同的法律关系分类

法律文书可以分为诉讼法律文书，经济法律文书，行政法律文书，劳动法律文书等。

（四）按制作方式不同划分

法律文书可分为叙议式法律文书和表格式法律文书。叙议式法律文书，既要叙述法律事实，又要分析判断，阐明理由，援引法律条款，作出结论或处理意见，如起诉书、判决书、调解书、处罚决定书等；表格式法律文书，即按表格项目填写，如授权委托书、批准逮捕书、拘传证等。

本书从实用目的出发，拟讲述起诉状、上诉状、申诉状、答辩状、起诉意见书、起诉书、判决书、裁定书、民事调解书、公诉词、抗诉词、辩护词、代理词、遗嘱书、授权委托书、公证书等文种。

第二节　起诉状　上诉状　申诉状　答辩状

一、起诉状

（一）起诉状的含义与分类

起诉状是当事人为了维护自己的合法权益向人民法院提出某些诉讼请求的书面状词，简称诉状，包括刑事附带民事起诉状、民事起诉状、行政起诉状。

（二）起诉状的格式与写法

起诉状由首部、请求事项、事实和理由、结尾及附项五个部分组成。基本格式如下：

××起诉状

原告：×××

法定代理人（或委托代理人、指定代理人）：×××

被告：×××

诉讼请求：＿＿＿＿＿＿＿＿＿＿＿＿＿＿＿＿

事实和理由＿＿＿＿＿＿＿＿＿＿＿＿＿＿＿＿＿＿＿＿＿＿＿＿＿＿＿＿＿＿

＿＿＿＿＿＿＿＿＿＿＿＿＿＿＿＿＿＿＿＿＿＿＿＿＿＿＿＿＿＿＿＿＿＿＿

此致

×××人民法院

起诉人:×××

××××年××月××日

附:1. 本状副本______份。

2. 物证______件。

3. 书证______件。

写法简要说明:

1. 首部。写明如下事项:

(1)标题。写明民事起诉状或行政起诉状等。

(2)当事人基本情况。写明原告与被告的姓名、性别、年龄、民族、籍贯、文化程度、职业或职务、单位或住址等。如有几个原告的,应一并写上。有代理人的,应在原告或被告之后写明其基本情况。原告或被告是法人或其他组织的,应写明单位或组织全称、地址、法定代表人或负责人姓名、性别、职务、住址等项内容。

2. 诉讼请求

用概括性语言写明请求人民法院依法解决有关纠纷中的具体问题。如果请求事项不止一项,应分条列写。

3. 事实和理由

这部分是起诉状的主要部分,亦称正文。它是请求法院受理案件的重要依据。事实部分要把当事人双方的关系和纠纷原因及案情的关键性问题写清楚,对纠纷中所涉及的证人证物要一一交代。理由部分是在说清事实的基础上,根据事实和证据认定被告行为的性质及其应承担的责任,并引用有关法律条文来支持和说明提起诉讼的理由。

4. 结尾与附项

写法见基本格式。如果起诉状系委托人代书,应一并写明代书人的姓名、住址等。

（三）起诉状的写作要求

1. 要坚持“以事实为依据，以法律为准绳”的原则，所述事实要真实准确，所提要求要合理合法。

2. 条理清晰，重点突出。

3. 语言准确精练，语气平和恳切。

二、上诉状

（一）上诉状的含义与分类

上诉状是诉讼当事人或其法定代理人，不服一审法院的裁决，在法定的上诉期限内，向原审法院的上一级法院上诉时递交的诉讼文书。上诉状分为刑事上诉状、刑事附带民事上诉状、民事上诉状、行政案件上诉状四种。

（二）上诉状的格式与写法

上诉状由首部、案由、上诉请求和理由、结尾及附项五部分组成。基本格式如下：

×××上诉状

上诉人（原审______告）：×××

法定代理人：×××

被上诉人（原审______告）：×××

上诉人因______案，不服____________人民法院______年______月______日______字______号判决（或裁定），现提出上诉。上诉请求和理由如下：

____

____

此致

×××人民法院

上诉人：×××

______年______月______日

附:1.上诉状副本______份。

2.物证______件。

3.书证______件。

写法简要说明:

1.首部

写明如下事项:

(1)标题。写明刑事上诉状或民事上诉状等。

(2)当事人基本情况在“上诉人”“被上诉人”(刑事上诉状可不写本栏)之后用括号注明其在一审中的诉讼地位,如“原审原告”“原审被告”,其他与起诉状相同。

2.案由

用一段程式化的语言表述:“上诉人因……现提出上诉。”

3.请求和理由

这是上诉状的重点。可以先写请求,也可先写理由。上诉理由可针对以下几方面入手:

(1)看一审法院认定的事实是否有误。

(2)看举证是否有效。

(3)看适用法律是否得当。

(4)看诉讼程序是否正确。

(5)综合看裁决是否公平。

4.结尾与附项

写法同起诉状。

(三)上诉状的写作要求

1.要有针对性。主要是针对原审裁决的不当,而不是针对对方当事人(反诉的除外)。应抓住主要问题进行反驳,不要在枝节问题上纠缠不清。

2.证据要确凿、充分,经得起检验,绝不能无中生有,无理取闹。

三、申诉状

（一）申诉状的含义和种类

申诉状是指诉讼当事人及其法定代理人，对已经发生法律效力的裁决不服，向人民法院或人民检察院提出申请复查纠正的诉讼文书。申诉状的种类与上诉状相同。

（二）申诉状与上诉状的主要区别

1. 范围不同。申诉的范围既包括已经发生法律效力的一审判决或裁定，还包括二审判决与裁定，甚至正在执行和已经执行的判决或裁定都在申诉范围内；而上诉状只限于尚未发生法律效力的一审判决或裁定。

2. 上诉状要受到法定时间限制，而申诉状不受时间限制。

3. 上诉状必然引起第二审程序发生，而申诉状则不一定。

（三）申诉状的格式与写法

申诉状的格式和写作要求和上诉状的格式与写作要求基本相同，只是申诉状的相关部分写作“申诉”，而上诉状相关部分写作“上诉”。写作时参阅上诉状的写法即可。

（四）申诉状的写作要求

1. 叙事清楚，注意新证。由于申诉在程序上的特殊性，即不是审判的必经程序，所以要想达到申诉的目的，首先是要引起人民法院的重视，然后才能进行重新审理。而重新审理是以事实为依据的。因此，在写申诉状时，应将申诉的事实和原裁判对事实的认定以及处理结果加以对照，叙写清楚。在叙述事实时，尤其注意使用新的事实和证据。因为新的事实和证据可能全部或部分推翻、改变已经发生法律效力的裁判。

2. 驳证结合，依法行文。辩驳方法是申诉状中最常用、最有效的方法，它往往与证明方法结合起来，抓住原判中的关键建立反驳论点，以事实和法律为依据，进行申辩、反驳和论证。

四、答辩状

（一）答辩状的含义与种类

答辩状，是被告针对的原告的起诉状，或被上诉人针对上诉人的上诉状所提出的答复和辩护的诉讼文书。它是与起诉状或上诉状相对应的文书。因此分类也与起诉状和上诉状相对应，分为“民事起诉答辩状”“民事上诉答辩状”以及刑事、行政起诉、上诉等答辩状。

（二）答辩状的格式与写法

1.首部

写明以下内容：

（1）标题。写“民事起诉答辩状”等，也可简写为“民事答辩状”或“答辩状”。

（2）答辩人基本情况。写法同其他诉状。有委托代理人的，要写明其基本情况及其与被代理人的关系；如委托律师代理人的，只写律师姓名和律师事务所名称。

2.案由

写明对何人起诉或对上诉的何案提出答辩，行文惯用语为：“因××一案，提出答辩如下。”也可以写成：“你院××××年××月××日第××号送达诉状副本通知书及诉状副本收到，现就××状所述各点答辩如下。”

3.答辩理由和意见

这是答辩的重点。答辩理由是指针对起诉状或上诉状提出的请求和理由进行说理辩驳。答辩意见是指在说理辩驳的基础上向人民法院提出答辩请求。一般是先写理由后写意见。

4.尾部和附项

写法同起诉状。

（三）答辩状的写作要求

1.针对性强，事实清楚，条理清晰，重点突出。

2.答辩意见即答辩时所提出的要求要合理合法，表述要明确、具体、完整。

3.保持客观冷静的态度，语言准确、简洁、有力。

【例文一】

民事起诉状

原告:×××

被告一:×××,男,身份号码:______________________

户籍地址:________________________

联系地址:________________________

抵押物地址:______________________

被告二:×××,女,身份号码:______________________

户籍地址:________________________

联系地址:________________________

诉讼请求:

一、判令原告与被告一之间签订的《个人授信协议》《个人贷款借款合同》项下贷款提前到期;

二、判令被告一立即偿还原告剩余贷款本金人民币______元,利息______元,罚息________元,复息________元,本息合计________元(利息、罚息、复息暂计至__________年________月________日,之后利息、罚息、复息按合同约定及人民银行之规定计至还清之日止),并加倍支付迟延履行判决期间的债务利息;

三、判令对抵押的房产处理后所得之价款优先偿还原告的贷款本息及实现债权的费用,不足部分由被告一继续清偿;

四、判令被告二对被告一的上述债务承担连带保证责任;

五、判令被告一、二连带承担本案一切诉讼费用(包括但不限于受理费、保全费、公告费等)。

事实与理由:

2012年11月7日,原告与被告一签订《个人授信协议》,约定:原告向被告一提供个人循环授信额度________元,期限为120个月,自______年______月________日起至________年______月______日止。为担保上述协议项下债务的履行,原告与被告一签订《个人授信最高额抵押合同》,约定:被告一将其所有的位于________________________的房产抵押给原告;被告二向原告出具《个人授信最高额不可撤销担保书》,约定:被告二对被告一的上述债务提供连带责任保证。依据以上协议,原告与被告一于________年________月________日签订《个人贷款借款合同》,约定:原告向被告一提供上述额度项下贷款人民币______元用于经营,贷款期限为60个月,贷款利率为年利率7.68%,逾期罚息为________未偿还贷款本金按日在合同的执行利率水平上加收50%,对不能按时支付的利息,按罚息利率按日计收复息,如遇利率调整,按人民银行规定执行,被告一采取"等额还款"方式归还贷款本息。(详见《个人授信协议》《个人授信最高额抵押合同》《个人授信最高额不可撤销担保书》《个人贷款借款合同》)

上述抵押房产,已于______年______月______日在××市房地产权登记中心办理了抵押登记,抵押编号为:__________________。

合同签订后,原告依约向被告一足额发放了上述额度项下贷款人民币______元,贷款期限为60个月,自______年______月______日起至______年______月______日止。贷款发放后,被告一却未按约定履行还款义务,现已连续2期未按时足额还款,被告二亦未代偿。截至______月______日,被告一尚欠原告贷款本金人民币______元,利息______元,罚息______元,复息______元,合计______元。被告一、二的行为已构成严重违约,为维护原告的合法权益,现依法诉至贵院,请求依据我国《合同法》和《担保法》的有关规定支持原告的上述请求。

此致

××市人民法院

起诉人:×××

××××年××月××日

【例文二】

民事答辩状

答辩人:××市××区城市印象业主委员会

地址:××市××区××街××号

业主委员会负责人:×××

被答辩人:四川××房地产开发有限公司

地址:四川省××市××区××号××楼。电话:0817-×××××××。

法定代表人:×××

2012年5月29日,答辩人因收到××市××区人民法院转来——四川××房地产开发有限公司关于"判令被反诉人支付因违法阻拦反诉人铺设天然气管道导致反诉人改变原设计方案而造成的损失20000元"一案,现依法提出如下答辩意见:

答辩事项:

答辩人请求人民法院依法驳回四川××房地产开发有限公司不合理且不合法的反诉请求。

事实和理由:

一、答辩人未见到所谓的"城市首座项目原铺设天然气管道的设计方案",四川××房地产开发有限公司也未事先书面告知答辩人或城市印象业主大会,更不用说,此方案能否通过。

二、"城市印象"小区六百多户住户,天然气管道已按照小区户数计算输气管径,并已定型管径。天然气等能源利用配套设施在业主购置商品房时已向天然气公司(其费用已由四川××房地产开发有限公司代收)购买天然气使用权。"城市印象"小区规划区域内的天然气等附属设施自然属于业主共有。

三、如果1000多户的"城市首座"小区要到我小区开天然气接口分流或接已定型管径输送的天然气管道,小区生活用天然气压力必定会受到影响(因定型管径输送的天然气未增压)。这与《物权法》第九十二条(不动产权利人因用水、排水、通行、铺设管线等利用相邻不动产的,应当尽量避免对相邻的不动产权利人造成损害;造成损害的,应当给予赔偿)的规定相违背。

"城市首座"小区最终借道"城市印象"小区23幢旁在市政主天然气管开接口分流或接生活用天然气管道,对我小区的用气质量影响相比较小,答辩人并给予方便。这符合《物权法》第八十八条(不动产权利人因建造、修缮建筑物以及铺设电线、电缆、水管、暖气和燃气管线等必须利用相邻土地、建筑物的,该土地、建筑物的权利人应当提供必要的便利)的规定。

四、在社区居委会和答辩人建议下,要求××天然气公司负责人书面承诺公示于我小区:"城市首座"小区要到"城市印象"小区开天然气接口分流或接已定型管径输送的天然气管道后，承诺确保今后“城市印象”小区天然气用户每天高峰用气压力无影响或正常使用，答辩人的合理诉求，××天然气公司一直不发布承诺书公示于小区。

五、依据《物权法》第七十六条和《物业管理条例》第十一条规定的事项由业主共同决定。其中，决定第七项，有关共有和共同管理权利的其他重大事项，应当经专有部分占建筑物总面积过半数的业主且占总人数过半数的业主同意。事实上，连十分之一的业主民意同意都没有，更不用说书面表决过半业主同意“‘城市首座’小区要到‘城市印象’小区开天然气接口分流或接已定型管径输送的天然气管道”。

综上所述，答辩人认为：“城市印象”小区业委会或业主大会对此事不但未违法，而且是维护了法律的尊严，更不用说承担什么损失费用或诉讼费用。

此致

××市××区人民法院

答辩人：××市××区城市印象业主委员会

××××年××月××日

第三节　起诉意见书　起诉书

一、起诉意见书

（一）起诉意见书的含义

起诉意见书是针对已经侦查终结的刑事案件，公安机关认为被告人的行为已构成犯罪，应当追究刑事责任，依法向同级人民检察院移送审查起诉的文书。

（二）起诉意见书的格式和写法

起诉意见书由首部、正文、尾部三部分组成。

1.首部

写明以下内容：

（1）标题。分行写出“××公安局”与“起诉意见书”。

(2)编号。置于标题右下方,格式为:“×公(　)诉字(　)号”。

(3)被告人简况。应写明姓名(化名、别名、绰号)、性别、年龄、民族、籍贯、文化程度、住址、职业、是否被劳动教养或受过刑事处罚等。

(4)案由。习惯上表述为:“被告人×××(姓名)××(罪名)一案,经本局自××××年××月××日至××××年××月××日侦查终结,证实犯有下列罪行:”

2.正文

包括犯罪事实和起诉理由两部分。

先介绍清楚犯罪事实、有关证据及被告人犯罪态度等,在此基础上,指出被告人犯罪的性质、动机、目的等,指明被告人所犯法律条款。最后写移送审查起诉的程序依据。

3.尾部

写明以下内容:

(1)送达机关。分行写“此致”“××人民检察院”。

(2)文书签署人职务、姓名、制作时间,并加盖公章。

(3)附项。注明被告人被羁押的处所,附送的预审卷宗卷数,赃证物品的名称、数量及存放地,证人及鉴定人姓名、职务、住址等。

(三)起诉意见书的写作要求

1.事实清楚,证据确凿。未经查证或证据不足的事实不能写入。

2.注意区分罪与非罪的界限。只写构成犯罪的事实,虽系违法但尚不构成犯罪的事实不能写入。

二、起诉书

(一)起诉书的含义

起诉书是对自行侦查终结或公安机关移送审查的刑事案件,人民检察院认为被告人的犯罪事实已经查清,证据确凿、充分,应依法追究刑事责任而向人民法院提起公诉的具有法律效力的文书。

(二)起诉书的基本格式与写法

起诉书由首部、正文、尾部三部分组成。

1. 首部

写明以下内容:

(1)标题。分行写出“××人民检察院”与“起诉书”。

(2)编号。格式为:“(年度)×检起字第×号”。

(3)被告人基本情况。(同起诉意见书)

(4)案由和案件来源。案由指罪名,案件来源指人民检察院自行侦查终结的案件,或是公安机关移送审查起诉的案件。基本写法为:

被告人×××(姓名)××(罪名)一案,经本院侦查终结(或:经××公安局侦查终结,于××××年××月××日移送本院审查起诉),查明其犯罪事实如下。

2. 正文

包括犯罪事实和证据及起诉理由两部分。

首先写清楚犯罪事实及证据,在此基础上,用概括性的语言写明被告人犯罪的性质、动机、目的、危害程度等,接着引用法律条文,写明被告人触犯了刑法哪一条哪一款,应受到什么样的惩罚等。最后写予以起诉的目的与法律依据。

3. 尾部

写明以下内容:

①致送法院名称。分行写“此致”“××人民法院”。

②由出庭公诉的检察长(员)署名,注明年、月、日并加盖公章。

③附项被告人住址或羁押处所,案卷册、页数,证物件数、清单及存放处,证人姓名及住地等。

(三)起诉书的写作要求

1. 必须划清罪与非罪的界限。只写构成犯罪的事实,没有构成犯罪的一般违法行为不能列入犯罪事实部分。

2 分清主次,突出重点。一人犯有数罪的,要分清主次,突出主要罪行;集团犯罪的,要分清主犯从犯,重点写清主犯。

3 措辞准确得当。起诉书的措辞应准确、客观,若叙述事实涉及国家机密与个人隐私时,应注意使用概括性语言。

【例文一】

××市公安局起诉意见书

×公××诉字××号

犯罪嫌疑人林某某,男,现年30岁(××××年××月××日出生),××市人,汉族,高中文化,家住××市××区××路××号××室。

违法犯罪经历:××××年××月××日因涉嫌绑架、故意杀人罪被刑事拘留,同年××月××日经××市人民检察院批准执行逮捕,现羁押于××市第一看守所。

犯罪嫌疑人强某某,男,现年35岁(××××年××月××日出生),××县人,汉族,小学三年级文化,家住××县××乡××村×××号。

违法犯罪经历:××××年××月××日因涉嫌绑架、故意杀人罪被刑事拘留,同年××月××日经××市人民检察院批准执行逮捕,现羁押于××市第一看守所。

犯罪嫌疑人王某某,男,现年23岁(××××年××月××日出生),××市人,汉族,初中文化,家住××市××区××镇×××村××组××号。

违法犯罪经历:××××年××月××日因涉嫌绑架、故意杀人罪被刑事拘留,同年××月××日经××市人民检察院批准执行逮捕,现羁押于××市第一看守所。

犯罪嫌疑人熊某某,男,现年33岁(××××年××月××日出生),云南省××市人,汉族,大专文化,家住××市××区××路××公寓×座××单元。

违法犯罪经历:××××年××月××日因涉嫌故意杀人罪被刑事拘留,同年××月××日被取保候审,××月××日经××市人民检察院批准执行逮捕。

犯罪嫌疑人李某某,女,现年31岁(××××年××月××日出生),××市人,汉族,初中文化,家住××市西二环××新村×座。

违法犯罪经历:××××年××月××日因涉嫌故意杀人罪被取保候审。

经本局侦查终结,证实犯罪嫌疑人林某某、强某某、王某某、熊某某、李某某有下列犯罪事实:(事实内容略)

综上所述,犯罪嫌疑人林某某、强某某、王某某、熊某某、李某某的行为分别触犯了《中华人民共和国刑法》第二百三十二条、第二百三十九条、第二百三十六条、第一百二十八条之规定,涉嫌犯有故意杀人罪、绑架罪、非法私藏枪支弹药罪。根据《中华人民共和国刑事诉讼法》第一百二十九条之规定，特将本案移送审查依法起诉。

此致

××市人民检察院

××市公安局（印）

××××年××月××日

附：本案预审卷宗共叁册。

【例文二】

××市人民检察院起诉书

×检刑诉字〔××××〕第×××号

被告人王某某，绰号“大头”，男，1982年1月28日生，身份号码为：××××××××××××××××××，汉族，小学文化，家住××市××乡××号。因故意杀人罪，2005年8月22日被××市公安局执行刑事拘留，同年9月27日经××市人民检察院批准，次日由××市公安局执行逮捕。

本案由××市公安局侦查终结，以被告人王某某涉嫌故意杀人罪于2005年11月4日移送××市人民检察院审查起诉。××市人民检察院于同日告知被告人诉讼权利，告知被害人近亲属诉讼权利，并于同年12月5日将本案移送本院审查起诉。本院受理后，依法讯问了被告人，审查了全部案卷材料，于同月21日退回××市公安局补充侦查。××市公安局经补充侦查后于2006年××月××日重新移送审查起诉，经依法审查查明：（事实内容略）

上诉事实，由被告人王某某供述；证人邱某某、陈某某、黄某某等人证言；现场勘查笔录；现场照片；法医学鉴定；户籍证明；公安机关证明等，事实清楚、证据确实充分。

本院认为，被告人王某某涉嫌故意杀人行为，已触犯《中华人民共和国刑法》第二百三十二条规定，犯罪事实清楚、证据确实充分，应当以故意杀人罪追究其刑事责任。根据《中华人民共和国刑法》第二百三十二条之规定，致人死亡或者以残忍手段致人重伤造成严重残疾的，处十年以上有期徒刑、无期徒刑或者死刑。依据《中华人民共和国刑事诉讼法》第一百四十一条，本院提起公诉，请依法判处。

此致

××市人民法院

检察员:×××

检察员:×××

××××年××月××日

附:1.证据目录一份。

2.主要依据复印件一册。

第四节　判决书　裁定书　民事调解书

一、判决书

判决书是人民法院对审理终结的案件,根据有关法律规定就其具体问题作出处理决定的文件。

(一)刑事判决书

1.刑事判决书的含义

刑事判决书是人民法院对审理终结的刑事案件,根据法律规定就其实体问题作出的有罪或无罪的处理决定,是对刑事案件审理结果的判决文书。包括有罪判决与无罪判决两类。这两类判决书的写法大同小异。

2.刑事判决书的格式和写法

(1)首部。写明以下内容:

①标题。分行写"××人民法院"与"刑事判决书"。

②案号。格式为:"(年度)×刑初字第×号"。

③自诉人(或公诉机关)、被告人、辩护人的基本情况具体写法同前。

④案由、审判组织、审判方式惯用写法为:"××××人民检察院以×检×诉〔　〕××号起诉书指控被告人×××犯××罪,于××××年××月××日向本院提起公诉(自诉案件写'由原告人×××自诉来院')。本院依法组成合议庭,由××人民检察院检察长(员)×××

出庭支持公诉，经本院进行公开（或依法不公开）审理。本案现已审理终结。"

（2）正文。由事实和判决理由及判决结论三部分组成。

有罪判决书首先应写明犯罪事实的基本情况。判决理由是在叙述犯罪事实的基础上，概括分析被告人犯罪的性质与危害，指出被告人所犯法律条文。判决结论即判决书的主文部分，写明对被告人作出的有罪以及犯了什么罪、判处什么或者免予刑罚的处理决定。

无罪判决书主要是针对原告人或上诉人所指控的内容，写明被告人无罪或不构成犯罪的事实、证据和理由。

（3）尾部

写明以下内容：

①交代上诉权限。刑事上诉的法定期限为十日。

②审判人员签名。

③书记员核对判决书正本日期，加盖人民法院印章。

④在前项的左方加盖"本件与原本核对无异"印章。最后由书记员签名。

3.刑事判决书的写作要求

（1）在写作时要注意保持事实、证据、理由与判决结果之间的联系性和逻辑性。

（2）写作事实和证据时要做到详略得当，详写的地方不能从简，概括的地方不能过细。

（3）交代上诉权、上诉期限、上诉法院，应以"日"计算天数。

（二）民事判决书

1.民事判决书的含义

民事判决书是人民法院对民事案件审理结果的判决文书，它包括一审民事判决书、二审民事判决书、再审民事判决书，其写法和刑事判决书基本相同。

2.民事判决书的格式与写法

（1）首部

以一审民事判决书为例。案号写法为："（年度）×民初字第×号"。诉讼当事人栏写明全案的诉讼参加人的基本情况。案由包括案件来源、案由、审判组织、审判方式，如开庭审理过程等。写法参照刑事判决书相应部分。

(2)正文

可参照刑事判决书正文写法。主文写完后,要另起一行写明诉讼费由谁负担。

(3)尾部

写法同刑事判决书。

3.民事判决书的写作要求

(1)诉讼参加人不能错写和漏写。如符合条件的未成年人不得漏写,共同诉讼案件的当事人为数名的不得漏写;不能把死亡人错列为当事人,不能把不符合第三人条件的人错列为第三人,不能将不符合当事人条件的起诉人或者应诉人错列为当事人。

(2)诉讼参与人的称谓要准确,如原告、被告,不得写原告人、被告人;不能将诉讼代理人简单写成代理人,应当明确写明是委托代理人还是法定代理人。

(3)事实、理由和判决结果必须相互照应,成为一个整体。

(三)刑事附带民事判决书

1.刑事附带民事判决书的含义

刑事附带民事判决书是人民法院对刑事附带民事案件审理结果的判决书。它适用于被告人行为涉嫌构成犯罪并且确已给被害人或者国家、集体带来财产损失的案件,二者缺一不可。刑事附带民事判决书可分为一审、二审和再审刑事附带民事判决书,此处只作简要说明,相关部分可参阅刑事判决书与民事判决书。

2.刑事附带民事判决书的格式与写法

刑事附带民事判决书的首部与尾部写法可参阅刑事判决书的相应部分。这里重点介绍正文部分的写法。

刑事附带民事判决书的正文部分仍由事实、理由和结论三部分组成。

事实部分包括:(1)被告人构成刑事犯罪的事实(犯罪时间、地点、目的、手段、过程、后果等);(2)被告人的犯罪行为致使受害人遭受直接经济损失的事实;(3)附带民事诉讼原告人提出要求被告人赔偿经济损失的诉讼要求。

理由部分在前述事实的基础上,除了论述被告人已构成犯罪,所犯什么罪,应受什么样的惩罚及其法律依据外,还要论述被告人应负的民事赔偿责任及其法律理由。

结论部分除写明刑种、刑期、刑期计算等内容外，还要专项写明附带民事诉讼部分的处理结果。

3.刑事附带民事判决书的写作要求

参见刑事判决书和民事判决书的写作要求。

二、裁定书

（一）裁定书与民事裁定书的含义

所谓裁定书，是指人民法院在审理案件或在执行判决的过程中，为确保审判程序的顺利进行，依法就其程序问题或部分实体问题作出处理决定的文书。它包括刑事裁定书、民事裁定书、行政裁定书等。

民事裁定书是人民法院在处理民事案件和经济纠纷等案件的审理和判决的执行过程中，就解决诉讼程序方面的问题依法作出的书面处理决定的文书。按审判程序分为一审、二审和再审民事裁定书。

（二）裁定书与判决书的区别

裁定书与判决书一样具有法律效力，但它和判决书是两种性质不同的文书。主要区别有：

1.作用不同

裁定书主要解决诉讼程序方面的问题，判决书解决案件实体问题。

2.内容和格式不同

裁定书的内容比较简单，一般不要求详细叙述案件事实，事实与理由部分可不分开写；判决书要全面叙述案件事实，理由要分开写。

3.关于上诉的规定不同

刑事、民事裁定的上诉期限分别为五日、十日，刑事、民事判决的上诉期限分别为十日、十五日。

4.数量和表达形式不同

一个案件可以有几个裁定，但只能有一个判决；裁定可用口头传达，而判决必须用书面形式。

(三)民事裁定书的格式和写法

其适用范围共十一个方面,可参阅民事诉讼法第一百四十条的规定。

民事裁定书的格式与写法如下。

1.首部

写明以下内容:

(1)标题。分行写"××人民法院"与"民事裁定书"。

(2)案号。格式为:"(年度)×民初字第×号"。

(3)当事人基本情况,同民事判决书。

2.正文

主要包括:案由、事实、理由和结论。案由、事实和理由及法律依据可合并在一段写,另起一段写结论。驳回起诉、终结诉讼和准予撤诉的,还应写明诉讼费用由谁承担。

3.尾部

写明以下内容:

(1)说明驳回起诉的,当事人可以上诉。写法为:"如不服本裁定,可在收到裁定书的第二日起十日内,向本院提交上诉状以及副本×份,上诉于××人民法院。"

(2)说明当事人不服诉讼保全和先行给付的裁定的,可以申请复议。写法为:"如不服本裁定,可以向本院申请复议。复议期间,停止裁定的执行。"

(3)审判人员署名等,同民事判决书。

(四)民事裁定书的写作要求

1.正确区别裁定和判决的适用范围。

2.正确区别口头裁定和书面裁定的使用范围。

【例文】

中华人民共和国最高人民法院

民事裁定书

(××××)民申字第××××号

再审申请人(一审原告、二审被上诉人):李某贵,男,××××年××月××日出生,汉族,住××省××市××区××镇××村××号。

委托代理人:段某刚,××律师事务所律师。

委托代理人:王某,××律师事务所律师。

被申请人(一审被告、二审上诉人):齐某田,男,××××年××月××日出生,汉族,住××省××市××镇××村××号。

委托代理人:唐某军,××律师事务所律师。

被申请人(一审被告):齐某丑,男,××××年××月××日出生,汉族,住××省××市××区××村××排××号。

一审被告:××市××镇××选矿厂。住所地:××省××市××镇××村。

法定代表人:齐某田,该公司经理。

再审申请人李某贵因与被申请人齐某田、齐某丑、一审被告××市××镇××选矿厂股权变更合同纠纷一案,不服××省高级人民法院(2014)×商终字第××号民事判决,向本院申请再审。本院依法组成合议庭对本案进行了审查,现已审查终结。

李某贵申请再审称:(一)二审法院认定李某贵在与齐某田签订《股权变更协议》时存在过错属事实认定错误。(二)二审法院认为李某贵在签订《股权变更协议》中存在过错,参照《中华人民共和国合同法》第一百五十一条规定,判决股权转让款利息损失由李某贵承担系适用法律错误。(三)即使李某贵在签订《股权变更协议》中存在过错,齐某田一方隐瞒事实真相,过错责任更大,股权转让款利息损失应由双方共同承担。李某贵依据《中华人民共和国民事诉讼法》第二百条第二项和第六项的规定申请再审。

经审查,本院认为:(一)关于李某贵在与齐某田签订《股权变更协议》时是否存在过错的问题。李某贵支付款项和参与××选矿厂的管理在前,签订案涉《股权变更协议》在后,李某贵应当知道××选矿厂企业的性质。一、二审法院查明,案涉协议签订的时间是2011年6月16日，李某贵支付30494232元款项的时间是2010年11月15日至2011年5月25日，在此期间李某贵参与了××选矿厂的管理。李某贵在支付巨额款项和参与管理该企业的过程中有足够的时间和机会了解该企业的状况和性质，其再审申请称在签订案涉协议时不知道该企业性质的主张与本案查明的事实不符。(二)二审法院参照《中华人民共和国合同法》第一百五十一条规定，判决股权转让款利息损失由李某贵承担是否适用法律错误的问题。《中华人民共和国合同法》第一百五十一条规定，买受人订立合同时知道或者应当知道第三人对买卖的标的物享有权利时，出卖人不承担本法第一百五十条规定的义务。《中华人民共和国合同法》第一百五十条规定，出卖人就交付的标的物，负有保证第三人不得向买受人主张任何权利的义务，但法律另有规定的除外。《中华人民共和国合同法》第一百五十条和第一百五十一条规定的是出卖人对标的物权利瑕疵担保责任和免除条件。本案××选矿厂的开办人×××村委会并没有向李某贵主张权利，因此适用上述条款的前提不存在。李某贵再审申请主张二审法院适用上述条款判决其股权转让款利息损失系适用法律错误的理由成立。(三)关于股权转让款利息损失是否应由《股权变更协议》签订双方承担的问题。1.案涉协议名为《股权变更协议》，实际上该协议系双方合作开发铁矿的合作协议，李某贵按照30%的份额分配企业利润。协议的名称不能否定双方合作开发铁矿的性质。2.李某贵在合作双方正式签订《股权变更协议》后不到三个月要求终止合作协议，其提出终止合作是违反《中华人民共和国矿产资源法》的，其理由是不成立的，因为法律并不禁止个人参与铁矿的合作开发。3.李某贵有权终止双方的合作，但李某贵的撤资会给企业经营带来影响，企业应当进行清算，各自承担相应的损失。4.如果让李某贵随时可终止合同不承担任何损失，那么就有可能导致李某贵在企业有利润就合作，否则就可随时终止合作的风险，这对合作的另一方是不公平的。二审法院尽管在适用《中华人民共和国合同法》第一百五十一条上不当，但对案件的实体处理并无不妥。

综上，二审法院认定事实清楚，适用法律虽有瑕疵，但实体处理妥当，李某贵的再审申请不符合《中华人民共和国民事诉讼法》第二百条第二项和第六项规定之情形，本院依照《中华人民共和国民事诉讼法》第二百零四条第一款之规定，裁定如下：

驳回李某贵的再审申请。

审判长：×××

审判员：×××

书记员：×××

××××年××月××日

三、民事调解书

（一）民事调解书的含义

民事调解书是指在人民法院的主持下，诉讼当事人自愿达成解决纠纷、结束诉讼的协议，人民法院依法予以认可而制作的具有法律效力的文书。从程序上分，民事调解书亦可分为一审、二审和再审民事调解书。

（二）民事调解书的格式与写法

1. 首部

包括标题、案号、当事人基本情况等。写法可参照民事判决书首部写法。须注意的是：第一审民事调解书要将案由单独列出，定为："案由……"例如："案由：宅基地纠纷。"

2. 正文

由事实和理由及协议内容三部分组成。

事实和理由。包括当事人争议的事实和理由以及法院认定的事实及法律依据，可合在一段写。写法参阅民事判决书的相应部分，行文可比民事判决书更简约概括。

协议内容。即双方当事人具体达成的内容，可分条写。它相当于判决书的结论。协议内容之后，另起一行写明诉讼费用的负担情况。

最后，可进行小结："上述协议，系双方当事人的真实意思表示，符合有关法律规定，本院予以确认。"

3.尾部

正文写完后，另起一行写明："本调解书与判决书具有同等法律效力，送达双方当事人后立即生效。"其他各项写法同民事判决书的相应部分。

（三）民事调解书的写作要求

1.根据《中华人民共和国民事诉讼法》第九十八条的规定，对于不需要制作调解书的协议，应当记入笔录，由双方当事人、审判人员、书记员签名或者盖章后，即具有法律效力。

2.调解书的协议要合法合理，不得违背有关法律、法规和国家政策，也不能损害国家、集体和公民的合法权益。

3.协议的内容要具体、明确；协议的语言要准确，也不能使用强制性语言。

第五节　公诉词　抗诉词　辩护词　代理词

公诉词、抗诉词、辩护词、代理词都是我国刑事、民事诉讼活动中，常用的法庭辩论类文书。

一、公诉词

（一）公诉词的含义

根据法律规定，凡提起公诉的案件，除罪行较轻经人民法院同意的以外，人民检察院都应当派员以国家公诉人身份出席庭审，支持公诉。由出庭公诉人发表的支持公诉的意见称为公诉词。

（二）公诉词的结构与写法

公诉词可分为标题、序言、正文、结论、署名五个部分。

1.标题

写法为：××人民检察院关于××案的公诉词。

2.序言

主要写公诉人出庭依据及对法庭调查做简要概括。发言开始应有称呼。一审案件写“审判长、陪审员”,二审案件写“审判长、审判员”。出庭依据参照《中华人民共和国刑事诉讼法》中的有关规定。

3.正文

这是公诉词的核心部分。内容包括:论证本案认定的犯罪事实、证据是否清楚、充分;揭露本案犯罪行为的社会危害性;剖析原因;论证起诉书定性、定罪意见的正确性;分析本案从重、从轻处罚情节,说明法定理由等。这部分写法灵活,应视具体案件而定。

4.结论

根据犯罪的性质与危害以及被告人的态度与表现,论证被告人应负的刑事责任;同时,提出从重从轻处罚的意见及法律依据。

5.署名

公诉人署名及发表公诉时间。

(三)公诉词的写作要求

1.公诉词在宣读前,应根据法庭调查情况的变化做针对性调整。

2.公诉词与起诉书必须保持严密的逻辑关系,其论点必须与起诉书保持一致,但在阐述论证过程中应有新认识和补充。

二、抗诉词

(一)抗诉词的含义

抗诉词是人民检察院派员出庭支持抗诉时发表的辩论词,它是对抗诉书的申述和补充。(注:抗诉书是指人民检察院履行审判监督职权,对人民法院的判决和裁定认为确有错误,要求人民法院予以纠正而提出抗诉时所制作的文书,其写法类似上诉状与申诉状。)

(二)抗诉词的结构与写法

1.标题

写法为:××人民检察院关于××案的抗诉词。

2.序言

写明以下内容:

(1)呼告语。即称谓,具体称呼为:“审判长、审判员。”

(2)出庭抗诉法律依据。引用《中华人民共和国刑事诉讼法》有关内容。

(3)出庭前详细查阅原审材料,对法庭给予适当肯定。

(4)对案件的基本看法。用概括性语言表明抗诉人对案件的看法与评价。

3.正文

阐述抗诉理由,这是抗诉词的核心。一般可从以下几方面指出原判决裁定不当或错误:第一,原判事实不清,证据不足,或认定的事实根本不符合实际情况;第二,定性不准,量刑畸轻畸重;第三,适用法律不当;第四,违反刑事诉讼法的有关规定;第五,审判人员徇私舞弊,裁判不公正、不合法;等。

4.结论

对抗诉意见加以归纳,并对如何处理本案向法庭提出建议和要求。

5.署名

抗诉人署名并写明抗诉词发表时间。

(三)抗诉词的写作要求

1.抗诉词与抗诉书必须保持严密的逻辑关系,其论点必须与抗诉书一致,在具体论证过程中要注意针对被告人的辩护加以扩充。

2.抗诉词是对抗诉书的申述和补充,因此,对重点内容即抗诉理由应做突出强调。

三、辩护词

(一)辩护词的含义

辩护词是被告人及其辩护人在法庭辩论阶段,根据事实和法律向人民法院提出说明被告人无罪、罪轻或者应减轻、免除刑事责任时所做的发言。一般都事先写成文稿，然后视法庭上出现的新情况进行补充修正。

（二）辩护词的结构和写法

1.标题

写法为“关于××一案的辩护词”。也可简称为“辩护词”。

2.序言

写明以下内容：

（1）呼告语。写法同公诉词。

（2）出庭辩护法律依据。可参阅《中华人民共和国刑事诉讼法》相关条款，并予以引用。

（3）出庭前的工作情况。具体内容为查阅案卷、会见被告、必要查访的有关情况。

（4）对案件的基本看法。

3.正文

这部分重点写辩护理由，这是辩护词的主体部分。一般可从以下几方面入手：

（1）对起诉书指控的犯罪事实是否正确进行辩护。通常有三种情况：一是事实虽然存在，但并非指控者所说的事实，如把过失杀人说成故意杀人；二是事实虽然部分存在，但被指控者加以歪曲、夸大；三是事实根本不存在。然后将这三种情况和辩护人自己掌握的事实材料对比，得出结论，据理进行辩驳。

（2）对起诉书引用的法律是否恰当进行辩护。援引法律不当，是指错误地理解和引用法律，致使所认定的罪名和适用刑罚不当。辩护人应当依法在辩护词中阐明怎样理解和援引法律才是正确的。

（3）从情理方面进行辩护。情理因素很多，诸如被告人的一贯表现、生活环境、文化程度、刑事责任能力、犯罪起因、认罪态度、悔罪表现等。辩护中应当联系这些因素，全面分析，充分阐述，以辅助辩护理由的成立。

辩护方法，一般以驳论为主，可以反驳对方的论点、论据或论证。视具体情况而定。

4.结论

是辩护人对自己整个辩护的总结和归纳。其内容包含两个要点：一是向法院提出对被告人应如何定罪量刑，适用什么法律条款的看法、要求和建议；二是请求法院对自己的辩护意见给予足够的重视。

5.署名

辩护人署名并注明时间。

（三）辩护词的写作要求

1.应坚持正确立场。写辩护词是为了保护被告人的合法权益，对被告人的非法权益，则不能保护。

2.辩护理由要充分、合理。要以事实为依据，以法律为准绳来进行辩护。

3.语言表述应准确严密。

四、代理词

（一）代理词的含义

代理词是案件当事人委托的诉讼代理人在法庭辩论阶段，当庭所做的维护被代理人合法权益的综合性发言。

（二）代理词的格式和写法

代理词的写法与辩护词基本相同。

1.标题

可写为："××一案原告诉讼代理词""××一案被上诉人诉讼代理词"等，也可以"代理词"为题。

2.序言

内容以及写法同辩护词。

3.正文

包括代理人经过调查后对本案事实的陈述和说明（并提供证据）；代理人为维护被代理人的权益所论证的理由和提供的有关法律依据。写法上一般以正面说理为主，也可以把正面说理与反面驳斥有机结合在一起。

最后,代理人综述以上的事实和理由,向法院提出具体的请求。

4.尾部

注明附件名称以及数量;代理人署名并注明时间。

(三)代理词的写作要求

1.代理词中所提意见和要求等均不能超越代理权限。

2.代理词所维护的必须是被代理人的合法权益,而不是非法权益。

【例文】

辩护词

审判长,审判员:

×××律师事务所接受本案被告人范某礼的委托,指派我担任被告人范某礼的辩护人。庭审前,我认真阅读了本案卷宗材料,今天又参加了法庭调查。我对本案的案件事实已有充分的了解。首先,我对凶手残忍杀害三被害人的行为表示同情和慰问。根据事实和法律,提出证明被告人无罪、罪轻或者减轻、免除其刑事责任的资料和意见,维护被告人的合法权益,这是辩护人的职责。在今天庭审中被告人范某礼再次否认自己的犯罪事实,作无罪供述和辩解。纵观本案,本辩护人认为:起诉书指控被告人范某礼涉嫌故意杀人,其证据严重不足,依法应对被告人范某礼作无罪处理。现基于上述认识发表以下辩护意见:

一、公诉机关出示的证据不能充分证明被告人范某礼有杀害三被害人的主观动机和故意。理由是:

1.公诉机关出示的证人张某万、徐某高、徐某兴、罗某芝、张某兴、付某兴、陈某奎、孟某成、付某贵的书面证言和关于范某昌被被害人家人打伤的《调解协议书》及《收据》两份书证,均证明了被告人范某礼一家与被害人一家曾经有过纠纷的事实,但不能由此证明被告人范某礼就有杀害被害人付某英一家的主观动机。

2.被告人范某礼虽在公安机关有过欲伤害付某英家人的供述,但因被告人范某礼无论在庭审前,还是在今天的庭审中,均一再否认上述事实,且被告人范某礼供述的内容与范某昌、范某所两被告人供述的内容相互矛盾,又无其他证据可以相互印证。故不能有效证明被告人范某礼有杀害被害人付某英一家的主观动机。

3.根据范某礼、范某所、范某昌三被告人所作的无罪供述和辩解，再结合《调解协议书》《收据》两份书证及证人陈某柏的证言来看，所有这些均一致证明被告人范某礼一家虽曾与被害人付某英一家有过纠纷，但两家的纠纷已经当地村组织调解平息。且事后也未因此再发生过纠纷。由此可见，被告人范某礼、范某所、范某昌无杀害原告人付某英一家的主观动机和故意。

二、公诉机关出示的证据不能充分证明被告人范某礼实施了杀害三被害人的行为。现论证如下：

1.证人张某万、徐某高、徐某兴、罗某芝、张某兴、付某兴、陈某奎、孟某成、付某贵的书面证明证言只证明了三被害人已被杀害的事实，而没有证明三被害人就是范某礼、范某昌、范某礼三被告人杀害的。

2.现场勘察笔录、尸体检验报告书和物证检验鉴定书三份证据，只证明了三被害人是由现场提取的板锄、菜刀、钉耙等工具致死的事实，没有证明上述工具是范某礼等三被告人在作案时所持有的凶器，更不能证明三被害人就是范某礼等三被告人害的。物证检验鉴定书虽然证明了被告人范某礼外裤腿上的血痕血型与迟某品、迟某勇的血型及现场提取的板锄上的血痕与血型均为A型。但不能由此就当然得出迟某品、迟某勇二被害人是被告人范某礼杀害的这一结论，更不能证明被告人范某礼就是杀害三被害人的行为人。因为血型为A型的人很多，《物证检验鉴定书》没有证明被告人范某礼外裤腿上的血就是被害人迟某品或被害人迟某勇的血，更没有证明被告人范某礼外裤腿上的血痕是被告人范某礼在作案时染上的。

3.提取笔录只证明了侦查机关提取有关书证、物证的过程，该笔录不能证明范某礼、范某所、范某昌三被告人杀害三被害人的事实。被告人范某昌的指认、辨认笔录是被告人在侦查机关对其采取强制措施的情况下，由侦查机关单方面制作的笔录。被告人范某昌的指认、辨认笔录最多只能看作被告人范某昌的单方面陈述。但被告人范某昌的指认、辨认笔录只有在其他证据证实的情况下才能作为本案定案根据。

4.范某礼、范某所、范某昌三被告人的供述有以下特点：一是既有有罪供述，也有无罪供述，其供述没有稳定性；二是有罪供述的前后内容相互矛盾，不能自圆其说；三是三被告人所作有罪供述的内容相互之间是矛盾的，不能互相印证；四是三被告人所作有罪证明作案时间（2001年11月28日晚十点左右）与证人徐某兴、罗某芝证明的作案时间（2001年11月29日凌晨二点）是相互矛盾的；五是三被告人在庭审中所作的无罪供述均没有客观真实性这一根本的证据特征，在没有其他证据以印证的情况下，三被告人所作的有罪供述是不能作为本案定案根据的。

5.公诉人称三被告人所作有罪供述证明的部分内容与侦查机关勘验的部分案发现场相吻合，这一指控是不能令人信服的。因为：一是从三被告人供述的笔录内容及三被告人在今天庭审中的供述和辩解来看，不排除侦查机关有向三被告人非法取证的嫌疑；二是案发后三被告人曾到过案发现场，特别是被告人范某礼曾于案发后即12月2日到迟某友家（案发现场）帮忙料理过丧事，且三被害人尸体的原始摆放位置和三被害人的伤情等早已不是什么秘密（公安机关在解剖尸体时，有包括付某宽在内的许多人在场旁观。付某宽等人早已把这些情况告诉包括被告人范某礼的妻子陈某柏及徐某才等在内的其他人，有付某宽的在卷证言证实）。三被告人能够说出一些案发现场的情况，也就不足为奇了；三是三被告人在有罪供述中对案发现场和作案过程的描述是相互矛盾的，且与客观实际不符。否则，既然三被害人是被告人用钉耙、菜刀、板锄等物致死的，且手段又如此残忍，为何三被告人的衣物上没有半点死者喷溅的血迹呢？被告人范某礼的右腿和左手关节的骨头是折断过的，至今仍未复位，其又怎么能顺着柱子攀得上三米多高的燕窝楼上去呢？由于存在的疑惑点太多，这里就不再一一列举。

6.被告人范某礼无作案的时间。根据被告人范某礼作的无罪供述和辩解，其在2001年11月28日晚上八点左右，吃完饭后就上床睡觉，一直睡到第二天早上。被告人范某礼陈述的这一事实与范某所、范某昌两被告人所作无罪供述的内容基本上是一致的，且与证人陈某柏、范某粉、范某华、范某考、邵某勇、姜某兰等人的证言可以相互印证。

综上所述，公诉机关出示的证据既不能充分证明被告人范某礼有杀害三被害人的主观动机和故意，也不能充分证明被告人范某礼实施了杀害三被害人的行为。请求人民法院从我国刑法无罪推定的这一立法思想出发，严格执行《中华人民共和国刑事诉讼法》第四十六条和第一百六十二条第三款的规定，作出被告人范某礼无罪的公正判决。

以上辩护意见,请合议庭以充分采纳!

谢谢审判长!谢谢审判员!

被告人范某礼的辩护人:×××律师事务所

律师×××

××××年××月××日

第六节　遗嘱书　授权委托书　公证书

一、遗嘱书

(一)遗嘱、遗嘱书的含义和特点

遗嘱是指立遗嘱人按照法律所规定的方式处理遗产或其他事务,并于死亡后发生效力的法律行为。采用书面形式记录下来的遗嘱,称为遗嘱书。遗嘱的特点如下:

1.它是立遗嘱人在生前对他的财产的全部或一部分指定给予法定继承人中的一人或数人继承的文书。这种遗嘱属于单方法律行为,无须经他人同意即可生效。

2.它是体现立遗嘱人的真实意愿的。立遗嘱时应当让立遗嘱人自由地、有意识地来决定如何处理自己的财产。但是遗嘱不能违背党和国家的政策与法律,不能损害国家和集体的利益,不能取消未成年人、无劳动能力或生活困难的法定继承人的继承权。也可以用遗嘱这一书面形式把个人财产献给国家、集体或赠与其他个人。对于一般遗嘱或生前所立的遗赠字据,法律应当承认它的效力;但遗产的分配显然有失公平时,经过利害关系人的请求,人民法院可重新酌情分配。

3.遗嘱一般采取由本人签名的书面形式;也可以用口授、代笔的形式,只要确实是遗嘱人的意愿,同样发生效力。为了慎重地、严肃地对待遗嘱,应当经过两个以上无利害关系的见证人的证明。一般的应当由国家的公证处予以公证。

（二）遗嘱书的结构和写法

遗嘱书可分为四个部分。

1.名称。应写明“××遗嘱”。

2.立遗嘱人的个人基本情况。即：姓名、性别、年龄、籍贯、住址。

3.遗嘱的实质内容。这是遗嘱书的主体部分。这部分的内容有：

（1）立遗嘱的主客观原因，即遗嘱人立遗嘱的原因。如“因年老多病”“经公证收养了子女”“因依靠女儿供养”“因无子女，均由邻居×××照顾”“因子女较多，需妥善安排继承”等。

（2）遗嘱要处理的具体遗产。即应将其财产的数额、物件名称一一列出。这是遗嘱书具体的重要的内容。

（3）身后遗产由谁继承或无偿赠与谁及其他的一些要求。

4.立遗嘱人签名盖章。有证明人或代书人的，均应签名盖章并注明年、月、日。

（三）立遗嘱应注意的事项

1.立遗嘱人必须是有行为能力的人。如在立遗嘱后丧失行为能力，并不影响其遗嘱的效力。

2.遗嘱的内容必须具有合法性。

3.遗嘱必须确实是遗嘱人的真实意愿。由于威胁、强迫、欺骗所立的遗嘱以及伪造、篡改的一律无效。

4.立遗嘱人订立遗嘱，如认为有不妥善之处，有权变更其内容或者撤销，但必须通过原证明人或公证机关的证明。

5.遗嘱书为遗嘱的特殊形式，是立遗嘱人以遗嘱的方式将其财产的一部分或全部遗赠给国家、集体组织、社会团体或者公民。立遗嘱人为遗赠人，接受遗赠的人为受遗赠人。

遗赠是单方的无偿的法律行为，只要将遗赠内容写入遗嘱，即为有效，不需征得受遗赠人的同意。受遗赠人只享有接受遗赠财务的权利，并不承担清偿遗赠人债务的义务。

【例文】

遗嘱

立遗嘱人(下称“本人”):×××

身份号码:××××××××××××××××××

本人现年××岁,在立遗嘱时精神正常、头脑清醒,具备完全民事行为能力。为防止可能发生意外,由×××、×××见证,现立遗嘱如下:

1. 本人____现有财产________________,本人身故后,该上述财产中的__________由×××(身份号码:____________________)继承,其他财产按照法定继承办理。

2. 本人指定×××作为遗嘱执行人。

本遗嘱一式叁份,我本人、遗嘱继承人、遗嘱执行人各持一份,继承开始时由执行人负责实施。

立遗嘱人:×××

见证人:×××

遗嘱执行人:×××

××××年××月××日

二、授权委托书

(一)授权委托书的含义

授权委托书是当事人将某项权利授予委托代理人代为行使的证明文书。一般分为诉讼代理的授权委托书和民事代理的授权委托书两类。民事委托书用于日常的非诉讼的民事委托(如委托照管房产、委托经营等)。这里主要介绍诉讼委托书。

(二)授权委托书的写法

1. 标题。写明“民事诉讼授权委托书”。

2. 委托人(即被代理人)和受委托人(即委托代理人)的个人基本情况。包括姓名、性别、年龄、民族、籍贯、职业、住址等。

3. 正文。即委托内容。基本写法为:"委托人×××因与××买卖合同纠纷(案由)一案,特委托×××参加本案一审阶段的审理。代理权限为:______________。"

如果是部分委托,则应具体说明委托的事项和权限。

4. 委托人和受委托人签名盖章并注明时间。

民事委托书的格式与诉讼委托书相同,而正文部分写法有异。民事委托书正文常见的写法如:"委托人×××自愿将×××(房产、商店等)委托给×××(姓名)××(保管、经营等)。"然后写明委托权限。

(三)办理委托书要注意的问题

1. 委托人必须有行为能力。反之,不能实施委托行为。

2. 委托人和受托人随时可以通知对方终止委托,不必征得对方同意。但受托人提出终止委托,要注意不要使委托人因委托终止而受到损失。

3. 凡是与个人人身有密切联系的或是产生人身关系的法律行为不能委托他人代理。如结婚登记、立遗嘱、收养子女、申请办理委托书等。

【例文】

民事诉讼授权委托书

委托人:王某某,男,汉族,××××年××月××日出生,××省××市人,××市××公司职工,家住××市××路××号,身份号码:××××××××××××××××××,电话:×××××××××××

受托人:李某某,××市××律师事务所律师。

委托人王某某因与张某某遗产纠纷一案,特委托××市××律师事务所李某某律师担任本案一审阶段中的代理人。

代理人李某某的代理权限为下列第__1__种:

1. 一般代理

2. 特别授权:即代为提出、变更、放弃、承认诉讼请求,参加和解,提起反诉及上诉等。

本委托书有效期至<u>本案一审</u>终结。

委托人:王某某

××××年××月××日

三、公证书

(一)公证书的含义

公证书是指国家公证机关接受当事人的公证申请后,依法予以证明时所出具的具有法律效力的文书。包括国内公证书和涉外公证书等。这里只介绍国内公证书。

(二)公证书的写法

1.首部

写明标题、编号等。标题只需写明“公证书”这一文种名称。编号格式为:“(年度)×证字第×号”。

公证书的首部一般不写当事人的身份等基本情况。但是,对继承权、收养关系、亲属关系等进行公证,则必须写明当事人的姓名、出生年月、住址等具体事项。

2.正文

也称证词,是公证书的主要组成部分。不同的公证内容,有不同的写法,详略和侧重点也不一样。对文书类进行公证,只需写公证机关审查确认的结论,如:“兹证明×××于××××年××月××日来到我处,在我的面前,当面在××书(遗嘱、委托书、合同书等)上签名(或盖章)。”对继承权、收养、亲属关系等进行公证,应写明经公证机关查明的事实和确认的结论两部分。如继承权公证书:“经查,×××于××××年××月××日在××(地名)死亡,死后在××(地名)留有遗产。死者生前立有遗嘱,根据死者遗嘱,死者×××的遗产应由×××继承。”

3.尾部

包括公证机关名称、公证员签名、公证时间并加盖公章。

公证书制作完结后,应根据需要制作若干副本,除公证机关自留一份副本外,其他副本连同正本一并交由当事人。

(三)公证书的制作要求

1.认真审查,保证真实与合法。公证机关应对申请公证人的资格和申请公证的具体事项进行调查、审核,以保证真实与合法。对不合理、不合法的请求不予公证。

2. 一事一证。如果当事人一次申请几项公证，应当分别加以证明。但如果所申请事项属同一使用目的和范围，也可数事一证。

3. 文字准确、简明。

【例文】

公证书

申请人：×××　　××公证字第××号

兹证明×××的法定代表人×××与×××的法定代表人×××于××××年××月××日，在××，签订了《××合同》。

经查，上述双方当事人的签约行为符合《中华人民共和国××××法》第××条的规定；合同上双方当事人签字、印章属实；合同内容符合《中华人民共和国××××法》的规定。

中华人民共和国××省××市公证处（印）

公证员：×××

××××年××月××日

思考与练习

一、解释。

法律文书　诉讼文书

二、什么是起诉状？它有哪些类别？

三、将下面这份起诉状修改正确。

起诉状

金牛区人民法院：

原告人：×××，男，58岁，汉族，工人。

被告人：×××，男，58岁，汉族，无业。

事实与理由：被告为了做水果生意，向我借了2万元人民币，至今已一年多，未还。我上门去要，他不但不还钱还说："你再来要，老子要捶你！"今年9月，我去他家要钱时，他真的动手打了我，把鼻血都打出来了，你看他横不横？古话说："杀人偿命，借债还钱”，他不还钱是不行的，现在借条在我手里，你们若不相信，可以派人来查看。我现在的要求是要他还我那2万元，外加利息5000元，请人民法院公断。

此致

敬礼

原告人：×××

××××年××月××日

附：本状副本2份。

四、什么是上诉状？写上诉状时，上诉理由可以从哪几个方面入手？

五、申诉状与上诉状有哪些区别？

六、什么是答辩状？它有哪些写作要求？

七、什么是起诉意见书？

八、什么是起诉书？它有哪些写作要求？

九、什么是判决书？它有哪几类？

十、什么是裁定书？它与判决书有何区别？

十一、什么是公诉词？

十二、什么是抗诉词？它有何写作要求？

十三、什么是辩护词？它有哪些写作要求？

十四、遗嘱的基本特点是什么？

十五、什么是授权委托书？它有哪些类别？

十六、什么是公证书？它有哪些写作要求？

第八章　礼仪文书

第一节　概述

一、礼仪文书的含义

礼仪，是礼节和仪式的总称，在社会生活中，它用于调整人与人之间的关系。人生活在一定的社会场所和社会关系中，必然会有各种各样的交往活动。就个体来说，有生老病死、喜怒哀乐。就公众来说，长幼、男女、邻里、上下级之间，有远有近，有尊有长，不同的交往对象间交往也会有多有寡、有浓有淡，或重于情义，或偏于功利，但不论怎样，要达成彼此的交往，实施交往活动，都少不了一定的礼仪行为，礼仪文书正是达成这一行为的重要媒介手段。在某种意义上，礼仪活动就是一种公关活动，公关活动也必须以礼仪活动为基础。礼仪活动偏重于“情”，公关活动偏重于“利”。

因此，礼仪文书就是指个人、组织、单位在实施公关手段、礼仪活动时，用书面形式记录或表达目的、陈述愿望的一类应用文书。

二、礼仪文书的种类

礼仪活动的内容非常丰富,涉及的公众对象相当广泛,特别是随着社会经济文化的迅猛发展,礼仪文书的种类变得越来越繁杂,新的文体也应运而生,这种复杂性和多样性,使得礼仪文书的分类标准难以统一。对此,国内学术界诸家诸派各执一词,众说不一。如果从礼仪的特点、使用范围等角度,则可以划分为如下几类:

1. 书信类:如便函、贺信(电)、求职信、慰问信(电)、感谢信、表扬信、倡议书等。

2. 礼仪类:如迎送辞、答谢辞、请柬、聘书、讣告、唁电、悼词(告别词)等。

3. 宣传类:如启事、海报、声明、演讲稿等。

本书从实用出发,拟讲述请柬、海报、启事、声明、感谢信、贺信(电)、慰问信(电)、申请书、聘书、求职书、讣告、唁电、悼词(告别词)、开幕词、闭幕词、迎送词、答谢词、演讲稿、述职报告、建议书、倡议书等文种。

三、礼仪文书的特点

(一)读者(接受对象)的特定性

礼仪文书写作,是礼仪活动的一种媒介手段,其为礼仪活动提供文稿,以文字的形式处理组织与公众之间、公众与公众之间、个人与个人之间的关系,从而解决礼仪活动中的实际问题。因此,大部分礼仪文书都有比较明确的阅读(接受)对象,一封书信、一张请柬、一份演讲稿都是写给或诵读给具体单位、组织或个人看或者听的,其行文对象十分明确,其实用性也非常突出。

(二)体式的相对稳定性和约定性

体式又称格式,指的是文体的结构形式,文学创作注重创新,提倡多样。礼仪文书则要求表达准确、处理及时。并且,在长期的实际应用过程中,大部分文种都形成了约定俗成的规范格式,包括特定的称谓、内容的组合安排、习惯用语、固定的行为规范等,都得到了社会的公认并定型。

(三)雅俗得体的语言

礼仪文书的用语中,因为我国几千年文化相传的结果,古语旧辞颇多,而且表情达意既雅致又为大众所接受。这部分语言在今天的礼仪文书中还常常使用,如请柬中使用"敬请届时莅临",书信中"即颂文祉""恭叩慈安"等语句仍在使用。但在今天的写作中,用语大多仍以明白晓畅、通俗易懂为要。所以,用词的古雅与通俗要配合得体,不能为辞藻而牺牲通俗,应朴实而精练。如"兹有要事面谈,务请拨冗来舍一叙为荷",邀约朋友,既显文采,又很明白。

第二节　请柬　海报　启事　声明

一、请柬

(一)请柬的含义

请柬也称请帖,是单位或个人有重要纪念、喜庆活动,邀请上级领导、兄弟单位的同志或亲戚朋友前来参加所用的一种应用文书。

(二)请柬的格式与写法

1.请柬的格式

请柬的格式从形式上分有横式和纵式两种。横式即采用横排书写,纵式即采用竖排排列。横式通常采用书信形式,形式灵活,内容可详可略,给人们新鲜活泼之感;纵式通常采用填空式,格式固定,给人们古朴庄重之意。

请柬从邀请者来看还有单位和个人两种,两种在写作要求上不尽一致。

2.请柬的构成

请柬由标题、称谓、正文、结尾、署名、日期等部分构成。若是以单位名义写的请柬,还必须有公章,这是请柬区别于普通书信的地方。

3.请柬的写法

(1)标题

通常要用醒目字体在第一行正中部分写上“请柬”或“请帖”二字。在特定场合使用时,要用毛笔书写在红纸上,并饰以彩色边缘。现在出售的通常还用金粉饰写标题。其目的在于渲染郑重的气氛。

(2)称谓

横式写于标题下面第一行顶格处,纵式写于正文邀请事由之前,写明被邀请单位名称或个人姓名。

(3)正文

开头语一般用“兹”“谨”等开头,主体语写明事情内容、时间、地点,一般用一句话或两三句话组成一个自然段。

(4)结尾

结束语一般用“敬请光临”“敬请莅临”“恭候光临指导”等词语,以示礼貌和诚挚的邀请。

(5)署名和日期

横式写在正文右下方,纵式写在正文的左下方。现通常出售的请柬还在署名后写上“谨邀”字样,以示谦恭和客气。

(6)公章

单位递出的请柬还必须加盖公章才能生效。公章盖的位置在落款与日期上,俗称“齐年盖月”,注意不要压住正文,否则既不美观也不礼貌。

(三)请柬的写作要求

1.语言简洁得体,文雅大方,语气婉转,带有协商、祈望、恭敬的意味,使被邀请者感到亲切与高兴。

2.在时间、地点、称谓上,要绝对避免差错,尤其是被邀请者的职衔,一定要核实准确,以免造成误会。

3.请柬写好后,要提前发出,给被邀请者留下一定的准备时间,也无须发送过早,过早客人容易忘记。

【例文】

请柬

李老师：

兹定于五月四日（星期二）晚七点半在我校共青广场举行“纪念五·四篝火晚会”。

届时敬请莅临。

××大学（印）

××××年××月××日

二、海报

（一）海报的含义

海报是向公众报道或介绍有关戏剧、电影、体育、报告会、展览会等大众关心的娱乐信息时使用的文书，它是广告的一种，大体属于公共广告的范畴。

海报有时还通过美术设计进行美化，具有在各种公共场所张贴的特性。

海报的名称，最早起源于上海。旧时，人们习惯把职业性的戏剧表演界称为“海”，从事职业性戏剧表演称为“下海”，作为剧目演出信息的张贴物，便叫“海报”。只是如今海报的适用范围更为广泛了，除了张贴，有的还登在报纸上，或在电台、电视台播放。

（二）海报的格式与写法

1.标题

标题可大而醒目，第一行居中直接写“海报”二字；也可不写“海报”二字，直接写明内容，如“报告会”“球讯”“影讯”“联欢晚会”等。

2.正文

写明具体内容及时间、地点、票价或有关要求，为增加吸引力，在介绍内容时语言可以有一定的形象性和鼓动性，书写安排较为自由，并可配上有特色的图案或象征性的图画。

3.署名和日期

写明主办单位和举办单位,也可在正文中写明主办单位和时间,两者勿须重复。署名下行落上年、月、日。

(三)海报的写作要求

1.内容必须真实,题文相称;可以适当用一些鼓动性词语,但不可夸张失实。

2.根据内容需要加上美术图案,色彩和构图要醒目、简洁、明快,具有时代气息和装饰美,以扩大宣传效果。

3.文字力求简洁明了,行文直截了当。

【例文】

海报

为了进一步深入学习中国共产党第十九次全国代表大会精神,我院团委特邀请××大学知名教授×××来校作报告,望全校师生踊跃参加。

时间:××××年××月××日××时

地点:本校礼堂

××学院团委会

××××年××月××日

三、启事

(一)启事的含义

启事是个人或单位,有事情要向人们告知、说明,或者对大家有什么要求,把它用文字公布出来,或在公共场所张贴,或通过报纸、广播、电视等新闻媒介广为传播的一种应用文书。

启事具有公开性、广泛性及告知与求助相结合等特点。

(二)启事的分类

1.征招类

包括招聘、招标、招生、招工、招领、征稿、征集、征婚等。

2.声明类

包括遗失、作废、聘请、辨伪、迁移、更名、更正、开业、停业、庆典等。

3.寻找类

包括寻人、寻物等。

（三）启事的格式与写法

启事内容分类虽多，但基本格式还是比较一致。

1.标题

可写明事由和文种，如“征文启事”；也可以文种作标题，如“启事”；也可以直接写出内容，如“寻人”“招领”“招工”。

2.正文

写明启事内容，包括启事目的、原因、内容、形式、要求事项；如内容较多，可分条列项，逐一交代。启事种类不同，正文的具体要求也有区别。正文末尾，可写“此启”，亦可不写。

3.启事人和日期

如在标题或正文中已经写明启事单位或人员，落款处此项则可不写，只加盖相关印章。如前面没有写明，必须在正文右下方写上署名和日期。

（四）启事的写作要求

1.标题要简短、醒目。

2.文面设计可注意突出而吸引读者。

3.所启事项完整，但宜单一，便于理解记忆。

4.语言注意真挚、中肯、有礼貌，使读者对启事有信任感，注意交代清楚启事单位或个人的联系单位或联系电话。

（五）启事与海报的异同

1.相同点

启事和海报都具有告启性，而不具有强制性和约束力，都可在公共场所张贴。但两者有明显的区别。

2.不同点

(1)适用范围不同。启事使用范围较广,如招工招生、征文征订、寻人寻物、更名改刊、开业、搬迁等,而海报通常只用于报道文化、娱乐、体育等信息,如文学、教育、科学方面的报告会,讲演会,电影、戏剧、歌舞方面的放映和演出,各种体育项目的比赛。

(2)公布方式不同。启事除了张贴,还可以登报刊、上广播电视,而海报只用来张贴悬挂,登上报刊的海报就属于广告范畴了。

(3)制作形式不同。启事一般只用于文字说明(寻人启事可配以照片),而海报除了用文字外,还可以做美术加工,如配美术字、图案或图画等。

(4)使用者不尽相同。启事是单位或个人都可使用,而海报多是一定团体、组织、实体、文体单位等使用,个人一般不用。

【例文一】

招工快讯

××区残疾人就业创业扶贫促进会是在民政局合法登记的公益性社会组织机构,作为一家服务本土的专业社会服务组织,一直坚持提供优质的助残服务,其宗旨是坚持以人为本,充分发挥本会的优势,协助政府,配合各级残联和劳动就业部门促进残疾人就业创业;关心残疾人的生活,为残疾人及家庭提供个别化、人性化的服务,促使残疾人"走出家门、融入社会",本次招聘共计9人。

招聘条件:年龄20岁及以上,五官端正,有爱心,爱交流,有敬业精神。

待遇:月薪丰厚,免费提供住宿。

报名时间:××××年××月××日至××××年××月××日。

报名地点:××区××大道老年大学残疾人就业创业扶贫促进会(一楼)

联系电话:(略)

应聘证件:本人身份证、毕业证及一寸免冠相片一张。

××区残疾人就业创业扶贫促进会

××××年××月××日

【例文二】

教育部高等教育教学评估中心2019年招聘启事(非事业编制)(有删减)

教育部高等教育教学评估中心是负责组织实施高等学校本科教学评估与专业认证工作的教育部直属事业单位。现根据我中心工作需要,面向社会在职人员公开招聘。

一、招聘计划

管理岗位1人。

二、工作职责

1.负责中国工程教育专业认证协会秘书处的日常工作,包括协会秘书处的日常公文运转、财务、党建、档案管理等工作。

2.负责中国工程教育专业认证协会年检,以及民政部、教育部、中国科协等管理部门要求的各项日常工作。

3.协助中国工程教育专业认证协会理事会、监事会及专家机构开展工作,负责相关人员联系、工作协调、会务服务等工作。

4.负责协助开展工程教育专业认证日常组织管理相关工作。

三、报名条件

(一)基本条件

1.具有中华人民共和国国籍。

2.遵守宪法和法律。

3.具有良好的品行。

(二)岗位条件

1.大学本科及以上学历,管理或工程相关专业。

2.具有3年以上社会团体管理工作经验。

3.能熟练应用财务软件及Office等办公软件。

4.年龄40周岁以下(截至2019年6月30日),具有北京市户口。

四、招聘程序(略)

五、纪律要求及注意事项(略)

招聘咨询电话:010-82213359,82213307

教育部高等教育教学评估中心

2019年1月30日

四、声明

(一)声明的含义及分类

声明是国家机关、社会团体、企事业单位以及个人就某一重要问题表明立场、态度、主张或维护自己权益所发表的公开性文书。

声明的特点因性质、作用范围不同而有很大的差异,如:政府声明、对外声明属专用公文,具有庄严性、权威性;而遗失声明之类的则只具公开性、告知性等。

声明按性质可分为两大类:一是政治类声明,包括对外声明、政府声明、联合声明(多用于国与国之间)等;二是民事类声明,包括维护自身权益的(如著作权、专利权、产权等)声明和挂失、作废之类说明性声明等。

声明应用广泛,上至国家政府,下至单位、个人均可使用,发挥让人知道、受人监督、约束自己、稳定社会和维护权益的作用。

(二)声明的格式与写法

1.标题

政治类声明的标题多用声明者、事项和文种三要素俱全的公文式标题,也可省略事项。民事类声明的标题通常由事项和文种构成,也有只写文种的。为表明和突出态度,可以在标题中加上“严正”“郑重”等词语。

2.正文

正文要说明事项和理由,视内容多少选用条文式或贯通式写法。

3.落款

在正文右下方写明声明单位名称或个人姓名,并注明年、月、日。

(三)声明与启事的区别

声明与启事在写作上有许多共同之处,但也有明显区别。启事除向公众告知某一情况外,还寄希望于人们协助办理;而声明只告知某种情况,表明态度,一般不提要求。(政治类声明所提要求也仅是表明某种态度而已)

(四)声明的写作要求

要做到观点鲜明,条理清晰,语言简明,措辞准确,格调庄重、严肃。

【例文】

中华人民共和国政府关于在南海的领土主权和海洋权益的声明(节选)

为重申中国在南海的领土主权和海洋权益,加强与各国在南海的合作,维护南海和平稳定,中华人民共和国政府声明:

一、中国南海诸岛包括东沙群岛、西沙群岛、中沙群岛和南沙群岛。(略)

二、中华人民共和国1949年10月1日成立以来,坚定维护中国在南海的领土主权和海洋权益。(略)

三、基于中国人民和中国政府的长期历史实践及历届中国政府的一贯立场,根据中国国内法以及包括《联合国海洋法公约》在内的国际法,中国在南海的领土主权和海洋权益包括:(略)

四、中国一向坚决反对一些国家对中国南沙群岛部分岛礁的非法侵占及在中国相关管辖海域的侵权行为。(略)

五、中国尊重和支持各国依据国际法在南海享有的航行和飞越自由,愿与其他沿岸国和国际社会合作,维护南海国际航运通道的安全和畅通。

第三节　感谢信　贺信(电)　慰问信(电)

一、感谢信

(一)感谢信的含义和用途

感谢信是单位或个人对关怀、帮助、支援过自己的单位或个人表示感谢而写的一种书信体应用文书。

感谢信不仅能向对方表达感谢之情、感谢之意,还有表扬的意思。所以,感谢信除送给感谢对象外,还可以寄到报社、电台、电视台加以宣扬。

(二)感谢信的格式与写法

1.标题

在第一行正中写“感谢信”或“致××的感谢信”。

2.称呼

顶格写被感谢的单位名称或个人姓名,姓名后应加上“同志”“先生”等相应称呼。

3.正文

写明感谢的内容并表达感激心情,大体包括三个方面:

(1)为何事向对方表示感谢。

(2)被感谢对象的先进思想和模范事迹。这部分要写得简明具体,重点叙说在关键时刻对方给予的关心、支持、帮助所产生的效果,叙述中要交代清楚时间、地点、人物、事件、原因、结果等基本要素。

(3)热情赞扬对方的可贵精神及影响,并表示将以对方为榜样,效法、学习其精神、品格。

4.结尾

以精练的语言表示敬意、感谢,如“致以最诚挚的敬礼”“再次表示深深的谢意”等。

5.署名和日期

在正文右下方写上单位名称或个人姓名,下行写上发信的年、月、日。

(三)感谢信的写作要求

1.要把被感谢的人物及事件准确、精当地加以叙述,使对方倍感亲切。

2.叙述要满怀感谢之情,并适当加以议论、评价,以突出其深刻含义。

3.文字精练,评价恰当,篇幅宜简短。

【例文】

感谢信

××农科所:

在今年五月我乡水稻发生大面积虫害,严重影响生长的紧急时刻,贵所派出全部农业技术人员来我乡根治病虫害,避免了上千亩水稻绝收。目前作物长势良好，丰收在望。谨向你们表示衷心感谢！我们决心在党的十九大精神指引下，继续努力生产，以实际行动答谢你们的帮助与关怀。

敬礼

××乡人民政府（公章）

××××年××月××日

二、贺信（电）

（一）贺信

1.贺信的含义和用途

贺信也称祝贺信，它是单位或个人向取得重大成就、新的胜利的单位或个人表示祝贺，或者对某单位、部门举行的重大会议或庆祝活动表示祝贺时所用的一种书信体应用文书。

2.贺信的格式与写法

（1）标题

标题多用“贺信”或“祝贺信”居中标出，并多用花边修饰，以示喜庆。字体要大写，书写工整、大方。

（2）称呼

在标题下空两行顶格书写所贺对方单位或个人名称，应写全称，并有亲切感。

（3）正文

正文主要有三部分内容：

第一，结合当时的形式，热烈赞扬对方取得的成就及其重大意义。

第二，分析对方取得成绩的主、客观原因，进一步表示祝贺，如果是祝贺重要会议的召开，应突出说明会议的重要性。

第三，热情的鼓励，殷切的希望，并表达双方的共同愿望。

（4）署名和日期

同其他信函。

3.贺信的写作要求

（1）评价恰切，态度真诚。

（2）短小精悍，富于文采。

【例文】

贺信

亲爱的母校:

130年的风雨兼程,母校几经沧桑,奋发图强。演绎以人为本的治学理念,赢得桃李满天下,为祖国培养了数以万计的各类人才。回顾过去,我们无比自豪;展望未来,我们信心十足。我们相信,母校的华诞将成为承前启后、继往开来、开拓创新和再创辉煌的新起点。

念与您朝夕相处的日子,愿下一个百年母校再创辉煌。

十载树林,新苗成材,桃李满天下。百年育人,春风化雨,栋梁荣中华。

××市××级校友敬贺

××××年××月××日

(二)贺电

1.贺电的含义和用途

贺电是表示祝贺、赞颂的电报,它多是以领导机关或领导人、代表人物的名义发给有关单位和个人的。贺电可以直接发给对方,也可以登报、广播,产生很大的鼓舞作用。

2.贺电的格式与写法

(1)标题

上方正中写明“贺电”两字。

(2)称呼

第一行顶格写收电单位或个人的全称,可加上“同志”“先生”或职务名称等相应的称呼。

(3)正文

说明祝贺的内容,简评对方的成就及意义。

(4)结尾

署名并写上日期,同贺信。

3.贺电的写作要求

(1)贺电属于电报范畴,篇幅要短,一般以数十字或百余字表达祝贺的内容和发贺电者的感情即可。

(2)文字要仔细斟酌,颂扬要恰如其分,提出要求与希望要合乎情理。

(3)发报要及时、迅速,错过时机就失去了贺电的意义。

【例文】

中共中央国务院电贺

我国首次海域可燃冰试采成功

国土资源部、中国地质调查局并参加海域天然气水合物试采任务的各参研参试单位和全体同志:

在海域天然气水合物试采成功之际,中共中央、国务院向参加这次任务的全体参研参试单位和人员,表示热烈的祝贺!

天然气水合物是资源量丰富的高效清洁能源,是未来全球能源发展的战略制高点。经过近20年不懈努力,我国取得了天然气水合物勘查开发理论、技术、工程、装备的自主创新,实现了历史性突破。这是在以习近平同志为核心的党中央领导下,落实新发展理念,实施创新驱动发展战略,发挥我国社会主义制度可以集中力量办大事的政治优势,在掌握深海进入、深海探测、深海开发等关键技术方面取得的重大成果,是中国人民勇攀世界科技高峰的又一标志性成就,对推动能源生产和消费革命具有重要而深远的影响。

海域天然气水合物试采成功只是万里长征迈出的关键一步,后续任务依然艰巨繁重。希望你们紧密团结在以习近平同志为核心的党中央周围,深入学习贯彻习近平总书记系列重要讲话精神特别是关于向地球深部进军的重要指示精神,依靠科技进步,保护海洋生态,促进天然气水合物勘查开采产业化进程,为推进绿色发展、保障国家能源安全作出新的更大贡献,为实现“两个一百年”奋斗目标、实现中华民族伟大复兴的中国梦再立新功!

中共中央国务院

2017年5月18日

三、慰问信(电)

(一)慰问信

1.慰问的含义和用途

慰问信是以组织或个人的名义向对方表示慰问的一种书信体应用文书。按内容分,慰问信可分为三种类型:一是向作出贡献的集体或个人表示慰问,鼓励他们戒骄戒躁,继续前进;二是向由于某种原因而遇到重大损失或巨大困难的群众表示同情慰问,鼓励他们加倍努力,战胜困难;三是节日慰问。

慰问信可以直接寄给对方,也可以登报或广播。它能够充分体现组织的温暖和同志、亲人之间的深厚情谊,给人以继续前进的信心、克服困难的勇气、勤奋学习和努力工作的力量。

2.慰问信的格式与写法

(1)标题

一是正文中只写"慰问信"三字,另一种是加上慰问的对象或同时加上发出慰问的一方的名称。

(2)称呼

标题下空一行顶格写慰问对象的全称,前面加上"敬爱的"或"尊敬的"等字样,表示尊重。如果是写给个人,应在姓名之后,加上"同志""先生"等字样。

(3)正文

主要有以下几部分内容:说明写慰问信的背景、原因;全面而具体地叙述对方的英雄事迹或对方所遭受的困难;结合形势和任务,提出希望或鼓励对方战胜困难,表示共同的愿望和决心;用鼓励或祝愿的话做总结。

(4)署名和日期

同其他信函。

3.慰问信的写作要求

(1)要向对方表达出充沛真挚的关怀之情,使对方有情谊深厚、温暖如春之感。

(2)在热情赞颂的同时,还要亲切地提出希望,鼓励对方继续前进。

(3)文字朴实、精练,篇幅宜简短。

【例文】

习近平向全国广大教师致慰问信

全国广大教师们：

第二十九个教师节到来之际，我正在遥远的乌兹别克斯坦进行国事访问。首先，我代表党中央、国务院，向全国1400万教师，致以诚挚的问候和崇高的敬意！祝大家节日快乐！

长期以来，我国广大教师认真贯彻党的教育方针，默默耕耘、无私奉献，用爱心、知识、智慧点亮学生心灵，培养了一批又一批优秀人才，为我国教育事业发展、为国家发展和民族振兴作出了突出贡献。

百年大计，教育为本。教师是立教之本、兴教之源，承担着让每个孩子健康成长、办好人民满意教育的重任。希望全国广大教师牢固树立中国特色社会主义理想信念，带头践行社会主义核心价值观，自觉增强立德树人、教书育人的荣誉感和责任感，学为人师，行为世范，做学生健康成长的指导者和引路人；牢固树立终身学习理念，加强学习，拓宽视野，更新知识，不断提高业务能力和教育教学质量，努力成为业务精湛、学生喜爱的高素质教师；牢固树立改革创新意识，踊跃投身教育创新实践，为发展具有中国特色、世界水平的现代教育作出贡献。

各级党委和政府要把加强教师队伍建设作为教育事业发展最重要的基础工作来抓，提升教师素质，改善教师待遇，关心教师健康，维护教师权益，充分信任、紧紧依靠广大教师，支持优秀人才长期从教、终身从教。

全社会要大力弘扬尊师重教的良好风尚，使教师成为最受社会尊重的职业。

祝全国广大教师身体健康、工作顺利、生活幸福！

习近平

2013年9月9日

（二）慰问电

慰问电与慰问信的用途和内容、写法基本相同，只是以电报的形式发出，所以在时间上要求更迅速及时，语言上要求更短小精悍。

第四节 申请书 聘书 求职书

一、申请书

（一）申请书的含义和用途

申请书是个人或集体向组织表达愿望，或向有关部门及领导提出某种要求时使用的一种应用文书。

申请书的使用范围非常广泛，个人和单位对有关社会组织、对上级和领导表达志愿、理想和希望，或在学习、工作、生活某方面有所要求时，都可以使用申请书。由此可见，申请书是沟通个人与组织、下级与上级关系的一种重要手段。

（二）申请书的格式与写法

1. 标题

在第一行的正中写上申请书的名称。有的只写“申请书”三个字，有的则根据申请的内容，表明具体名称，如“入党申请书”。

2. 称呼

在标题下空一行顶格处写接受申请书的组织、部门的名称或有关负责人姓名。如“××团支部”或“党委会全体领导同志”等。申请书一般不写给个人，所以称呼多为集体名称。

3. 正文

这是申请书的主要部分，要写清申请的事项和理由。内容和层次一般是：第一，申请内容（事项）；第二，提交申请书的原因、目的、意义及自己对该事项的认识，如果申请理由较多，可分成若干方面来写；第三，表示自己的决心或要求。

4. 结尾

一般表明希望自己的申请得到批准或答复，也可表示敬意、感谢、祝颂。

5. 署名和日期

同一般信函。

（三）申请书的写作要求

1.应具备申请的三要素，即申请的事项是必要的，申请的条件是符合的，申请的理由是充分的。三者有机结合，缺一不可。

2.申请的事项和理由要交代得具体、详明，便于接受申请者了解申请人或申请单位的意愿、要求和具体情况，及时研究答复。

3.语言要准确、简洁、朴实，切忌浮泛冗长、故弄玄虚、有意渲染。

二、聘书

（一）聘书的含义和用途

聘书又称聘请书。即聘请他人担任某项职务或从事某项工作时使用的一种特殊文书。

聘任制度古已有之。近年来，聘书的作用，除了表达聘请单位对被聘人员的敬重，加强被聘者的责任感以外，还能起到一种凭据的作用。

（二）聘书的格式与写法

1.标题

第一行正中写“聘书”或“聘请书”字样。

2.被聘请者的姓名、称呼

有的在开头写，有的则在正文中说明。

3.正文

交代聘请的原因和所聘工作与职务，有的还要写明具体要求、工作量、待遇和希望等。正文之末，另起一行空两格写“此聘（特此聘请）”，以示郑重，也可用敬祝语结束。

4.署名和日期

在右下方写明聘请单位全称及日期并加盖公章。

（三）聘书的写作要求

1.交代要清楚。写清楚为什么聘请，聘请谁，聘去干什么。文字要准确、简洁，否则被聘者就无法应聘。

2.聘请单位在署名时要用全称,不用简称,一定要加盖公章和法人代表章,以示敬请郑重之意。

【例文】

聘书

为了办好《基础教育》,本刊决定成立顾问委员会,特聘请教育学院×××教授为顾问。敬请经常关心、指导、支持本报的各项工作。

此聘

××大学《基础教育》编委会(印)

××××年××月××日

三、求职书

(一)求职书的含义

求职书也可称求职信、自荐书(信),是求职者向用人单位和评审人表明自己适合担任某项工作或从事某种活动,向收信单位或个人介绍自己的有关情况,希望对方能予以任用的一种书信体应用文书。

(二)求职书的格式与写法

1.标题

如果是整理或印刷品,可写成"求职书""求职信"或"关于×××的推荐信";如果是直接手写信件,可以不要标题。

2.收信单位或个人名称

顶格写明接受人员单位或主要负责人名称。

3.正文

求职信正文应包括以下内容:一是求职人的基本情况,包括姓名、性别、年龄、政治面貌、学历、职称、联系方式等;二是自荐的理由,包括自荐者的经历,业务专长,有哪些成果,适合干什么性质工作;三是自荐者对收信方的了解和信任,以及向往与决心等。

4.自荐人署名和发信日期

按一般书信的格式，提行在正文右下方写成两个横排。

(三)求职书的写作要求

1.介绍情况不能盲目推荐，要实事求是地介绍真实情况，既不能言过其实，文过饰非，也不可妄自菲薄。

2.感情要诚恳真挚，对收信单位也不能天花乱坠胡吹，否则会造成收信方心理上的反感。

3.求职书正文中一般不宜提过高的条件或要求，特别是对工作报酬、条件的要求。

【例文】

求职信

尊敬的总编先生：

您好！我是××大学文学院即将毕业的本科学生，看到贵刊在《××晚报》上的招聘启事，禁不住激动的心情，提笔向总编先生自我推荐。

我学的是新闻专业，到目前为止，全部学业都已圆满完成，成绩优秀。我在上大学期间，是学校通讯社的主要成员，有过新闻采写的实践经验，并且有两篇报告文学《×××××》和《××××》发表在《中国教育报》副刊上。我的毕业论文是《试论新闻采访中的×××》，指导教师已向我校学报推荐发表。大学四年，奠定了我从事新闻工作的理论基础，即将毕业之际，我渴望得到实践锻炼的岗位。

贵刊是一个享有广大读者的读物，编辑部一定也是一个生机勃勃的团体，我非常希望加盟成为其中一员。我自信，我能为贵刊作出贡献。热切地期盼着您的答复，顺附上一份我的简历及发表文章的电子版。

××大学文学院×××

××××年××月××日

第五节 讣告 唁电 悼词(告别词)

一、讣告

(一)讣告的含义和特点

1.讣告的含义

讣告是死者的单位、治丧委员会或者家属向亲友和有关同志报丧时用的一种通知类的应用文书。讣告,本作“赴告”,取其奔赴报告的意思,也叫讣闻。

2.讣告的特点

讣告是一种报丧的通知,其特点是要求内容具体确实,语言简洁庄重,哀伤沉郁,篇幅不宜太长,文字中充满悲痛之情、悼念之意,以表达无尽的哀思。

(二)讣告的格式与写法

1.标题

以“讣告”二字做标题。

2.正文

写清死者姓名,职务及单位,逝世原因、日期、地点以及年龄,还可以简要介绍死者的生平、经历、功绩或评价及表哀之词。然后写明吊唁、开追悼会或者遗体告别的时间、地点。最后写上邀请死者亲友和曾经生活工作过的单位同事前来吊唁之词(如“希×××准时参加等”)。也可以直接用“谨此讣闻”结尾。

3.署名和日期

写上发讣告的单位或治丧委员会,是个人发出的,则署上发布者的姓名,与死者的关系。最后落上发讣告的日期。

以上是现在我们常用的一种讣告,过去的讣告不是用白话而是用文言文,一般是由死者的家属向其亲戚朋友发出的,只是现在已不常用。

(三)讣告的写作要求

1.为了表达哀思,写讣告只能用黄、白纸,书写黑字,一般多用白纸,还可以四周加黑框,以表致哀。

2. 讣告公布的时间、地点一定要准确。

3. 讣告的语言要求准确、简练、严肃、郑重，以体现对死者的哀悼。

【例文】

讣告

我国粒子天体物理和空间探测领域杰出专家，全国五一劳动奖章获得者，中国空间科学学会常务理事、空间探测专业委员会副主任，中国科学院高能物理研究所原党委书记兼副所长、研究员，硬X射线调制望远镜卫星地面应用系统总指挥、卫星系统副总指挥王焕玉因病于2018年11月4日17时12分在合肥逝世，享年64岁。

兹定于11月8日（星期四）10:00在合肥市殡仪馆二号厅举行遗体告别仪式；11月10日（星期六）9:00在中科院高能所报告厅举行追思会。

特此讣告。

王焕玉同志治丧小组

2018年11月5日

二、唁电

（一）唁电的含义和用途

唁，即对遭遇丧事者表示慰问之意。唁电就是向丧家表示吊问的电报。它既可以表示对死者的悼念，又可以向死者亲属表示恳切的问候、安慰。

（二）唁电的格式与写法

1. 标题

第一行正中写“唁电”二字。

2. 称呼

另起一行顶格写接收唁电单位名称或逝世者家属姓名，在家属姓名后应加上“同志”“先生”“夫人”等相应称呼。

3.正文

首先,以简洁的语句抒写噩耗传来后的悲痛之情,常以“惊闻”二字领起。其次,以沉痛的语气简述逝世者的品德、精神和生前的业绩。再次,表达致哀者对逝世者的敬意和化悲痛为力量的决心。最后,常以“节哀保重”之类语句向丧家表示亲切的问候、安慰。

4.署名和日期

同其他电文。

(三)唁电的写作要求

1.发唁电的悲恸悼念之情应浸透全文,内容要深沉、纯朴、自然,不可滥用修饰语。

2.叙述逝世者的品德、情操、功绩时,概括抓住本质和重点,不必赘述。

3.语言要精练、概括,文字要简约。

【例文】

唁电

查良镛先生亲属:

顷悉查良镛先生仙逝,深感哀痛!

先生是著名作家、杰出报人,被誉为当代武侠小说泰斗。先生博学多才,继承古典武侠小说精华,开创新派武侠小说先河。作品深蕴民族大义和家国情怀,对海内外华人产生了深远影响。先生毕生心系国家、爱国爱港,为促进“一国两制”事业发展做了大量卓有成效的工作,为弘扬中华文化作出了重大贡献!

谨致沉痛悼念,望节哀珍重!

中央人民政府驻香港特别行政区

联络办公室主任

王志民

2018年10月30日

三、悼词(告别词)

(一)悼词的含义和特点

1.悼词的含义

悼词是在追悼会上,由主祭人对死者表示敬意和哀思时宣读的文稿。根据民政部等部门关于丧事从简的指示精神,现在一般同志去世都不再成立治丧委员会。而是由死者单位或亲属组织遗体告别仪式。由相关领导或亲属致遗体告别词,其写作内容和格式与悼词基本相同。

2.悼词的特点

悼词是奠祭死者的,其特点是:语气沉痛,感情色彩强烈,它既是对死者的悼念,又是对死者家属的安慰,同时也在一定程度上体现了主祭人和主祭人所代表的群体、组织与单位对死者一生的总结和评价。

(二)悼词的格式与写法

广义的悼词没有固定的写法。有的侧重于议论,以评价、分析死者的贡献为主,如马克思逝世后恩格斯所写的《在马克思墓前的讲话》就属这一类;有的侧重于抒情,以抒发对死者的悼念之情为主。我们通常使用的悼词则主要是记叙式的写法,当然并不排斥适当的议论和抒情。这类悼词大多都是主祭人宣读,必须受追悼会本身的时间、地点、条件限制,因此它的写法形式较少变化。其写法大致如下:

1.标题

直接写“悼词”,也可以写“在某某同志追悼大会上的悼词”。

2.称呼

一般写“同志们”“先生们”之类的共称。

3.正文

正文的写法一般包括下列内容:

(1)第一句话或第一自然段应对死者表示沉痛的悼念。如《在宋庆龄同志追悼会上的悼词》,开头第一句即:“今天,我们怀着极其沉痛的心情,深切悼念……宋庆龄同志。”有的悼词把这项内容放在第二部分,而把第一部分用来宣布死者的逝世日期。

(2)简要介绍死者的籍贯、身份、职务、工作简历及逝世的时间和原因,所享年龄。其中“工作简历”一般按时间顺序分项记明,并用夹叙夹议的方法对死者生前工作分阶段地予以评价。写作中要注意重点突出,详略得当,最后以重点段落给予死者以总结性评价。评价应恰当、公允,可以适度地运用一些赞美之词,但要注意分寸,应使家属和听众都满意。因此评价用语要仔细斟酌,反复推敲,应先征得家属和领导的同意。

(3)勉励到会同志化悲痛为力量,以实际行动来悼念死者。悼词中表彰死者的革命精神和崇高品质,一方面是为了表达对死者的追思和难忘难舍的感情,另一方面也是给生者、后人的慰藉和鼓舞。富有积极内容的悼词,不应面向过去,而应面向现在和将来,因此“化悲痛为力量”等激励性主题,应该成为写作悼词时把握的基调。

(4)结束语。悼词的结束语往往用“××同志安息吧”或“××同志永垂不朽”等语句。

(三)悼词的写作要求

1.内容要真实,不能虚构。重点要突出、准确恰当地介绍死者的一生。

2.不宜涉及死者的缺点过错,一般也不罗列死者生前的生活片段。

3.措辞要简练、庄重、质朴、自然、饱蓄深情。

【例文】

悼词(有删减)

王逸平研究员家人亲属、各位领导、各位老师、同学、各位来宾:

今天,我们怀着万分悲痛的心情,深切悼念著名药理学家、中国科学院上海药物研究所研究员王逸平同志。

2018年4月11日,王逸平研究员因病在科研工作岗位上溘然长逝,时年55岁。

噩耗传来,举所震惊,职工、研究生们无不为失去了一位优秀的科学家,我们的好同事、好老师、好朋友而感到痛惜不已!

王逸平研究员1963年2月15日出生于上海市，1988年7月上海交通大学医学院（原上海第二医科大学）研究生毕业，获硕士学位。1988年8月进入中科院上海药物所参加工作，2001年5月于中科院上海药物所获博士学位。他在上海药物所历任研究实习员、助理研究员、副研究员、研究员、课题组长、博士生导师、学位委员会副主任，1996年9月光荣加入中国共产党，先后任药理一室党支部书记、药理研究室党总支书记、所党委委员。他兼任中国药理学会理事、上海市药理学会理事、上海市药学会药理专业委员会委员、《中国药理学报》编委等职。

……

中国科学院院长、党组书记白春礼同志，院党组副书记、副院长侯建国同志对王逸平研究员逝世表示沉痛哀悼，对王逸平研究员的感人事迹作出重要批示：王逸平研究员是我院杰出科研人员代表，他对科学事业的执着追求精神，创新为民的家国情怀，无私奉献的科学精神，已经成为新时代我院全体职工投身世界科技强国建设的宝贵精神财富。并要求结合“不忘初心、牢记使命”主题教育，收集整理王逸平研究员先进事迹，挖掘其所体现的感人创新精神，注重加强宣传，号召全院广大科研人员以他为榜样，学习他的创新精神，积极投身我院新时代创新改革事业，为早日实现“四个率先”的奋斗目标作出新的贡献。

我们要以王逸平为榜样，化悲痛为力量，继承王逸平的遗志，完成他未竟的事业，告慰王逸平的英灵。在新药研发的道路上，王逸平的科学精神将和我们长相左右，激励我们奋发有为；他的科研实践将引导我们为我国医药事业的发展作出新的贡献。

我们是何其有幸，能与王逸平相识相知，我们又是何其不幸，这么早就失去了他。王逸平走得太匆忙，太突然。工作笔记上整齐地列了科研项目的推进计划，还等着他去安排；赴美参加女儿毕业典礼的机票也已经订好，现在却无法成行；朋友从香港给他寄来的药品刚刚快递到，他却永远用不上了。以前每次发病，他说在沙发上靠一靠、歇一歇就会好一些，但是这一次他靠在沙发上静静地睡着了，永远地睡着了！

王逸平：此时此刻，你的亲人垂泪而立，你的同事悲伤难掩，你的朋友、学生从四面八方赶来，一起来看你，来送你。天堂路远，请带上我们的哀思上路。如果有来生,我们希望你能健健康康、平平安安、快快乐乐!如果有来生,我们还在中国科学院上海药物所相遇相知、一起工作!

王逸平,安息吧!

中国科学院上海药物研究所

2018年4月21日

第六节 开幕词 闭幕词 迎送词 答谢词

一、开幕词

(一)开幕词的含义和作用

开幕词是指重要会议或隆重集会开始时由会议主持人或会议主要负责人发表的关于会议的目的、任务、会期、主要议程和会议注意事项的概括性讲话或演说文稿。

开幕词在会议进程中居于首要地位,是对会议的一个统筹计划和安排,具有揭示性、方向性和指导性,让与会者对会议有一个总体的认识。一般的会议或集会可由主持人口头即兴演说,而重要的会议或集会则应根据会议的需要,撰写规范的开幕词,以保证会议质量,节约会议时间,从而提高会议的效率。

(二)开幕词的格式与写法

1.标题

常见的开幕词标题有四种:一是由会议名称加文种构成;二是将致开幕词者姓名冠于题首,构成“×××在××会议上的开幕词(或讲话)”的形式;三是根据会议主题拟出正标题,再以会议名称和文种组织成副标题,如《我们的文学应该站在世界的前列——中国作家协会第四次会员代表大会开幕词》;四是只以“开幕词”为标题。

标题之下，应注明开会日期，外加括号；日期下面居中标出致辞(讲话)人姓名，若标题中已含其姓名可不再标注。

2.称谓

称谓也叫“呼语”。具体称呼应视会议性质和与会人员的身份而定，如“各位代表”“同志们”“各位来宾”“女士们、先生们”等等。有时，也可将称谓放在正文中点明。

3.正文

一般可分为开头、主体两部分。开头第一句话或第一自然段中，应以简短有力有鼓舞性的语言郑重宣布“××会议”在什么情况(形势、背景、客观条件)下，“今天在这里正式开幕了”，以引起与会者的注意和重视。然后简介会议有关情况，如参加人员、会议时间、地点及会议组织安排等。主体部分是全文的中心，通常是开门见山，提出会议的指导思想或宗旨，交代会议的主要任务、议程，强调会议的意义、作用与价值，对与会人员提出要求和希望。也有的在主体开始部分插入对过去所做工作及情况的回顾，然后再转入对本次会议的说明。

4.结束语

常以概括性语句对会议做预示性评价，如“这将是一次有深远历史意义的会议”“这次会议，将进一步推动××工作”等，最后，用习惯语“预祝会议圆满成功”作结，表达出良好的祝愿。

(三)开幕词的写作要求

1.要熟悉会议有关文件材料，掌握会议基本精神，明确目的、要求和会议组织安排，这是写好开幕词的基础。

2.要突出会议主题和主要议程，鲜明、集中，不过细罗列会议的具体事项。

3.结构层次要清晰，语言要精练、简洁，富有概括性和鼓动性。

二、闭幕词

(一)闭幕词的含义和作用

闭幕词是由会议负责人在会议结束之际所作的具有评价性、总结性的演说

(讲话)文稿。它与开幕词对应,首尾相照,显示出会议组织的严密和有序性。其作用主要是:总结评价会议,提出今后任务,激励与会人员,宣告会议结束。

(二)闭幕词的格式与写法

闭幕词的结构、写法与开幕词大体相同。

1.标题

将“开幕词”换成“闭幕词”。

2.正文

正文的开头部分应简明扼要地总结会议情况,说明完成了哪些预定议题,并对会议作出基本评价。主体部分概述会议取得的成果,强调会议的重要意义,对今后应完成的任务以及如何贯彻会议精神提出要求。

3.结束语

以富于鼓动性和号召力的语言表明对实现会议宗旨和对未来事业的信心;最后,郑重宣布“××会议胜利闭幕!”有的在宣布闭幕之前,还要对有关单位及与会人员给予会议的支持表示感谢。

(三)闭幕词的写作要求

1.闭幕词的有关内容,要与同一会议的开幕词内容互相吻合,前呼后应。

2.宣布会议闭幕的语句应单独成段,置于文末。

3.结束语之前,往往要冠以对与会人员的称呼(同全文起首)。

【例文】

在全国政协十二届五次会议闭幕会上的讲话

(2017年3月13日)

俞正声

各位委员,同志们:

中国人民政治协商会议第十二届全国委员会第五次会议,在中共中央、全国人大常委会、国务院高度重视和各有关部门、社会各方面大力支持下,经过全体委员共同努力,顺利完成各项议程,就要闭幕了。

会议期间，中共中央总书记、国家主席、中央军委主席习近平等党和国家领导同志，出席大会开幕会和闭幕会，深入界别小组听取意见，与委员们互动交流，共同谋划促进经济平稳健康发展和社会和谐稳定的有效措施，充分展示了社会主义协商民主的生机活力。广大政协委员对以习近平同志为核心的中共中央衷心拥护支持，对中共十八大以来党和国家事业发展卓著成就倍感振奋鼓舞，对中国特色社会主义伟大事业光明前景充满必胜信心。委员们围绕今年党和国家中心工作，认真学习习近平总书记在民进、农工党、九三学社委员联组会上的重要讲话，深入讨论政府工作报告和全国政协常委会工作报告等重要文件，扎实协商议政，积极建言献策，提出重要意见和建议。会议取得圆满成功，是一次发扬民主、共商国是的大会，是一次凝聚共识、增进团结的大会，是一次意气风发、奋发有为的大会。

各位委员，中共十八大以来，以习近平同志为核心的中共中央团结带领全国各族人民，统筹推进“五位一体”总体布局和协调推进“四个全面”战略布局，深入推进伟大事业、伟大工程、伟大斗争，朝着中华民族伟大复兴的光辉彼岸奋勇前进。今年，中国共产党将召开第十九次全国代表大会，这是党和国家政治生活中的一件大事。置身伟大时代，投身伟大事业，人民政协各级组织和广大政协委员责任重大、使命光荣。要提高政治站位，牢固树立政治意识、大局意识、核心意识、看齐意识，增强中国特色社会主义道路自信、理论自信、制度自信、文化自信，更加自觉地坚持中国共产党的领导，更加紧密地团结在以习近平同志为核心的中共中央周围，更加坚定地贯彻落实中共中央的各项决策部署。要有效凝心聚力，切实把坚持和发展中国特色社会主义作为巩固共同思想政治基础的主轴，努力画大同心圆，凝聚强大向心力，汇集更多同行者，形成广泛正能量。要勤勉履职尽责，紧扣经济社会发展献计出力，真诚协商、务实监督、深入议政，多建诤言，共谋良策，推动中共中央大政方针落地见效，促进人民福祉不断改善。要严格修身律己，认真学习贯彻中共十八届六中全会精神，守法遵章，拒奢尚俭，模范践行社会主义核心价值观，始终心系国事、情牵民生、德润人心，做一个有定力、有情怀、有担当、有作为的政协委员。

今年是十二届全国政协工作的最后一年。一届政协委员，一生政协情缘。我们要倍加珍惜宝贵时间，倍加珍惜委员荣誉，锲而不舍，奋发向上，不忘初心，敬终如始，恪尽职守，不懈怠、不松劲、不停步，在时代发展大潮中和人民政协舞台上，定格人生奋斗坐标，留下生动政协故事，以新的业绩为人民政协事业增光添彩。

各位委员，同志们！实现全面小康正在决战决胜，新的长征路上更需砥砺前行。让我们紧密地团结在以习近平同志为核心的中共中央周围，高举中国特色社会主义伟大旗帜，勠力同心，扎实工作，以优异成绩迎接中共十九大胜利召开，为实现“两个一百年”奋斗目标、实现中华民族伟大复兴的中国梦作出新的更大贡献！

三、迎送词、答谢词

（一）迎送词、答谢词的含义和作用

在现代社会的交往中，人们愈来愈重视相互之间信息和情感的沟通与交流，以促进个人或组织各项工作的顺利发展。尤其是在现代化交通工具日益发达的今天，各地区、各民族人民之间及各国政府、政党之间的友好往来更加频繁，迎送、答谢已成为交往中必不可少的礼仪行为。这种为欢迎、送别客人而写作的书面文字或口头讲话称之为迎送词。它是欢迎词、欢送词的合称。而客人为感谢主人的盛情款待所作的书面文字或口头讲话则称之为答谢词。由于欢送、答谢仪式常在酒宴上进行，因而这种欢送词、答谢词往往与祝酒词合一，且常名为“祝酒词”。但从内容上看，仍以归入本类为宜。

迎送词和答谢词的作用主要是交流感情，传递信息，促进友谊的加深。所以，从表达的内容看，要求有感而发，并以叙述双方的友好交往历史和现在双方对一些重大问题的看法、立场、观点为主。因其都要在适当的氛围中，或欢迎、告别会上进行演说，其写作要求也就有许多共同性。

（二）迎送词、答谢词的格式与写法

迎送词、答谢词的结构一般由标题、称谓、正文、落款组成。

1.标题

一般有三种写法：一种是直接以“欢迎词”“欢送词”“答谢词”为主题；另一种是由致词场合、致词人与文种组成；第三种是只写明什么场合及文件，讲话人姓名写在标题之下。

2. 称谓

应按被迎送、答谢对象的传统习惯称呼，并使用尊称。如“尊敬的”“敬爱的”等修饰语。迎送、答谢对象应概括完全，除主要负责人、领导者称其姓名职务外，对其他随从人员或在场的人员可使用泛称，如“女士们”“先生们”“朋友们”等，以示礼貌、亲切。

3. 正文

(1)开头

正文开头常用“请允许我代表”的套语表示群体的迎送、答谢之意。语言要具体、简洁，恰如新闻的“导语”，把自己的情感迅速、准确地传递给在场听众，营造出热烈、欢快、友好的气氛，为主体做好铺垫。

(2)主体

主体内容较为灵活，表达以叙议为主，语言活泼、轻松、真切。一般以赞颂宾主的友好关系开始，进而赞赏对方在政治、经济、文化等方面所取得的成就、经验，然后表明双方继续发展友好关系的原则、立场和建议、措施，并提出良好的真诚的愿望。总之，主体写作的内容应针对宾主双方熟知的内容，纵贯横连，以达到缩短双方距离、融洽关系、增进友谊的目的。

(3)结尾

结尾是对主体内容的概括和总结，一般都要对对方表示最良好的祝愿和热切的希望。欢迎词要对客人的到来表示欢迎，并祝访问或会见成功；欢送词则要对客人表示惜别之情，并发出再次来访的邀请；答谢词在谢别的同时，也可邀请对方。祝愿的顺序为：首先是对主宾的祝愿，其次是对其他宾客的祝愿，最后是共同的祝愿。言辞要恳切而富有感染力，给主客双方留下美好的回忆。

(三)迎送词、答谢词的写作要求

1. 材料要精当、典型，应选用宾主双方熟知的最有说服力的材料。

2. 结构要开门见山，清晰、紧凑、完整。

3. 语言富有抒情性，热情洋溢，礼貌周到，通俗易懂，简短而有力。

4. 表达宜以叙述为主，抒情含蓄，议论精要。忌浅薄、俗气、装腔作势。

【例文】

习近平主席在欢迎宴会上致辞

尊敬的各位同事，各位来宾，女士们、先生们、朋友们：

大家晚上好！

在金砖国家领导人会晤及新兴市场国家与发展中国家对话会召开之际，同各位新老朋友在厦门相聚，我感到十分亲切。首先，我谨代表中国政府和中国人民，也代表我夫人，对各位领导人和嘉宾的到来表示热烈的欢迎！

一城春色半城花，万顷波涛拥海来。厦门风景秀丽，气候怡人，是中国著名的海上花园。厦门也是中国五大经济特区之一，是对外开放的窗口和创新发展的热土。厦门还是著名的侨乡和闽南文化的发源地，中外文化在这里交融并蓄，造就了它开放包容的性格和海纳百川的气度。

一个多月前，有万国建筑博物馆、国际历史社区美誉的鼓浪屿，正式列入了世界文化遗产名录，为这座城市增添了新的色彩。今天，金砖国家和受邀国的领导人相聚厦门，共商合作，将为这座魅力之城留下新的佳话。

1985年，32年前，我来到厦门工作，当时是到这里来担任副市长。那天，正好是我32岁生日。现在捻指算来又过了32年。当时的厦门基本上没有什么高楼大厦，晚上的灯光是非常稀疏的，外国商人和游客也很少见。如今，又一个32年过去了，海风海浪依旧，厦门却已旧貌换新颜。一座座的摩天大楼拔地而起，夜晚到处是灯火辉煌。抬头仰望是清新的蓝，环顾四周是怡人的绿。勇敢坚毅、吃苦耐劳的当地人民，乘着改革开放的浪潮，用自己的双手把厦门变成了一座经济蓬勃发展、人民安居乐业、对外交流密切的现代化、国际化城市。火红繁茂的凤凰木、一飞冲天的白鹭鸟，都是这座城市开拓进取、敢拼会赢精神的象征。

尊敬的各位同事，尊敬的各位来宾！厦门的发展就是中国改革开放所走过历程的一个缩影，在其他新兴市场国家和发展中国家一定有很多，也一定会出现更多像厦门这样成功的故事，我对此深信不疑。因为，我们有伟大、勤劳、智慧的人民，我们有摆脱贫困落后走向幸福生活的美好憧憬，我们有获得公平正义、享有和平与发展的不懈追求。中国有句古话，叫做“海内存知己，天涯若比邻”。虽然我们相距千里，正是这些共同的梦想和追求，让我们息息相通，走到一起，成为好朋友、好伙伴。

中国这个地区叫做闽南地区，有一句谚语叫“众人一样心，黄土变成金”。对于新兴市场国家和发展中国家而言，只要我们心往一处想，劲往一处使，守望相助，携手同行，就能够创造更多“黄土变成金”的发展奇迹，让我们的民众过上丰衣足食的好日子。

厦门顾名思义是“大厦之门”。今天，金砖国家领导人会晤成功举行，大家讨论热烈，成果丰硕；明天，我们还将举行新兴市场国家与发展中国家对话会，共商国际发展合作大计。我衷心希望厦门会晤为我们开启新的合作之门、发展之门，迎来金砖合作第二个“金色十年”，开辟新兴市场国家和发展中国家光明未来。正如厦门会晤和对话会会标寓意的一样，让我们一起扬帆远航，乘风破浪，迎来发展繁荣的绚丽彩虹。

现在，我提议大家共同举杯，为厦门会晤和对话会圆满成功，为新兴市场国家和发展中国家的美好明天，为各位嘉宾和家人的健康，干杯！

第七节　演讲稿　述职报告

一、演讲稿

（一）演讲稿的含义

演讲稿，又称演说词。凡是在集会或会议上就某个问题对听众说明事理、发表见解和主张的讲话文稿，统称为演讲稿。

（二）演讲稿的分类

使用不同标准，演讲稿可以作不同的划分：

1. 按演讲稿的表达方式可分为叙述型演讲稿、议论型演讲稿、抒情型演讲稿、说明型演讲稿。

2. 按演讲稿内容的详略可分为提纲式演讲稿和文章式演讲稿。

3.按演讲的场所可分为会议演讲稿、宴会演讲稿、战地演讲稿、广播电视演讲稿等。

4.按演讲稿涉及的内容可分为政治演讲稿、经济演讲稿、文化演讲稿、社会生活演讲稿、科技教育演讲稿等。

5.按演讲的主体可分为组织型演讲稿和个人型演讲稿。

(三)演讲稿的特征

演讲稿是演说类文体的一个品类,具有演说类文体的社会性、现实性、艺术性、通俗性、鼓动性与号召性等共性,但相对于其他演说文体而言,又具有演说主体和内容广泛、演说的场所、时间较自由等个性特征。

(四)演讲稿的格式与写法

演讲稿的结构主要包括标题、正文两大部分。

1.标题

最常见的是以演讲的主旨为题,通常以一个判断句表达,如《写作是建构现代文明的重要素质》;有的点明演讲内容,如《国家、民族与正气》。此外,还可用其他各种形式的标题,即兴演讲可不拟标题。

2.开头

基本要求是提要和"引入",即提示演讲主题和吸引听众。精明的演讲者都会在开头的写作上花大力气。有的演说者为了给人一种出其不意、立体的、身临其境的感受,甚至一开头就亮出实物让听众观赏,辅以语言解说,从而收到"先声夺人"的效果。开头的方式很多,应因时、因地、因听众、演讲内容、目的不同而有所选择。如:开门见山,直接入题;提出问题,引人深思;设置悬念;引用名言、警句;即兴借现场情景稍做发挥引入演讲内容等。

3.主体

主体是正文的核心部分。这一部分必须围绕开头提出的问题或观点展开讨论。有理论依据,有典型事例,有逻辑推理;多取夹叙夹议的方法,在陈述事例与严密的逻辑分析中表达观点。

4.结尾

为了使听众对演讲的内容有一个完整深刻的印象，结尾时，须把主要内容加以概括总结，以升华主题。并通过或发号召，或提希望，或以幽默风趣的语言强调所讲问题的重要性来促进主题的深化。此外，还应注意首尾照应，以便全文结构浑然一体。

（五）演讲稿的写作要求

1.选题要针对实际，贴近听众。

2.主旨要鲜明，选材要精当。

3.重视结构安排，巧用表达手段。

4.语言要通俗、生动、形象。

【例文】

2017年北京大学校长在毕业典礼上的讲话（节选）

2017届的毕业生同学们：

大家上午好！

几年前，你们踌躇满志、带着忐忑和喜悦来到这里。今天，你们将满怀梦想和期待，离开燕园，步入激动人心的和充满挑战的未来。作为校长，我向同学们表示祝贺，也希望借这个机会，向为你们的成长付出辛勤汗水的老师、员工和家长们，送上最美好的祝福和敬意！

几天前有位同学给我写信，希望我讲一讲自己的生活体会。今年的毕业致辞，我与大家分享两个自己的小故事。

我的母亲像那个年代的大多数人一样，并没有读过很多书，也没有上过学。从小，我常常听到她讲一句话，“吃亏就是占便宜”。这句话影响了我大半辈子。这不是说为了占便宜而去吃亏，也不是说吃了亏就一定能占便宜，这是一种人生哲学和价值观。小的时候，我把它作为懦弱的借口，尽量避免冲突。再大一些的时候，我把它当作面对失败的理由，少了懊悔与内疚。成年以后，我把它当作远离名利的信念，保持内心的安宁。

……

我再讲一个我在美国留学时的事情。有一天，导师把一个工具箱带到实验室交给我，并告诉我这是用他自己钱买的。我当时很奇怪，问他为什么不用研究经费。他解释说，这些工具在实验室和家里都能用，用科研经费购买的话，需要写报告说明情况，很麻烦，还不如自己花钱买方便，反正也不贵。他吃亏了吗？也许是的。但是，在制度的灰色地带，他避免了可能的猜疑，也使大家更加了解他的为人和价值观，这是一个靠谱的人，值得信赖。

……

“在这个时代，战士是最需要的。但是这样的战士并不一定要持枪上战场。他的武器也不一定是枪弹。他的武器还可以是知识、信仰和坚强的意志。在战斗中，给战士指路的是‘未来’，‘未来’给人以希望和鼓舞。战士永远不会失去青春的活力。”

最后，祝大家永远青春飞扬！谢谢大家！

二、述职报告

（一）述职报告的含义和特点

1988年6月6日，中共中央组织部下发的《关于试行地方党政领导干部年度工作考核制度的通知》规定：党政领导干部要进行年度“述职”，并应向自己的选举任命机构和上级领导作个人述职。所谓述职，指担任领导工作的人员以及专业技术人员向有关方面对自己履行岗位职责及能力、才干、业绩、称职与否等情况做全面的自我评述。为此而撰写的个人书面报告或演讲稿就被称为述职报告。它具有真实性、准确性、简洁性等特征。真实性，指人、事、时、地真实；准确性，指实事求是，恰如其分，不夸大，不缩小；简洁性，指语言简练，言约意明，篇幅短小。

（二）述职报告的格式与写法

述职报告的结构由标题、称谓、正文、结尾组成。

1.标题

完全式的标题由述职者姓名、任职时间及职务范围、文种名称构成，如《×××

关于2015年至2016年任市教委主任职务的述职报告》;也可由任期与文种组成标题,如《2016年度述职报告》;还可题为《我的述职报告》。

2.称谓

即接收述职报告的个人或组织名称,或听取汇报的人员的泛称。如:“各位领导”“各位评审委员”“市人大各位代表”等。

3.正文

述职报告正文由开头、主体、结尾三部分组成。开头部分简述任职情况,主要是介绍述职者的工作性质、所任职务、任职期限、职责、工作目标,突出说明“我应该做些什么”。主体部分着重围绕“我是怎么做的”“做的效果如何”“个人评价”等来写,说明任期内容完成的工作任务、主要业绩、体会、存在问题及教训。主体部分内容应详明具体,结构层次应清楚分明,重点应突出是否称职这一中心主题。

4.结尾

简要说明今后努力的方向并诚恳欢迎批评、指正。

5.落款

述职人签名并注明述职日期。

(三)述职报告的写作要求

1.材料真实、典型。对个人履行岗位职责的主要政绩,担任该职务期间所作的主要的决策及实施的效果都应实事求是、坦诚地表达清楚。必要时可加附件说明。

2.结论客观、鲜明。对自己是否称职的结论应实事求是,客观鲜明。同总结的写法比较,更应以事实叙述为主,不强调理论性。

3.结构清晰,语言朴实。述职报告的结构与内容,应该清晰明白,详略得当,重点突出;语言力求朴实无华,不矫揉造作,不做夸张之谈,而是自然平易,实实在在。

(四)述职报告与总结的异同

1.总结和述职报告这两种文种的相同之处

(1)它们都是自述性的文种。总结和述职报告都是以实践主体对其自身的实践活动的回顾、反思、总结为基础，对自身的工作进行自我评估。因此，两种文体都用第一人称，都采用自述的方式。

（2）写作范围都是确定的。总结是针对“过去”的一定时间内的工作和学习情况，它所总结的是已经发生过的事，已经创造出的经验和已经经历过的教训。述职报告也是汇报在过去某一时期内履行职责的情况。

2.总结和述职报告的不同之处

（1）内容侧重点不同。写作总结和目的是回顾过去、总结经验、吸取教训，以利于今后提高工作质量，因此，总结非常重视过程性和全面性，注重展示整个工作过程中的具体做法，要全方位地反映情况 ，以使读者清晰地了解到什么工作做得好，什么工作做得不够好。总结一般比较全面，既要总结取得了哪些成绩，又要总结出存在的问题，还要写明今后的努力方向和打算。而述职报告的内容一般根据某一职位和职称的履职标准，着眼于汇报个人是否胜任某职、履行职责的能力如何。个人履行的岗位职责和目标是由国家、主管部门、单位人事部门等统一制定的，有些用正式文件的形式下发，它规定了某一岗位的工作职责和职权范围，写述职报告应以此为依据。与职责无关的工作，做得再出色，也略去不写。总结，尤其是综合性总结，就不受此局限，凡是取得的成绩都可写进去。

（2）引起的效果不同。总结是自我认识和认识事物的手段，总结作为常规性的工作回顾，主要目的是总结成绩，发现问题，寻找到带有规律性的认识，以利于今后在实践中更有效地认识和改造客观世界，推动工作向前发展。作为自述性的文书，虽然也是对总结者的业绩评价的基础，但对个人升迁不一定构成直接的影响。因此相对来说，总结写作上较自由，可采用成绩、问题、今后努力方向三个层次的常规写法，也可以写成经验式。而述职报告是上级主管领导和有关评审组织对述职人任职实绩和能力的考核的依据之一，也是群众评议的基础，从某种程度上讲具有鉴定意义。因此，写作述职报告要对照某一职位的岗位规范来写，对自己任期内的德、能、勤、绩等方面的情况作自我评估，接受群众的评议和领导的考核。

【例文】

××省教委办公室主任述职报告(摘要)

各位领导、全体同志:

省教委自年初建立以来,对全委的中层干部实行试聘制,为期一年。我被聘为教委办公室主任一年来,在教委领导的直接领导和全体同志的大力支持下,根据办公室和办公室主任的职责,开展了各项工作。现作述职报告如下:

一、办公室和办公室主任的职责(略)

二、今年办公室所做的重要工作

(一)文秘工作:

主要抓了以下六项工作(略)

(二)财务工作

主要抓了以下六项工作(略)

(三)行政工作

主要抓了以下六项工作(略)

(四)信访工作

主要抓了以下六项工作(略)

三、今年办公室工作中存在的问题

(一)参政意识不强

(二)对外宣传成果不大

(三)协调平衡工作不理想

(四)有些文件质量不高

(五)采取控制尚不够严格

四、今后办公室工作的设想

(一)巩固成果,吸取教训,进一步明确办公室工作的指导思想(略)

(二)掌握特点,总结规律,正确坚持工作基本原则,提高办公室工作水平(略)

(三)转变职能,增强改革意识,发挥办公室的参政作用(略)

因时间有限,只做以上汇报,在汇报中可能有许多不当之处,请同志们批评指正。

谢谢大家!

××省教委办公室主任　×××

××××年××月××日

第八节　建议书　倡议书

一、建议书

（一）建议书的内涵和用途

建议，就是出主意、想办法。建议书，是为了开展工作、完成任务或进行某种活动，由个人、单位向有关方面提出意见、办法、措施的一种书信形式。如果是直接提意见，也叫意见书。由法定的机构或个人提请国家机关或职工代表大会召开会议时讨论、处理的意见，一般叫提案，也是属于这一类型的文书。

建议书针对的都是工作中存在的不足、错误，或社会上的不正之风。但它与批评信的侧重点不同。批评信主要写错误事实，以提出批评，引起有关部门注意为主要目的。建议书则以提出建议，给有关部门出主意、想办法为主要目的。它是依靠群众、团结群众、贯彻群众路线思想的一种体现，也是加强党和群众联系，密切政府和群众联系的必要纽带。

（二）建议书的结构和写法

1.标题

为醒目起见，建议书应写上标题。大体有以下几种写法：

（1）把建议内容的范围概括在介词结构中，后面加“建议”两字，如：《关于公费治疗制度改革的建议》《对校园文明管理的几点建议》。

（2）把“建议”二字放在标题的开头，如：《建议设立职工健康保险基金》。

（3）把建议的内容用一个简短的句子表达出来，如：《保留这个报刊亭吧》《旅游场所应设立等候处》。

（4）只写“建议书”或“建议”。

有的建议书也可不写标题，如同一般书信。

2.称呼

标题下第一行顶格写接受建议书的机关、单位名称或个人姓名。

3. 正文

基本内容有：

(1)建议的原因或出发点。即建议所针对的问题及简要的说明，阐明自己提出建议的原因、想法，以便接受建议书的单位或个人联系实际情况，考虑建议的必要性和合理性。

(2)建议的具体事项。这是建议书的主要部分，要具体明确地提出解决问题的措施和方法。建议事项较多时，最好分条列项，用序码标出，各条内容应界线分明，不要互相包容。这样，有关单位才便于逐条考虑，酌情处理。

(3)提出希望。写法比较简单，只要表达出自己的愿望就行。

4. 结语

表示敬意或表示祝福。

5. 署名和日期

同一般信函。

(三)建议书的写作要求

1. 态度要严肃认真。要针对具体问题、实际需要和可能条件提出建议，而不能凭空设想；要有分寸，不用过激的言辞，提过高的要求。

2. 内容要具体、新颖。要把建议的内容、改进的方法和措施写得具体、实在。同时，建议的事项还应有新意，是新措施、新办法，这就要求经过充分调查研究，并借鉴先进经验，再提出自己的建议。

3. 语言要精练、明白。言简意明地把具体办法、措施准确地写出来，无须过多的分析论证，分条列项的建议书更应如此。

【例文】

校园环保建议书

亲爱的同学们：

当你在美丽的校园中学习，为大家的美好未来而努力着时，相信大家都渴望拥有一个干净的校园，渴望健康的生命，渴望绿色，渴望大家有一个良好的生活环境。学校是育人的场所，环境教育是提高大家思想道德素质和科学文化素质的基本手段之一，建立节约型和环境友好型校园，是我们每个中学生应有的社会责任，为了增强大家的环境保护意识，让校园、班级更加整洁靓丽，创建绿色和谐的校园环境，“校园环保志愿者”活动小组恳切地向全校师生提出如下倡议：

1. 树立绿色文明观念，自觉关心环境状况，把个人环保行为视为个人文明修养的组成部分。

2. 不乱扔垃圾，果皮纸屑，不随地吐痰，不随意采摘校园的一花一果，爱护公共绿地。

3. 爱护仪器，设备和公物，使得设备始终保持完好状态，尽量减少损坏维修。(略)

“历览前贤国与家，成由勤俭败由奢。”中华民族历来倡导节约，父母老师也再三强调保护环境，让大家义不容辞地承担各自的使命，树立环保意识，养成节约资源的习惯，从我做起，从现在做起，为共建环境友好型的和谐校园而努力！

××中学校园环保志愿者活动小组

××××年××月××日

二、倡议书

(一)倡议书的含义和用途

倡，带头发动；“倡议”是首先建议和发起之意。倡议书是一些个人或团体，为推动某项活动或某种做法，公开向有关方面或对象发出倡议的一种文书。

倡议书和建议书有所不同。建议书主要是面对领导和有关部门，而且仅仅是建议，没有发动群众去做的意思。倡议书一般是面对群众，带有一定的号召性质。倡议书也有挑战书的作用，是发动群众开展竞赛的一种手段，是传达党和政府或有关团体、领导的号召并变为群众行动的重要途径。但是，它比挑战书具有更大的群众性。它不是一个人对一个人，一个集体对一个集体，一个单位对一个单位，而往往是向一个部门、一个地区甚至全国范围发出的倡议，没有确定的具体对象，可以更广泛地发动群众，使单位与单位之间、团体与团体之间互相学习，鼓舞干劲。

（二）倡议书的结构和写法

1.标题

标题可以只写“倡议书”三字，也可把倡议的单位或个人写在“倡议书”前。

2.称呼

在标题下顶格写倡议对象的名称，即向谁发出倡议。

3.正文

主要写明以下内容：

（1）提出倡议的背景和目的。这部分是倡议书的前言，要写得概括、明确、简练。

（2）倡议的具体内容和要求做到的具体事项，一般是分条开列，从若干方面提出各自的具体要求。

4.结尾

表示倡议者的决心和希望，有时还可以写上建议和信念。

5.署名和日期

同建议书。

（三）倡议书的写作要求

1.倡议内容要有一定的先进性，但又要结合本地区、本单位和本人的实际，切实可行，要求不能过高，否则，就会变成一纸空文，达不到倡议的目的。

2.倡议必须有群众基础，要反映多数人的愿望，于国于民有利，才会得到多数人响应。

3.行文要简洁明了，语句要中肯，语言要流畅，使其具有较强的感召力和说服力。

【例文】

首都文明办致市民朋友

文明过大年倡议书

亲爱的市民朋友们：

瑞犬辞旧岁，金猪迎春来。值此新春佳节来临之际，首都文明办给您拜年啦！

过去的一年，北京大事多、喜事连，服务保障“中非合作论坛北京峰会”，“大城市病”治理成效显著，庆祝改革开放40周年，北京行政副中心正式启用……所有这些，都离不开市民朋友们的大力支持和辛勤付出。在此，首都文明办向您致谢，为您点赞！

为了过一个吉祥年、平安年，我们再给您提个醒儿，和您共勉：

“热热闹闹”过大年。春节是老百姓最看重的节日，那些传统的老理儿咱可不能丢。“廿三糖瓜粘，廿四扫房日，廿五炸了丸子炸豆腐……”，一边回味着儿时的童谣，一边贴对联、剪窗花、挂灯笼，陪着孩子守岁，带着家人四九城里逛庙会、赏花灯，把年过得喜庆有年味儿。

“干干净净”过大年。过年就要有过年的样子。咱北京人向来讲礼数、懂规矩，要积极响应“门前三包”号召，鲜花绿植扮靓阳台，屋里屋外收拾停当，主动参与社区庭院美化，自觉做到不乱吐乱扔、不乱贴乱画、不乱摆乱堆、不乱停乱放，垃圾分类投放，共同呵护美好家园。

“清清爽爽”过大年。人民城市人民建，人民城市人民管。为了节日期间能呼吸到新鲜空气，体验到顺畅的交通环境，请您继续关注支持“V蓝北京”公益行动，走亲访友优先选择绿色出行；亲友聚会适量点餐、理性消费，坚持“光盘行动”；抵制封建迷信，不搞焚香烧纸祭祀；遵守禁放规定，不在五环内燃放烟花爆竹，让节日期间的首都更清新、更有魅力。

“团团圆圆”过大年。家和万事兴。要珍惜难得的假日时光，放下手机，多陪家人唠唠嗑儿，一起动手包饺子、做顿年夜饭，一家人围坐电视机前收看春晚；外出遇到还在辛勤工作的快递小哥、环卫工人、出租车司机，要面带笑容主动道声过年好，给这座城市增添一抹温情。

我们都是追梦人。转过年让我们撸起袖子加油干，在各自的工作岗位上奋发努力，以实际行动迎接中华人民共和国70周年华诞盛典！

首都文明办

2019年1月28日

思考与练习

一、请为下列活动写一份海报。

2019年5月3日下午3时，××大学经济政法学院特别邀请××大学历史文化学院教授×××来院做一场纪念“五四运动”八十周年的学术报告，报告的题目是《五四精神100年》，地点在本校图书馆报告厅。

二、××××年5月1日下午，刚满5周岁的男孩朱典典由父母带着在渝州百货大楼购物，不幸与父母走失。当时朱典典身穿牛仔套服，脚穿黄色皮鞋。朱典典右耳根有一豆大黑痣。朱典典的父亲名叫朱强，母亲叫张小雅，家住××市××街××号，联系电话是13886×××388。请代朱典典的父母写一则寻人启事。

三、什么是声明？它与启事有何区别？

四、2018年，××大学生物学院生物教育专业2015级本科12名同学组成实习队在老师的带领下赴重庆勉仁职业中学进行为期45天的教育实习。实习期间得到了勉仁职业中学领导和全体教职工特别是生物教研室老师的热情关怀和大力支持。实习队圆满结束了实习工作，取得了很好的成绩。请代实习队全体同学向勉仁职业中学写一封感谢信。

五、什么是贺信？有哪些写作要求？

六、什么是慰问信？“三八”节到来之际，请你代替院（系）学生会向全院（系）女教职工写一封节日慰问信。

七、请为自己写一封求职信。

八、2019年11月6日，××大学经济政法学院法学专业2019级新生彭坤同学，为抢救不慎掉入嘉陵江中的本校外国语学院英语教育专业2019级女同学王某，不幸牺牲。请代××大学学生会向全校同学发一封倡议书，倡导大家学习彭坤同学舍己救人的英勇精神。

主要参考书目

1. 裴显生，王殿松. 应用写作. 北京：高等教育出版社，1999.

2. 任承佑，陈显耀等. 公文与公文写作. 重庆：西南师范大学出版社，1999.

3. 林心治，蒋剑书，张先华. 应用写作教程. 重庆：重庆大学出版社，1998.

4. 董小玉，刘俐，刘苏. 现代应用写作训练教程. 重庆：西南师范大学出版社，1999.

5. 彭小平，韩红. 实用公关文稿写作. 北京：中国水利水电出版社，1998.

6. 王远明，祝大安. 实用法律文书写作. 北京：中国水利水电出版社，1998.

7. 欧阳洁，周道生. 实用经济文稿写作. 北京：中国水利水电出版社，1998.

8. 舒恒. 实用公文写作范例大全. 成都：四川人民出版社，1997.

9. 陶红，袁智忠. 应用文体写作概观. 重庆：西南师范大学出版社，1995.

10. 岳海翔. 最新公务文书写作. 北京：中国言实出版社，2004.

11. 张保忠. 中国实用经济文书例释. 北京：经济科学出版社，2012.

12. 叶黔达，柯世华. 最新公文写作与处理：规范·观念·技巧. 成都：天地出版社，2013.

13. 冯汝常. 大学应用写作. 北京：高等教育出版社，2016.

后记

自20世纪80年代开始从事应用写作以来的30多年时间里，我们在抓好课堂教学（包括网络教育）、职场培训和讲座的同时，一直非常重视这一专业的学术研究和教材建设。学术研究方面，除了对应用写作理论和教学实践做了大量的研究外，我们还结合传播学、管理学等多学科知识，力图构建和创立公文传播学。

教材方面，1995年7月，我们出版了《应用文体写作概观》，构建了适合当代大学生和普通读者学习的，足以满足其生活、学习、工作需要的应用写作知识、理论和技能技巧的学科知识框架。2001年，我们在此基础上，丰富、完善教材的知识容量，提升了理论深度，出版了作为大学生文化素质教育丛书之一的《现代应用写作教程》。这本书得到了读者和学界的一致好评，被许多高校选作教材，甚至列为公务员考试和高校管理干部职称考试用书。这是对我们的肯定和勉励，我们深以为豪。

近20年的时间里，我们陆续出版了《应用写作》《文秘写作》《经济文书写作》《公民常见应用文书写作》等著作十余种，产生了积极的社会反响。这期间，除了应用写作研究，我们分别在影视学，课堂教学技术与艺术的教学和研究方面，取得了不俗的成绩。今天，应读者和社会之需，我们对《现代应用写作教程》做了重大修改，鉴于有其他用书也在使用《现代应用写作教程》的书名，我们特地将教材更名为《应用写作》，以示区别。

在编写理念上，我们立足当代人文社会科学研究的视野，站在写作学和人类写作历史的宏观立场，结合当代中国改革开放和市场经济纵深发展的客观现实，以适应大学生、研究生、公务员和职场人员工作、学习、生活的实际需要为目标，注重知识性、理论性、应用性的有效结合和统一。期望读者通过本书的学习和适当训练，能够基本解决职场和日常生活中的写作问题，完成相应认知目标和写作任务。

全书凡八章，前两章在普通写作学理论和知识运用下讲述应用写作基本理论和基本知识。第三、四章讲述法定公文的基本知识、基本理论和现行15种公文的写作知识、技能技巧。第五章讲述事务文书的写作，事务文书又称准公文。它配合法定公文，一起作为“工具”处理各级各类机关的管理和日常事务工作。第六、七、八章分别讲述财经、法律、礼仪文书写作。我们认为，在中国大踏步迈进经济社会、法治社会和公民社会的现代化征途上，学习和掌握公文（含法定公文和事务文书）、财经、法律、礼仪这四大类应用性文书的写作，既是读者作为现代公民生存和生活所必须具备的能力，也是读者作为现代公民之素养高低的重要标志。

结合我们的调查和研究实际，就机关和各类文秘人员而言，应用写作是他们在职场生存和发展的重要能力。就一般读者而言，能否顺利、合乎要求和法规的使用常见应用文，会影响其生存和生活质量。更有甚者，若处理不当，对党和国家的公文理解不准确、不到位，应用文书写不当或者错误，就会闹出笑话，导致经济纠纷，个别人甚至会触犯法律、法规，违法犯罪，给党和政府带来不应有的损失。于此而言，应用写作的价值和意义真是非同小可。

本书在修订和编著过程中，广泛借鉴了同行学者的学术成果，新闻传媒学院2016级本科同学帮助我们打印了书稿。2018级传播学硕士研究生鲁宁、郑义帮助我们更换了例文。2019级影视学、艺术学理论方向的硕士研究生赖天虹、姬婷、唐乐乐、王琳、宁值为书稿做了校对。西南师范大学出版社米加德社长，蒋登科副社长，文学分社全体编辑朋友为本书的出版给予了大力支持、付出了艰辛的劳动。在此一并表示衷心感谢！

作者

2020年4月29日

谨识于西南大学文化村2舍209室